分権改革の地平

島田　恵司

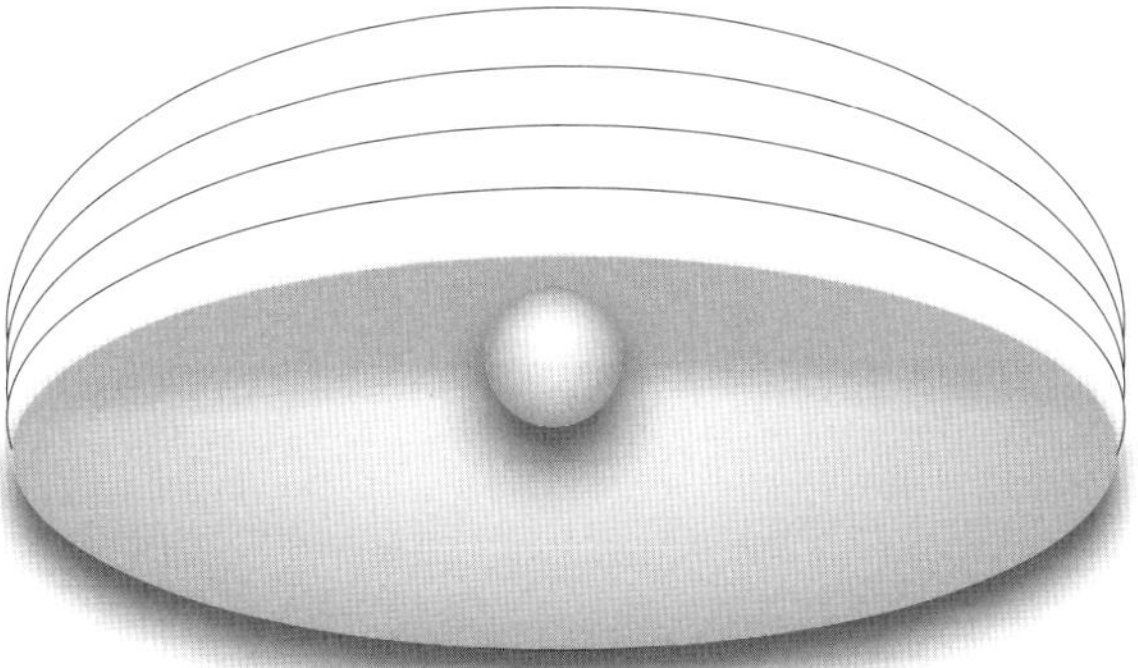

コモンズ

もくじ●分権改革の地平

装幀●日高眞澄

まえがき

地方分権が政治的・社会的課題にのぼってから、すでに一五年が経過しようとしている。この間、地方分権について書かれた出版物はおびただしい数になる。しかし、その一方で、地方分権の進むべき方向は必ずしも明らかにはなっていない。それは、地方分権についてさまざまな立場からの角度の異なった意見があるからであると同時に、地方分権そのものがあまりに広い分野と関係しているため、その全貌がなかなか見えないことにも原因があると思われる。

もともと行政は、福祉、教育、都市計画、環境、産業などきわめて広い、それこそ森羅万象の課題を扱い、日本の場合はそのほとんどに、国と地方の政府が関わっている。本文で詳しく述べるが、たとえば駐留米軍の基地問題にも自治体が関係するし、義務教育や生活保護など国民生活に直接かかわる課題にも、自治体だけでなく国の仕事がある。

それぞれの分野によって、国と地方の仕事もまた、市町村がおもに行うものもあれば、特定の市だけや都道府県が行うものもあるし、自治体の特定の機関だけが行うものも多い。これらに対する国の関与のあり方もバラバラであって、全体像を把握するだけでもひと苦労である。また、行政の仕事は税制や財政あるいは法令や条例によって実施されるから、これらをどう仕組むかが決定的な影響を及ぼすことはいうまでもない。

学問上では、政治学・行政学や財政学、法律学に加えて、福祉、教育、都市計画など専門分野の研究もそれぞれ地方分権を研究の対象としている。コミュニティや地域自治組織は社会学の関心領域でもあるし、市町村合併による地名や地域変更という意味では地理学とも関係がある。地方分権は言ってみれば学際の極みなのだが、分かりにくいことこのうえない。地方分権学なるものが登場してもよさそうなくらいだが、既存の学問分野とあちこちで接触事故を起こすことだろう。ともあれ、地方分権が語る最終的な課題は、人びとの生活のあり方である。他人に頼らず、自分たちの知恵と力に依るとしたら、人びとはどのような地域をつくるのであろう。地域における人びとの暮らしそのものが、本当の地方分権の課題なのである。

本書は、この分かりにくい地方分権について、二〇〇〇年に成立した地方分権一括法によってどのような地平が生まれたかをおもな題材としている。いわゆる第一次分権改革の地平である。第一次分権改革について審議過程から詳細に検討したことに本書の特徴がある。改革の影響については、国と自治体の関係の変化や問題点を現場やさまざまな現象に即して扱っている。ただし、主題はむしろ、第一次分権改革の地平に立って新たな地平を築くことであり、各章の随所でその可能性を探った。

第1章は、地方分権の手法について述べている。どのような理論で具体的にどのように進められてきたか、第二次世界大戦直後から第一次分権改革までを振り返りつつ、今後の手法についても検討した。分権改革の進め方については、国と地方の役割分担をめぐって議論があり、機関委任事務制度のあり方もその中で位置づけることができる。さらに、機関委任事務制度の廃止も国と地方の役割分担に関係している。第2章は、第一次分権改革の総括である。機関委任事務制度の廃止によって、どのような成果が得られ、また、どんな限界があったか、率直に評価した。分権改革は政治との関係が密接不可分であり、どのような関係があったかも分析の対象としている。

第3章では、このような第一次分権改革を自治体がどのように受けとめたか、ヒアリングや調査を踏まえて、観察した結果を書いた。もちろん、そこには自治体側の問題も見て取ることができる。第4章は、やや専門的であるが、国と自治体の争いについてである。これまで国と自治体は事実上、上下関係であって、自治体が国と争うことはむずかしかった。ここでは、第一次分権改革で置かれた第三者機関の設置の意義と具体例を検討している。具体例を通じて、第一次分権改革の新たな地平が見えてくる。

第5章は、第一次分権改革後の自治体に起こった大きな課題である「平成の大合併」と三位一体改革について述べている。市町村、とくに小規模町村の置かれた状況は、たいへん厳しいものであった。最後の第6章では、これからの地方分権に向けて、思い切った提案を行っている。住民生活に直接関係する地方分権でなければ、これ以上の地方分権はおそらく進展しないだろう。どうすれば住民が地方分権に目覚めるか、その具体的方向性を考えた。

できれば、専門家ばかりでなく、多くの読者にお読みいただきたい。分権や地方自治について一般的な関心をもっているという方々には、第6章を先にお読みいただくことをお勧めしたい。具体的課題を扱っているので、比較的分かりやすいと思うからである。次に、最近起こった「平成の大合併」や三位一体改革を扱った第5章を読み、そこから第1章に返って順次お読みいただくのも、一つの方法かと思う。

繰り返しになるが、地方分権の目的は地域における人びとの暮らしのあり方である。その意味では、地域住民の自覚と自主的な活動がなければ分権改革は達成できない。永続的に必要という意味では、終わりのない改革ともいえるだろう。私もそこに参加し続ける一人でありたい。

第1章

分権改革の手法

——第一次分権改革の教訓

新たな地方分権改革は、その改革の内容をめぐって大きな対立構造の中にある。それは、竹中平蔵元総務大臣がつくった地方分権二一世紀ビジョン懇談会（大田弘子座長、以下「ビジョン懇」という）と地方六団体の新地方分権構想検討委員会（神野直彦座長、以下「六団体委員会」という）が二〇〇六年に発表した、それぞれの報告書に象徴される。[1]両者の違いは、端的にいえば、前者が国家財政の再建と自治体の財政自立を主眼とする内容であるのに対し、後者は自治体権限の拡充を重視していることであろう。しかし、両者に共通している部分もある。国による自治体への義務付け・枠付け・関与（ビジョン懇は、「国の規制・関与」と記述している）を大幅に廃止・縮小すべきだという見解である。この課題が、新しい地方分権改革推進委員会（丹羽宇一郎委員長、以下「新委員会」という）に課せられた大きな課題の一つであることは間違いない。

この「国による自治体に対する義務付けや枠付けなどの大幅緩和」という課題は、もともと、地方分権推進委員会（諸井虔委員長、以下「分権委員会」という）が最終報告（二〇〇一年六月）で指摘した、残された分権改革課題のうちの一つであった。[2]権限移譲など自治体の事務や権限の拡大については、第一次分権改革に関わった当事者が、第一次分権改革は権限移譲の改革ではなく「関与の改革」と説明したことから、第一次分権改革ではほとんど手付かずの課題であったと捉えられている。[3]しかし、第一次分権改革とて、権限移譲をはじめとした自治体の事務や権限の拡大を目指していなかったわけではない。それどころか、当初は、国と地方の役割分担の議論に真正面から取り組む予定であった。

国と地方の関係をどのように律するかは、国の統治機構の基本課題である。日本は、基本的に分権を進められずにきた。戦後、「国の自治体の役割分担」の議論がどのように行われてきたかを振り返りつつ、第一次分権改革と役割分担論との関係を明らかにしていきたい。

1 「国と自治体の役割分担」議論の経緯

（1） 戦後から第二臨調まで

はじめに、日本における「国と自治体の役割分担」の現状を確認しておこう。

日本の自治体は、広範な事務を行っている（表1-1）。諸外国の自治体と比べて、日本の自治体の事務量はもっとも多いと考えられている。これは、国の歳出に比べて自治体がおよそ一・五倍（二〇〇五年度決算ベース）も歳出をしているという財政構造の面からも裏付けられる。

しかし、事務をたくさん処理していることと自治が広く保障されていることは、一致しない。たとえば、都市計画制度では多くの事務を都道府県が処理しているが、国土交通大臣との協議（同意を要する）が必要とされるものが多い。市町村の都市計画についても、都道府県との協議（同意を要する）を必要としている。しかも、この都道府県の事務は、かつては大半が「機関委任事務」すなわち国の事務であり、国からの膨大な通達など細部に至る指揮監督のもとで行われていた。さらに、国の補助金による統制もあり、日本は集権的分散システム（神野直彦氏）と指摘されている。[4]

こうした日本の集権的分散システムは、第二次世界大戦後徐々に拡大したと考えられているが、古くからその問題は指摘されてきた。戦後、日本の税制度の根本的改革を提言したシャウプ使節団は、日本の地方自治の問題を指摘し、事務の再配分を勧告（第一次＝一九四九年、第二次＝一九五〇年）。事務再配分の基準として、行政責任明確化の原則、

表1-1　国と地方の事務配分

分　野	国	都　道　府　県	市　町　村
住民登録など	戸籍、外国人登録		戸籍、住民基本台帳、外国人登録
外交、安全	外交、防衛	旅券発行、警察	消防
福祉・医療	年金、社会保険	精神保健、児童相談、生活保護(町村)	介護保険、保育、障がい者、生活保護(市)、国民健康保険
まちづくり	国道(直轄区間)、一級河川(同上)	国道(直轄区間外)、一級河川(同上)、二級河川、都道府県道、都市計画決定(区域など基本部分)	準用河川、普通河川、市町村道、都市計画決定(一定の都市施設など)
教育	私学助成(大学)、大学、教科書検定、義務教育教員費	私学助成(幼稚園～高校)、高校、義務教育教員費	小・中学校(事務、施設建設)
環境・廃棄物	国立公園	大気汚染・水質汚濁、国定公園、県立自然公園、廃棄物処理施設	近隣公害(一定規模市)、一般廃棄物処理
経済・産業	金融、通信、農政全般、職業安定	農地転用、職業訓練	産業振興
公共事業	高速道路、国道(直轄区間)、一級河川(同上)	国道(直轄区間外)、河川(同上)、都道府県道、流域下水道、公営住宅	市町村道、下水道、公営住宅
その他	司法、通貨		

(注) 下線部は、地方分権一括法の施行によって、一部もしくは全部が変更になった事務。第一次分権改革では、市町村の都市計画決定範囲が広がった。また、これまで都道府県が行っていた国立公園の管理は原則として国の直接執行となり、都道府県が行っていた近隣公害事務は特例市(20万人以上の市)に権限委譲された。

能率の原則、地方公共団体優先及び市町村優先の原則の三点をあげ、具体的な作業を行うよう求めた[5]。

シャウプ勧告に基づき設置された地方行政調査委員会議(いわゆる神戸委員会)は、この三原則にそって、実際に国の事務を五つのカテゴリーに限定し、さらに具体的に二九の事務を限定列挙するなど、事務を再配分するよう勧告している(第一次＝五〇年、第二次＝五一年)[6]。神戸委員会の内容は、現在から見ても相当に画期的である。たとえば教育では、小学校・中学校の事務は市町村の事務とされ、経費も市町村の負担とされた。生活保護も市町村の事務とした(ただし、基準は法律)。職業安定行政は府県の事務としている。都市計画及び都市計画事業は市町村の事務とし、市町村が自主的に決定して執行する建前に改める、とある。しかし、当時の政府は神戸勧告を無視し、日本の集権体制はそのまま維持される。

その後しばらく、事務再配分問題について省みられることはなく、日本社会は高度成長期へと入っていく。六〇年代に入って、第九次および第一〇次地方制度調査会（以下「地制調」という）が個別事務を再配分する具体案を提示（六三年、六五年）した。[7]しかし、一方で臨時行政調査会（いわゆる第一次臨調、六四年）は、国が企画立案し、自治体が実施するといういわゆる機能分担論に立ち、機関委任事務を積極的に評価する。[8]このあと八〇年代に向けて、機関委任事務の数は膨大に増加し、機関委任事務体制は強化されたのである。

八〇年代に入って、国の財政赤字の解消を目的に設置された第二次臨調（正式名称は第一次と同じ臨時行政調査会、八一年三月発足）が発足するが、やはり機能分担論の立場に立っていたと考えられ、実際、事務再配分の答申は行わなかった。その後、第二次臨調をフォローアップする臨時行政改革推進審議会（以下「行革審」という）ができる（八三～八六年＝第一次行革審、八七～九〇年＝第二次行革審、九〇～九三年＝第三次行革審）。だが、第三次行革審の最終場面が来るまで、基本的にその方向性は変わっていない。[9]

さすがに、八〇年代に入って機関委任事務制度は少し緩和され、一部が団体事務化されたり、権限移譲が行われたりしている。[10]しかし、「機関委任事務から一部を団体事務化する」という手法であったため、団体事務化されたのは、第二臨調で一一法律（八三年）、第一次行革審で三三事項一七法律（八六年）にすぎず、第二次行革審では、答申（八九年）の項目の一つにあげられたものの（臨調・行革審OB会監修、一九九一：八九六頁）、結局、一事務も整理できなかった（佐藤ほか、一九九五：五〇～五二頁）。八〇年代は根本的な改革はできず、国の方針としては機能分担論が支配していたと考えられる。[11]

（2）政権交代（九三年）から地方分権推進法成立（九五年）まで

九〇年代に入ったころから、地方分権を求める声がしだいに広がっていく。九二年に国会で政治改革がテーマとなると、一挙に政党、経済界、都道府県や大都市など自治体連合体がそれぞれ提言を出し、国政の役割を明確にして地方分権を求める流れができてくる。[12] 翌九三年六月、国会は衆参両院でそれぞれ地方分権の推進に関する決議を行う。そしてさらに、八月には自民党が下野し、地方分権の推進を標榜する細川護熙連立内閣が発足する。

こうした一連の動きの中で、第三次行革審が最終答申（九三年一〇月）を行った。答申は、「地方分権の推進と地方自治の確立は今や避けることのできない時代の要請」との認識を示し、「まず必要なことは、国と地方の役割分担を本格的に見直すことである」と断言する。そして、国の役割を三つのカテゴリーに限定した（その内容は後述する）。この答申こそ、国と自治体の役割分担論議に新たな地平を切り開いた文書であった。

その後、九四年末の「地方分権の推進に関する大綱方針」の策定にむけて、自治体サイド（地方六団体）、自治省（地方制度調査会）、内閣内政審議室（行政改革推進本部地方分権部会）のそれぞれによって、作業が進められる。

一番スタートが早かったのは地方六団体である。学識委員も交えた地方分権推進委員会（高原須美子委員長）を九三年一一月に発足させ、その検討結果は九四年九月、自治体連合組織（地方六団体）の意見提出権（地方自治法（以下「自治法」という）第二六三条の三第二項）を初めて行使する形で国に提出された。意見書は、国と自治体の役割を明確にするという立場に立ち、国の事務を三つのカテゴリーに大括りし、自治体の事務は「その他の国内の行政に関する全ての事務を所掌する」としている。そのうえで、国が所掌する事務を一六項目に限定して列挙した。

第二四次地制調は、九四年四月二八日に羽田孜内閣のもとで発足し、地方六団体意見書が出された直後の一〇月五日に中間報告をまとめた。正式な答申は一一月二二日であったが、この中間報告に沿って次に述べる行政改革推進本部の意見がまとめられたことから、むしろ中間報告に大きな意義がある。この報告の「国と地方公共団体の役割分担の基本的考え方」は、次のように記述されている。

国の果たすべき役割については、「国は内政面の役割を整理し、国際化への対応等へ重点的に取り組む体制に転換すべきである」とし、自治体については、「地域に関する行政は、地方公共団体が主体的に担い、企画立案、調整、実施等一貫して対応できる体制に転換すべきである」とする。さらに、「それぞれの役割に応じた事務配分の考え方」として具体的記述を行っている。また、機関委任事務については、「概念を廃止し」「地方公共団体が処理している事務は、地方公共団体の事務」とし、例外的に「国民の利便性、事務処理の効率性の観点から、地方公共団体に執行させることが適当な場合」は新たな仕組みを制度化するとした。

時間は前後するが、第二四次地制調の発足直後の五月二四日、内閣総理大臣を本部長とする行政改革推進本部地方分権部会が設置されている。この組織の重要性は、地方分権推進大綱を作成するための意見集約をはかる任務を直接担っていたことである。同部会は、一一月一八日に「行政改革推進本部地方分権部会本部専門員の意見・要旨」として、本部専門員の意見を集約して公表している。驚くべきことにその内容は、第二四次地制調の中間報告とほとんど変わらない。

こうして地方分権に関わる答申や意見が出そろい、九四年一二月二五日に「地方分権の推進に関する大綱方針」（以下「大綱方針」という）が閣議決定される。大綱方針における「国と地方公共団体の役割分担の在り方」の記述は、第二四次地制調や行政改革推進本部のそれとほとんど同じであった[13]。三カ月後の九五年二月二八日、地方分権推進法案が閣議決定される。ここで、同法案は、国と自治体の関係を「機能分担」ではなくて「役割分担」と規定した。このことから、これまでの長い論争に一定の決着を付けることになったわけである。法案では、「第二章　地方分権の推進に関する基本方針」の中の第四条に「国と地方公共団体の役割分担」と題して、国の役割と地方公共団体の役割が規定された。

2　地方分権推進委員会の議論手法

このように長い前史があった中での、満を持しての分権委員会の発足であった。しかし、議論は、これまでの脈絡とはやや異なった方向に進んでいく。

「国と地方の役割分担」の課題について、当初、分権委員会は正面から扱う予定であった。分権委員会の設置直前から、再度、事実関係を押さえておこう。

第一次分権改革の当初の流れは、前述のように第二四次地制調がつくった。地制調はその答申（一九九四年一一月）において、改革手法まで書き込んでいる。すなわち、国の役割を限定する方針や、国から地方への権限移譲だけでなく、そのための新たな手法として「行政分野ごとに関係法令全体を……事務・権限の移譲や国の関与、補助金の整理等を一括して計画的に行うという手法を採用すべき」と提案した。国の役割を限定して、国から地方への権限移譲を行うという、シャウプ勧告以来の方針である。ただし、改革に際しては、「行政分野ごとに」まとめて行うことで、住民に分かりやすく、しかも分権の効果を発揮しやすくする、という意味を含んでいた。それだけでなく、第二臨調以降、五月雨的に国側の都合で、補助金削減が行われたり、機関委任事務の団体事務化が行われたりしており、それを許さないという意味も込められていた（五〇頁注（10）参照）。

前述のとおり、地方分権推進法案には、国と地方の役割分担が書かれ、さらに、検討課題として、役割分担に即した権限移譲や国の関与のあり方も書き込まれた（同法案第五条「地方分権の推進に関する国の施策」）。しかし、肝心の改革方法については、法案には、機関委任事務を含めすべての事項について「廃止」とは記述されていなかった。このため、法案の国会論戦における争点の一つとなり、総理答弁によってようやく、分権委員会の検討に「廃止を含む」ことが確認された経緯がある。[14]

この地方分権推進法（九五年五月成立）によって設置された分権委員会（九五年七月設置）は、設置後まもなく二つの部会をつくって（同年九月設置）、行政分野ごとに改革を進める手法を採用する。[15] その後、九六年三月の中間報告においては調査審議の進め方の項目を置き、行政分野別課題ごとの検討方法の意義を説明している。[16]

しかし、筆者は、この方法には設置当初から限界があったという見解をもつ。それは、両部会が協議を開始したときのことである。二つの部会は発足した当初、審議にあたっての検討方針を議論したが、これ以前の、地方分権推進法に書かれた内容以上を示すことができなかった（「地方分権推進に当たっての基本的考え方」九五年一〇月、地方分権推進法と九四年一二月の大綱方針をミックスしたものにすぎない。**表1-2**参照）。その原因は、次の点にまとめられるだろう。

第一は、審議を担う専門委員会である両部会のメンバーに省庁利益代表が入ったため、議論がまとまらなかったことである。[17] 本委員会の七名ほぼ全員が分権推進派であったことから、バランス上、やむを得ないことであったかもしれない。[18] しかし、官僚トップを経験した専門委員の発言は、部会審議で議論をまとめさせないという意味では十分な威力を発揮していく。

第二は、事務局が、各省庁などからの混成部隊であったため、原案がつくれないという問題である。[19] 各省庁の出身者で原案をつくれば、省庁間で合意した既存のもの以上のものはできない。かといって、原案作成を一つの省庁に委ねることは、推進か阻止かどちらかに偏ることになり、許されなかったのである。[20]

原案ができない、結論がでないということでは、審議機関としては致命的である。そこで、この段階で、分権委員会は方針転換を行う。

委員および専門委員の学識者三名（大森彌、成田頼明、西尾勝の三氏）に原案作成を依頼し、九五年一二月末、機関委任事務制度の廃止方針（「機関委任事務制度廃止に係る検討試案」）を打ち出す[21]。それは、提案内容だけでなく、議論の進め方という意味でも重要な転換であった。このとき、分権委員会は結果として、役割分担論や事務配分論に基づく権限移譲の改革ではなく、自治体が現に行っている事務への国による関与を減らすという意味で「関与の改革」へとシフトすることを選択することになった。

「国の役割」の文言の推移

「公共事業」等に関わる記述	その他国の役割を締り込む記述
全国的規模・視点で行われることが必要不可欠な施策・事業	など国が本来果たすべき役割を重点的に分担するものとし、思い切った見直しが必要である
全国的規模・視点で行われることが必要不可欠な施策・事業に関する事務(例えば、公的年金、宇宙開発、骨格的・基幹的交通基盤など)	を重点的に行うこととし、その役割を限定的なものにしていくべきである
全国的規模・視点で行われることが必要不可欠な施策・事業	など国が本来果たすべき役割を重点的に分担することとし、その役割を明確なものにしていくものとする
全国的な規模で若しくは全国的な視点に立って行わなければならない施策及び事業の実施	その他の本来果たすべき役割を重点的に担い
全国的規模・視点で行われることが必要不可欠な施策・事業	など本来果たすべき役割を重点的に分担することとし、その役割を明確なものにしていくものとする
全国的な規模・視点で行わなければならない施策及び事業(ナショナルミニマムの維持・達成、全国的規模・視点からの根幹的社会資本整備等に係る基本的な事項に限る)	などを重点的に担う
全国的な規模・視点で行わなければならない施策及び事業(ナショナルミニマムの維持・達成、全国的規模・視点からの根幹的社会資本整備等に係る基本的な事項に限る)	などを重点的に担う
全国的な規模で若しくは全国的な視点に立って行わなければならない施策及び事業の実施	

こうした「関与の改革」が成功した原因を改めて分析的に述べるとすれば、以下のようになる。

第一は、手法の問題である。原案作成から省庁出身者、すなわち利害関係者を排除し、学者集団に委ねたことである。分権委員会は九六年四月、部会とは別に、制度的課題を検討する「行政関係検討グループ」（参与として四名を加え、学者だけで

表1-2　国と地方の役割分担に関わる

名　称	時　期	「国家の存立」に関わる記述	「民間活動」等に関わる記述
第三次行革審最終答申	1993年10月27日	国家の存立に直接かかわる政策	国内の民間活動や地方自治に関して全国的に統一されていることが望ましい基本ルールの制定
第二四次地制調答申	1994年11月22日	国家の存立に直接かかわる政策に関する事務(例えば、外交、防衛、通貨、司法など)	国内の民間活動や地方自治に関して全国的に統一されていることが望ましい基本ルールの制定に関する事務(例えば、公正取引の確保、生活保護基準、労働基準など)
地方分権の推進に関する大綱方針	1994年12月25日	国家の存立に直接かかわる政策	国内の民間活動や地方自治に関して全国的に統一されていることが望ましい基本ルールの制定
地方分権推進法	1995年5月16日	国際社会における国家としての存立にかかわる事務	全国的に統一して定めることが望ましい国民の諸活動若しくは地方自治に関する基本的な準則に関する事務
地方分権推進委員会「地方分権推進に当たっての基本的考え方」「行政分野別課題審議に当たって留意すべき事項」	1995年10月19日	国際社会における国家としての存立にかかわる事務	国内の民間活動や地方自治に関して全国的に統一して定めることが望ましい基本的なルールの制定
地方分権推進委員会第一次勧告	1996年12月20日	国際社会における国家としての存立にかかわる事務	全国的に統一して定めることが望ましい国民の諸活動又は地方自治に関する基本的な準則に関する事務
地方分権推進計画	1998年5月29日	国際社会における国家としての存立にかかわる事務	全国的に統一して定めることが望ましい国民の諸活動又は地方自治に関する基本的な準則に関する事務
改正地方自治法	1999年7月16日	国際社会における国家としての存立にかかわる事務	全国的に統一して定めることが望ましい国民の諸活動若しくは地方自治に関する基本的な準則に関する事務

(注)下線部は筆者。

構成した)をつくった。一方で、当然それぞれの部会の審議は形骸化していく。分権委員会は最終場面で、省庁とのグループヒアリングと称した膝詰め折衝で決着をつけたのであるが、それを担ったのはすべて学者集団であった。

第二に、内容にかかわることであるが、機関委任事務制度廃止後の事務区分に際して、法定受託事務だけを定義したことである(自治事務は法定受託事務を控除したもの)。国の強い関与が残せるのは法定受託事務なので、各省庁は当然、ほとんどの事務を法定受託事務とすることを要請したが、それを立証するのは省庁である。こうして事実上、挙証責任は省庁へと移った。つまり、国と地方の役割分担議論をするなら、原案作成の責任は分権委員会側にあるが、いったん（機関委任事務）制度廃止を決められれば、どのような制度が必要か、どのような事務が該当するかは、省庁側に答えさせることになる。

第三に、機関委任事務制度（国の関与）の問題にしぼったことで、権限移譲と異なり、政治が強い関心をもたなくなったことも大きな要因といえるだろう。総じて、政治家は地方分権に強い関心をもっていた。分権はすなわち、政治家にとっての権力の分権化も意味するのであって、当然のことではある。しかし、機関委任事務制度は、分かりにくいうえに、直接的に政治家の権限とつながっているわけではない。こうして、機関委任事務問題を取り上げたことは、結果として「政治」と「官」、永田町と霞ヶ関に楔を打ち込むことになった[22]。

地方分権の課題は、自治体間で意見が異なる場合も多い。税財源はその典型例であり、一般に都市部は税源移譲を求めるが、農村部は地方交付税の充実を求める。権限移譲についても、権限に財源が絡むので、自治体は一枚岩ではない。しかし、機関委任事務問題については、廃止することで地方側の利害が一致していた。これが第四の原因であろう。

このように考えると、分権委員会が機関委任事務制度を扱うに至ったことについては、一定の必然性があったと考えられるのである。

3　第一次分権改革の事務区分と国と地方の役割分担

(1) 法定受託事務と国の役割

第一次分権改革は、結果として権限移譲をほとんど実現できなかった。国と地方の役割分担とそれに基づく事務配分を改めて議論するようなことはできなかった、といって過言ではない。しかし、機関委任事務制度は廃止され、国による地方への関与を整理し、必置規制を緩和し、自治体が国と争う第三者機関を設置した。これらを総称して「関与の改革」というわけである。また、日本の自治体は、前述したように諸外国に比べ多くの事務をこなしているので、国の関与を弱める方向で改革すれば、分権の効果が表れるとも説明された。事務配分論、すなわちシャウプ勧告以来のいわばオーソドックスな国と自治体の役割分担論とそれに基づく国から自治体への権限移譲は、影を潜めたかのようである。

だが、機関委任事務制度の廃止が役割分担論と無関係であったかというと、そうではない。筆者は、第一次分権改革後の新しい地方自治制度における事務のあり方は、国と地方の役割分担に大いに関係していると考えている[23]。

法定受託事務は、その定義を「国が本来果たすべき役割に係るものであって」「国においてその適正な処理を特に確保する必要があるもの」(傍点、筆者)としている。国が適正な処理を確保(するために自治体に関与)するのは、その事務が「国が本来果たすべき役割」に関係するものだからということであろう。したがって、国の関与の根拠は、結局「国の役割」に帰着する。つまり、「法定受託事務とすべきだ」と省庁が説明するとき、それは、当該事務が国の役割に関わるものであることを証明することにほかならなかったのである。一方、自治事務については法定受託事務を控除したものであるので、国の役割からはずれると考えるべきであろう（実際には、法定受託事務の定義は後述のように変遷しているが、本質的に変わりない[24]）。

新委員会の課題は法令の規律密度の緩和と考えられているわけだが、これも国の役割と関係していると思われる。この点は後述する。

（2）「国と地方の役割分担」の記述の変遷

実際の事務区分と国と地方の役割分担がどのような関係にあるかを見る前に、第一次分権改革の際、国と地方の役割分担に関する記述がどのように変化したのか、確認しておこう。

一九九三年一〇月の第三次行革審最終答申から二〇〇〇年四月施行の改正地方自治法までの関連部分の記述の変化は、**表1-2**（一八・一九頁）のとおりである。最終的に自治法改正案に規定された内容は、文言上も、第三次行革審最終答申に端を発することが明らかである。

まる六年もの間、議論が行われながら、事実上、字句修正が行われていないことに注目すべきである。むしろ、当初あった、国の役割をより限定化する文言（「直接」「必要不可欠」「思い切った見直し」「限定的なものにしていく」「明確」など）が削除され、拡大した感すらある。とくに「全国的規模・視点で行われることが必要・不可欠な施策・事業」については、これが国の役割として記述されると、国が公共事業を直接、行い続ける根拠になるという批判が起こっていた。このため、分権委員会は勧告で、この部分の後ろに括弧書きで「ナショナルミニマムの維持・達成、全国的規模・視点からの根幹的社会資本整備等に係る基本的事項に限る」と限定したのであった。括弧書き部分は、地方分権推進計画として閣議決定されたものの、法案段階ではずされてしまった。

（3）委員会審議における「法定受託事務」の議論過程

次に、分権委員会における「法定受託事務」の審議経過を検討する。

法定受託事務は機関委任事務と似ている。もちろん、法定受託事務であっても「自治体の事務」であり、国の事務であって国に包括的指揮監督権のあった機関委任事務とは根本的に性格が異なっている。しかし、法定受託事務については、機関委任事務時代の通達に似た「処理基準」が国から出され、指示など法的効果のある関与も行われ、国による代執行も可能である。これらに加えて、法定受託事務についてだけ、機関委任事務と同じように、行政不服審査について当該自治体ではなく法律所管省庁や都道府県に審査請求する仕組み（市町村の場合は都道府県、都道府県の場合は法律所管省庁＝自治法第二五五条の二）が置かれたり、議会の議決事項から除かれたり（同法第九六条第2項）と、「自治体の事務」にしては不当な位置づけがなされている[25]。

筆者は、こうしたやや不整合な状況が生じた原因は分権委員会の審議過程にあると考えている。

まず、分権委員会審議における法定受託事務の定義の変遷を見てみよう（表1-3）。当初の案（「中間報告」九六年三月二九日）は、「専ら国の利害に関係のある事務」であった。これは、地方財政法における「地方公共団体が負担する義務を負わない経費」（地方財政法第一〇条の四）と同じ文言であり、事務に関わる財源は国の全額負担となると捉えられた。当然、ごく少数の事務しか該当しないと想定され、そうであれば、行政不服審査や議会議決の件も、さほど問題ではなかったであろう。

しかし、この定義には各省庁から総反発が起こる。議論は膠着状態に陥り、約半年間、着地点探しが行われる。いくら省庁が抵抗しようと、「国の利害か、地方の利害か」というのは事務を区分する一つの基準となりうるので、多少文言を変え、財政負担議論と分離することも考えられたはずである。しかし、「国の利害か、地方の利害か」と

表 1-3　法定受託事務の定義の変遷

主　体	名　称	日　時	内　　容
地方分権推進委員会	中間報告	1996年3月29日	専ら国の利害に関係のある事務であるが、国民の利便性又は事務処理の効率性の観点から、法律の規定により地方公共団体が受託して行うとされる事務
地方分権推進委員会	たたき台	1996年10月3日	事務の性質上、その実施が国の義務に属し、国の行政機関が直接執行してもおかしくない事務であるが、国民の利便性又は事務処理の効率性の観点から、法律又はこれに基づく政令の規定により地方公共団体が受託して行うこととされるもの
地方分権推進委員会	第一次勧告	1996年12月20日	事務の性質上、その実施が国の義務に属し国の行政機関が直接執行すべきではあるが、国民の利便性又は事務処理の効率性の観点から、法律又はこれに基づく政令の規定により地方公共団体が受託して行うこととされる事務
政　府（自治省）	地方自治法改正大綱＊	1997年12月24日	国民の利便性又は事務処理の効率性の観点から、法律又はこれに基づく政令に定めるところにより都道府県又は市町村が処理することとされる事務であって、国が本来果たすべき役割に係るものとして別表に掲げるもの
政　府	地方分権推進計画	1998年5月29日	法律又はこれに基づく政令により都道府県又は市町村が処理する事務のうち、国が本来果たすべき責務に係るものであって、国民の利便性又は事務処理の効率性の観点から都道府県又は市町村が処理するものとして法律又はこれに基づく政令に特に定めるもの
政　府	地方自治法改正案	1999年7月16日公　布	法律又はこれに基づく政令により都道府県、市町村又は特別区が処理することとされる事務のうち、国が本来果たすべき役割に係るものであつて、国においてその適正な処理を特に確保する必要があるものとして法律又はこれに基づく政令に特に定めるもの（第一号法定受託事務）

（注 1）＊の正式名称は、「機関委任事務制度の廃止後における地方公共団体の事務のあり方及び一連の関連する制度のあり方についての大綱」。
（注 2）下線部は筆者。

いう基準は、捨てられる。

この基準では、国が設置する道路など「公物の管理」は、法定受託事務にならない。道路や河川を管理・補修するのは地方の利害であり、道路などが現に存在している地域自治体の利害にほかならない。国道や一級河川は、国が直轄管理している一部を除き、大半の管理は都道府県や政令指定都市が機関委任事務として行ってきた。これを法定受託事務からはずし、自治事務とすることは、当該省庁にとって絶対に受け入れることのできない課題であったようである。「公物の管理」が審議の壁となって、動かない可能性があったといえよう。

分権委員会はここで、法定受託事務に「国の義務に属し、国の行政機関が直接執行してもおかしくない事務」という概念を導入する(「たたき台」九六年一〇月三日公表)。その事務が地域の利害であるか、国の利害であるかは問わず、関連事務に国が直接執行している部分があれば、それを法定受託事務として認めようというのである。この定義変更によって、公物の管理は法定受託事務に区分できることになった。

ただ、この変更によって、法定受託事務は限りなく広がる可能性が生じてしまった。機関委任事務は国の事務だったので、ある意味で、どんな事務も国が直接執行してもおかしくないに決まっているからである。そこで分権委員会は、雪崩込み防止策を講じる。法定受託事務について受け入れられるメルクマールを開発し、それに当てはまる事務に限定しようというのである。

ところが、そのメルクマール自体が徐々に拡大していくことになる(表1-4)。はじめのメルクマールは七項目であったが、最終的には、大きな括りでは八概念であるものの、詳細に見ると一六項目に膨れ上がっている[26]。ここまで増殖するとなると、機関委任事務制度に付随していた行政不服審査や自治体議会による議決の問題も、自治体の事務として機関委任事務類似の仕組みを完全に払拭しないとおかしくなってしまった。

法定受託事務の定義については、最終的には「国の直接執行」という概念は消え、「国が本来果たすべき役割に係るもの」に収斂されていく。最終的な定義は、「法律又はこれに基づく政令により都道府県、市町村又は特別区が処理することとされる事務のうち、国が本来果たすべきものであって、国においてその適正な処理を特に確保する必要があるものとして法律又はこれに基づく政令に特に定めるもの」(傍点、筆者)である。「国が本来果たすべき役割に

法定受託事務のメルクマールの変遷

メルクマール	1996年10月3日 たたき台	1996年12月20日 第一次勧告	1997年7月8日 第二次勧告
4	全国流通性を有する製品の検査等の事務のうち、人が直接摂取する医薬品の安全に係る国の基準を遵守させるためのもの	法定の伝染病のまん延防止に関する事務	広域にわたり国民に健康被害が生じること等を防止するために行う伝染病のまん延防止や医薬品等の流通の取締りに関する事務 ① 法定の伝染病のまん延防止に関する事務 ② 公衆衛生上、重大な影響を及ぼすおそれのある医薬品等の全国的な流通の取締りに関する事務
5	生存にかかわるナショナルミニマムを確保するため、全国一律に公平・平等に実施する必要がある事務	精神障害者等に対する本人の同意によらない入院措置に関する事務	精神障害者等に対する本人の同意によらない入院措置に関する事務
6	全国単一の制度として、国が拠出を求め運営する保険及び給付金の支給等に関する事務	国が行う災害救助に関する事務	国が行う災害救助に関する事務
7	国が直接執行する事務の前提となる手続の一部のみを地方公共団体が処理することとされている事務で、当該事務のみでは、行政目的を達成し得ないもの	国が直接執行する事務の前提となる手続の一部のみを地方公共団体が処理することとされている事務で、当該事務のみでは行政目的を達成し得ないもの	国が直接執行する事務の前提となる手続の一部のみを地方公共団体が処理することとされている事務で、当該事務のみでは行政目的を達成し得ないもの
8		国際協定等との関連に加え、制度全体にわたる見直しが近く予定されている事務で以下に掲げるもの	国際協定等との関連に加え、制度全体にわたる見直しが近く予定されている事務で以下に掲げるもの

表1-4　分権委員会審議における

メルクマール	1996年10月3日	1996年12月20日	1997年7月8日
	たたき台	第一次勧告	第二次勧告
1	国家の統治に密接な関連を有する事務	国家の統治の基本に密接な関連を有する事務	国家の統治の基本に密接な関連を有する事務
2	国が設置した公物の管理に関する事務	根幹的部分を国が直接執行している事務で以下に掲げるもの ①　国が設置した公物の管理に関する事務 ②　広域にわたり重要な役割を果たす治山・治水及び天然資源の適正管理に関する事務 ③　信用秩序に重大な影響を及ぼす金融機関等の監督等に関する事務 ④　医薬品等の製造の規制に関する事務 ⑤　麻薬等の取締りに関する事務	根幹的部分を国が直接執行している事務で以下に掲げるもの ①　国が設置した公物の管理及び国立公園の管理並びに国定公園内における指定等に関する事務 ②　広域にわたり重要な役割を果たす治山・治水及び天然資源の適正管理に関する事務 ③　環境保全のために国が設定した環境の基準及び規制の基準を補完する事務 ④　信用秩序に重大な影響を及ぼす金融機関等の監督等に関する事務 ⑤　医薬品等の製造の規制に関する事務 ⑥　麻薬等の取締りに関する事務
3	国土保全や国民経済上の観点から特に広域にわたり重要な役割を果たす治山・治水に関する事務	全国単一の制度又は全国一律の基準により行う給付金の支給等に関する事務で以下に掲げるもの ①　生存にかかわるナショナル・ミニマムを確保するため、全国一律に公平・平等に行う給付金の支給等に関する事務 ②　全国単一の制度として、国が拠出を求め運営する保険及び給付金の支給等に関する事務 ③　国が行う国家補償給付等に関する事務	全国単一の制度又は全国一律の基準により行う給付金の支給等に関する事務で以下に掲げるもの ①　生存にかかわるナショナル・ミニマムを確保するため、全国一律に公平・平等に行う給付金の支給等に関する事務 ②　全国単一の制度として、国が拠出を求め運営する保険及び給付金の支給等に関する事務 ③　国が行う国家補償給付等に関する事務

(注)下線部はそれ以前のものから、新たに加えられたことを示す。

係るもの」だから、国は、「その適正な処理を特に確保」しようとする、と述べているだけで、その事務がどのような根拠で「国が本来果たすべき役割」にあるか、意味を推し量ることはできない。また、「国の役割」についても、「国と地方の役割分担」が自治法の別の条項（一条の二第2項）に規定されたものの、抽象的である。したがって、法定受託事務の中身は、メルクマールの八概念一六項目で把握するしかない。

（4）実際の事務区分と役割分担の関係

第一次分権改革によって、機関委任事務制度は廃止されるとともに、都道府県事務の七～八割、市町村事務の三～四割といわれた機関委任事務は法定受託事務と自治事務に振り分けられた。その割合は四五対五五であって、たとえ法定受託事務が機関委任事務に似ていたとしても、自治体におけるその割合は半減する。このことこそ、第一次分権改革の最大の成果とされるものである。その実際の区分を見てみることにしよう。

地方分権推進計画（九八年五月）の一覧を使って、機関委任事務のうち、おもな法律についての事務区分の状況を見てみる。[27]五四六法律（ただし、共管法を含む）のうち、直接執行三五法律（直接執行のある法律すべて）、法定受託事務と自治事務はそれぞれ主要な法律を一〇五抽出し、のべ二四五法律について考察した。

はじめに国の直接執行になった事務をみる（表1－5）。第一次分権改革で、機関委任事務から「国の直接執行」となったものが三五法律ある。この中には、第三次勧告に関わる①地方事務官制度を廃止して国に一元化し、担当していた機関委任事務を国の直接執行にしたことに伴うもの（社会保険関係と雇用保険関係）、同じく第三次勧告で扱った②駐留軍用地特別措置法など駐留軍に関わるものと、さらに全国知事会が国への事務返上を申し出た③国立公園に関わるもの、④信用事業に関わるもの、そして⑤その他（鳥獣保護及狩猟に関する法律の捕獲等の許可と、電気事業法などの立入許可）の五種類がある。①～④の四つの要因で大半の事務は説明がつき、⑤はわずかである。国の直接執行となったのは全体から見るとわずかであるが、事務区分の中で(自治体の事務ではなく反対に)国の直接執行としたものが出てきたこと自体、分権委員会が国と地方の役割分担を明確化しようとする発想をもっていた証拠である(ただし、駐留軍用地特別措置法に関しては異質であり、筆者は別の見解をもっている。第2章参照)。

次に、法定受託事務になったものを見てみよう(三二・三三頁表1-6、検討事務のうちの三〇事務)。表1-4(二六・二七頁)のメルクマールに合わせて並べてあり、それぞれメルクマールに基づく事務の具体例が分かる。[28] 法人格の付与に関わる事務のうち、医療法人などは自治事務に整理された。ところが、たとえば私立学校法人や社会福祉法人は法定受託事務になっており、両者の相違は明確でない。また、一級河川に関する事務は国の直轄管理部分がなく、すべて都道府県が管理しており、法定受託事務に区分したことに疑問がないわけではない。さらに、前述した指定区間外国道のようにメルクマールそのものについての議論の余地もある。たしかに、これらの事務が自治事務になれば、法定受託事務の割合は相当に減少する。しかし、分権委員会としては、これらの事務を法定受託事務として、「国が本来果たすべき役割に係るもの」と判断した、ということである。

以上は、国の役割に関係する事務区分であるが、これに対して、地方の役割と考えられる自治事務はどのようなものであろう(三四・三五頁表1-7、検討事務のうち五〇事務)。ひとつの自治体内において、一定の地域や施設などを指定する事務、地域における計画を策定する事務は、それぞれの地域によって状況が異なっており、自治体が主体的に行わなければならない事務であろう。営業の許可、組織・施設などの設立許可、さらに問題が発生した場合の事業者等からの報告聴取や立入検査も、これに類する事務といえよう。意見の提出や、あっせん・裁定の事務も、地域事情を反映させざるを得ない。このように、自治体が地域内のさまざまな事情を勘案して判断、実施するものは、自治事務となっていることが分かる。分権委員会は、このように「直接執行があるかないか」というような事務の外形上・形式上からではなく、事務内容を実質的に判断して区分していたと考えられる。

執行となった事務

	法　律　名	お　も　な　事　務	備　　考
23	農業者年金基金法	農業者年金基金業務の一部の受託者からの報告徴収	
24	社会保険医療協議会法	保険医療機関等の指定等についての諮問	
25	＊☆★電気事業法	土地への立入許可	通産省部分は自治事務と直接執行。建設省部分は法定受託事務
26	＊☆★ガス事業法	土地への立入許可	通産省部分は自治事務と直接執行。建設省部分は法定受託事務
27	＊☆●電気通信事業法	他人の土地への立入り許可	郵政省部分は都道府県の自治事務、市町村の法定受託事務、直接執行。農水省部分は都道府県の自治事務
28	育児休業等育児又は家族介護を行う労働者の福祉に関する法律	認定中小企業団体が行う労働者の募集時期等に関する届出の受理	
29	●職業安定法	公共職業安定所長の指揮監督	
30	★雇用保険法	雇用保険法を適用しない旨の認定に関する事務	
31	高年齢者等の雇用の安定等に関する法律	都道府県高年齢者雇用安定センターの指定	
32	労働保険の保険料の徴収等に関する法律	労働保険事務組合に関する認可	
33	障害者の雇用の促進等に関する法律	採用計画の適正な実施に関する勧告	
34	☆中小企業における労働力の確保のための雇用管理の改善の促進に関する法律	改善計画の認定を受けた事業協同組合等が行う労働者の募集時期に関する届出の受理	
35	地域雇用開発等促進法	労働大臣が作成する計画に基づく広範囲の地域にわたる職業紹介活動	

（凡　例）
＊自治事務と法定受託事務がともにあるもの。
★都道府県の法定受託事務と国の直接執行がともにあるもの。
☆都道府県の自治事務と国の直接執行がともにあるもの。
●市町村の法定受託事務と国の直接執行がともにあるもの。
◎市町村の自治事務と国の直接執行がともにあるもの。
（注）正式名称は「日本国とアメリカ合衆国との間の相互協力及び安全保障条約第6条に基づく施設及び区域並びに日本国における合衆国軍隊の地位に関する協定の実施に伴う土地等の使用等に関する特別措置法」。
（出典）地方分権推進計画（1998年5月）より作成。

表 1-5　国の直接

	法律名	おもな事務	備考
1	防衛庁設置法	駐留軍の雇い入れ等	
2	★駐留軍用地特別措置法（注）	引渡調書への署名押印を土地所有者が拒否したとき等の代行	
3	物価統制令	統制額の指定	
4	自然環境保全法	自然環境保全地域特別地区内の工作物の設置等の許可	
5	＊★自然公園法	国立公園特別地域内の工作物の設置等の許可	
6	絶滅のおそれのある野生動植物の種の保存に関する法律	特定国内種事業を行う者に対する指示	
7	◎鳥獣保護及狩猟に関する法律	国設鳥獣保護区における鳥獣等の捕獲等の許可	
8	金融機関の合併及び転換に関する法律	存続金融機関等が信用協同組合である場合の合併等の認可	
9	預金保険法	信用協同組合を当事者とする緊急性の認定に係る合併等の認可	
10	☆中小企業協同組合法	信用協同組合等の設立に係る認可	
11	協同組合による金融事業に関する法律	認可実行事項に係る届出の受理	
12	金融機関の更生手続の特例等に関する法律	信用協同組合に係る更生手続開始の申立ての通知の受理	
13	金融機能の安定化のための緊急措置に関する法律	預金保険機構から協定銀行が優先株式等の引受けを行った旨の報告を受ける事務	
14	民法	社会保険庁の所管に係る公益法人の設立の許可	職安法等の公益法人も同じ
15	信託法	社会保険庁の所管に係る公益法人の設立の許可	職安法等の公益法人も同じ
16	破産法	社会保険庁の所管に係る公益法人の設立の許可	職安法等の公益法人も同じ
17	●健康保険法	被保険者からの申出等の受理	
18	社会保険診療報酬支払基金法	審査委員会の学識経験者たる委員の推薦	
19	厚生年金保険法	任意適用事業所の適用の認可	
20	船員保険法	被保険者の資格、保険給付	
21	●国民年金法	国民年金手帳の作成及び交付	
22	社会保険労務士法	事務所を 2 以上設ける場合の許可	

（メルクマール別）

	メルクマール	法律名	お も な 事 務	実施自治体
19	3–③	引揚者等に対する特別交付金の支給に関する法律	特別給付金の支給を受ける権利の認定	都道府県
20	4–①	予防接種法	臨時の予防接種	都道府県、保健所設置市
21	4–①	家畜伝染病予防法	患畜等の殺処分の指示	都道府県
22	4–②	農薬取締法	販売業者等に対する報告徴収・立入検査（不良品等の発見・排除のための権限行使に係るもの）	都道府県
23	4–②	食品衛生法	食品等の検査	都道府県
24	5	精神保健及び精神障害者福祉に関する法律	精神障害者等に対する入院措置等	都道府県、指定都市
25	6	災害救助法	救助の実施に関する事務	都道府県
26	7	犯罪被害者等給付金支給法	犯罪被害者等給付金の支給を受ける権利の裁定等	都道府県公安委員会
27	7	駐留軍用地特別措置法	暫定使用による損失補償の裁定等	都道府県収用委員会
28	7	補助金等に係る予算の執行の適正化に関する法律	各省庁の所掌に係る補助金等に関する事務	都道府県
29	7	国民年金法	被保険者等の資格等の届出の受理	市町村
30	8	農地法	農地の権利移動の許可	都道府県

こうした事務区分が実質的なものであったという考えに対し、「事務区分・相対論」というべき自治事務と法定受託事務の差異が相対的なものであるという主張がある[29]。自治事務についても中央省庁に「一定の関心と責任」があるというもので、法定受託事務との相違は相対的なものにすぎないという考えである。振り分け作業がすべて終了した後の結果論として登場してきた論理であるが、自治事務においてもなお、「国が企画・立案し、自治体が実施する」という機能分担論と相通ずるものがある。後述する条例制定権の拡大議論とも関連する重要な論点である。

（5）自治事務への国の関与

分権委員会の仕事は、機関委任事務の区分けだけではなかった。かつての団体事務など機関委任事務以外にも、問題があった

表1-6　おもな法定受託事務

	メルクマール	法律名	おもな事務	実施自治体
1	1	統計法	指定統計調査の実施に伴う事務	都道府県、市町村
2	1	外国人登録法	外国人登録申請の受理	市町村
3	1	戸籍法	戸籍の記載、証明書の発行等	市町村
4	1	旅券法	申請書の受理、一般旅券の交付	都道府県
5	1	宗教法人法	宗教法人の登記に関する届出の受理	都道府県
6	1	地方自治法	市町村の廃置分合など	都道府県
7	2-①	自然公園法	国定公園の特別地域の指定	都道府県
8	2-①	道路法	指定区間外国道の管理	都道府県
9	2-②	河川法	一級河川の管理に関する事務	都道府県
10	2-②	河川法	二級河川の管理に関する事務	都道府県
11	2-③	大気汚染防止法	総量規制基準の設定	都道府県
12	2-③	水質汚濁防止法	総量規制基準の設定	都道府県
13	2-④	農業協同組合法	信用事業を行う組合の信用事業規定の承認	都道府県
14	2-⑤	薬事法	医薬品等の製造業の許可	都道府県
15	2-⑥	覚せい剤取締法	覚せい剤製造業者等からの報告の徴収	都道府県
16	3	公害健康被害の補償等に関する法律	指定疾病に係る認定、補償給付の支給等に関する事務、公害保健福祉事業の実施	都道府県、政令で定める市
17	3-①	生活保護法	決定・実施に関する事務	都道府県、市
18	3-②	児童手当法	受給者資格、手当額に認定	市町村

（出典）表1-5に同じ。

のである。個別法によって、事務に許可・認可・承認を規定していたものが相当数存在し、警察関連事務のように、団体(委任)事務とされながら、命令など多くの強力な関与を都道府県(警察本部)に対して行っているものも存在していた。団体(委任)事務は、機関委任事務に比べて旧地方自治法の包括的指揮監督権などがないために、それぞれの個別法に指示などの関与が規定されていることも多い。

分権委員会はこうした団体事務に関わる関与についても整理を行っており、法的効果があると考えられる特別の関与について**表1-8**(三六頁)のように勧告している(第四次勧告とその別表一～四。九八年五月、地方分権推進計画の一部として閣議決定された[30])。たとえば、「許可・認可・承認」であれば、メルクマール(d)のように「刑法等で一般には禁止されてい」るもののうち、宝くじの発

自治事務の例

	事務類型	法　律　名	事　務　の　例	実施自治体
28	組織・施設等の設立許可	農業協同組合法	信用事業を行わない組合の設立の認可、取消	都道府県
29		森林組合法	森林組合(都道府県の区域を越えない)の設立の認可	都道府県
30		中小企業団体の組織に関する法律	協業組合の設立の認可	都道府県
31	立入検査	農薬取締法	販売業者等に対する報告徴収・立入検査(不良品等の発見・排除のための権限行使以外のもの)	都道府県
32		卸売市場法	中央卸売市場の開設者等からの報告聴取、事務所等への立入検査	都道府県
33		肥料取締法	販売業者からの報告の徴収、立入検査	都道府県
34	意見の提出	医師法	医師免許の取消等の際の意見書等の提出	都道府県
35		農業災害補償法	地域の指定について意見を述べる事務	都道府県
36		農地法	4 ha を超える農地転用の許可申請書に意見を付する事務	都道府県
37	裁定、あっせんなど	公害紛争処理法	公害に関するあっせん、調停、仲裁に関する事務	都道府県
38		電気事業法	損失補償に係る裁定	都道府県
39		ガス事業法	損失補償に係る裁定	都道府県
40		電気通信事業法	他人の土地の一時使用による損失補償に係る裁定	都道府県
41		労働組合法	労働争議の斡旋・調停・仲裁	都道府県・地方労働委員会
42	届出の受理	歯科技工士法	氏名等の届出の受理	都道府県
43		精神薄弱者福祉法	居宅生活支援事業の開始の届出の受理	都道府県、指定都市、中核市
44		母子及び寡婦福祉法	居宅介護等事業の開始の届出の受理	都道府県、指定都市、中核市
45		港湾法	港湾地区内における施設の届出の受理	都道府県・市町村港湾管理者
46		首都圏の近郊整備地帯及び都市開発区域の整備に関する法律	市町村施行に係る施行計画の届出の受理	都県
47		建築基準法	確認申請書の受理	建築主事を置く市町村
48		地方自治法	市町村の区域内に新たに土地を生じたときの届出の受理	都道府県
49	その他地域裁量のある事務	自衛隊法	治安出動の要請	都道府県
50		民生委員法	民生委員の定数決定	都道府県、指定都市、中核市

表 1-7　類型別にみる

	事務類型	法　律　名	事　務　の　例	実施自治体
1	地域の指定	騒音規制法	地域の指定	都道府県、20万人以上市
2		振動規制法	地域の指定	20万人以上市
3		悪臭防止法	地域の指定	20万人以上市
4		農用地の土壌の汚染防止等に関する法律	地域の指定	都道府県
5	施設等の指定	学校教育法	就学すべき学校の指定	都道府県･市町村教育委員会
6		母体保護法	受胎調節の実地指導ができる者の指定	都道府県
7		精神保健及び精神障害者福祉に関する法律	病院の指定、取消	都道府県、指定都市
8		結核予防法	医療機関の指定	都道府県、保健所設置市
9		森林法	保安林の指定	都道府県
10		国土利用計画法	規制区域の指定(都道府県)、監視区域の指定(指定都市を含む)	都道府県、指定都市
11	計画の策定	環境基本法	公害防止計画の策定	都道府県
12		大気汚染防止法	指定ばい煙総量削減計画の作成	都道府県
13		水質汚濁防止法	総量削減計画の策定	都道府県
14		瀬戸内海環境保全特別措置法	府県計画の策定	関係府県
15		湖沼水質保全特別措置法	湖沼総量削減計画に関する事務	都道府県
16		国土利用計画法(再掲)	計画の策定	都道府県
17		災害救助法	計画の樹立	都道府県
18	営業の許可	旅館業法	旅館業の営業の許可	都道府県、保健所設置市
19		水道法	水道事業の認可	都道府県
20		食品衛生法	飲食店営業等の営業の許可	都道府県、保健所設置市
21	組織・施設等の設立許可	農住組合法	設立の認可	都道府県､指定都市､中核市
22		と畜場法	と畜場の設置の許可	都道府県、保健所設置市
23		医療法	病院等の開設の許可 医療法人の設立の認可	都道府県
24		薬事法	薬局開設の許可	都道府県
25		社会福祉事業法	社会福祉施設の設置許可	都道府県､指定都市､中核市
26		児童福祉法	児童福祉施設の設置の認可	都道府県､指定都市､中核市
27		国民健康保険法	国保連合会の設立の認可	都道府県

(出典) 表 1-5 に同じ。

表 1-8　自治事務に係る特別の関与のメルクマール

(1)　同　意	
メルクマール(a)	法制度上当然に、国の税制・財政上の特例措置が講じられる計画を策定する場合
メルクマール(b)	地方公共団体の区域を越える一定の地域について総量的な規制・管理を行うため国が定める総量的な具体的基準をもとに関係地方公共団体が計画を策定する場合
メルクマール(c)	その他、個別の法律における必要性から特別に同意が必要とされる場合
(2)　許可・認可・承認	
メルクマール(d)	刑法等で一般には禁止されていながら特別に地方公共団体に許されているような事務を処理する場合
メルクマール(e)	公用収用・公用換地・権利変換に関する事務を処理する場合
メルクマール(f)	補助対象資産、国有財産処分等に関する事務を処理する場合
メルクマール(g)	法人の設立に関する事務を処理する場合
メルクマール(h)	国の関与の名宛人として地方公共団体を国と同様に扱っている事務を処理する場合
メルクマール(i)	その他、個別の法律における必要性から特別に国が許可・認可・承認することができる場合
(3)　指　示	
メルクマール(j)	国民の生命、健康、安全に直接関係する事務の処理に関する場合
メルクマール(k)	広域的な被害のまん延防止の観点からの事務の処理に関する場合
メルクマール(l)	その他、個別の法律における必要性から特別に国が指示することができる場合

(出典)表 1-5 に同じ。

売を都道府県が行うのは自治事務であるが、国が「許可」を行うことが許される(当せん金付証票法第四条)、というわけである。

ただし、表1-8をよく見ると、このメルクマールに問題があることが分かる。メルクマール(c)(i)(l)に、「その他、個別の法律における必要性から」(傍点、筆者)という、どんな事務も要件に当てはまりかねない項目が入り込んでいる。しかも、法的効果のある関与を効果のない関与に変更させたのは五〇あまり(第四次勧告、別表四)にすぎず、大半は現状を追認したにすぎない。精査が不十分であった可能性があるといわねばならない。

問題は、こうした国が自治体に対して行っている関与の全体像を把握する基礎的ともいえる資料が現在ないことである。分権委員会は、『国の関与現況表』(旧総務庁行政監察局発行）を使って、こうした作業を行っていたと考えられる。ところが、八八～九九年三月までつくられていたこの資料が、二〇〇〇年四月以降は作成されていないのである。「国の関与」の改革を改めて実現するには、現行個別法のすべてについて、再度、調査するしか方法はなく、きわめて困難な状況にある。[31]

4　個別行政における改革効果――教育分野と都市計画分野

(1)　教育分野の変化

さらに詳細に検討するために、具体例として、義務教育分野と都市計画分野の事務を取り上げてみよう。両者とも、これまで国が企画立案し、自治体が執行するという典型的な集権事務であり、第一次分権改革以前はほとんど改革が行われず、この改革で一気に多くの機関委任事務が自治事務に整理されたことが、その理由である。

まず、義務教育分野の第一次分権改革前の状況を確認したい（図1-1）。義務教育については、市町村における学齢簿の編製、就学校の指定、学級編制、さらには都道府県教育委員会による教職員の任免など、要所要所に機関委任事務が置かれていた。また、地方教育行政の組織及び運営に関する法律（以下「地方教育行政法」という）によって、都道府県教育委員会が機関委任事務として市町村の教育長の任命承認を行うほか（地方教育行政法、旧第一六条、都道府県教育長は大臣が任命承認）、国は地方に、都道府県は市町村に、法的効果のある指導ができる特別な権限をもっていた（地方教育行政法旧第四八条、旧第五二条）。

しかし、これら機関委任事務は第一次分権改革によって、教科書の無償配布に関わる事務を除き（補助金交付に類

第一次分権改革

都道府県教育委員会		市町村教育委員会
各種届出の受理 設置・廃止の認可【機】《⇒自》	―― 関与(届出) ―→ ―― 関与(認可) ―→	小・中学校の設置・廃止等 設置義務を負うもの以外の公立学校の設置・廃止
★教育課程の基準の設定	――★関与(指導)―→	★教育課程の設定
		学齢簿の編製、就学校の指定、出席の督促、就学義務の免除、学期・休業日【機】《⇒自》
教科用図書選定審議会(必置) ↓ 教科書採択に関する指導【機】《⇒自》 教科用図書の受領及び給付に関する事務【機】《⇒法》	――★関与(指導)―→	教科書の採択 教科書の受領及び給付に関する事務【機】《⇒法》 児童、生徒への給付
学級編制基準の設定及び認可【機】《⇒自》 《認可⇒同意を要する協議》 ↓ ★教職員定数の決定(都道府県条例)	―― 関与(認可) ―→ 《⇒同意を要する協議》	学級編制の決定
↓ 教職員の給与の決定、支給		
★⑥教職員の任免等【機】《⇒自》 教育職員検定等免許状に関する事務【機】《⇒自》	←― ★内　申 ――	★教職員の服務監督
市町村申請書に必要な意見を付する【機】《⇒自》 市町村申請書の審査、提出【機】《⇒法》	―― 国庫負担金 ―→	小・中学校の新増築、改築

義務教育諸学校の教科用図書の無償措置に関する法律、③公立義務教育諸学校の学級編制及
教育職員免許法、⑥市町村立学校職員給与負担法、⑦義務教育諸学校施設費国庫負担法、★

【機】《⇒法》は機関委任事務から法定受託事務、【機】《⇒自》は機関委任事務から自治事務

府県、都道府県→市町村）については、分権一括法で義務規定「行うものとする」から「で
設された。
権推進計画(98 年 5 月)、分権一括法(99 年 3 月)より作成。

図 1-1　義務教育制度の概要と

事務	法律根拠	国	
設置管理	法①		
教育課程	法①	授業時数の標準等の設定、学習指導要領の告示	——★関与（指導）——▶
就学に関わる事務	法①		
教科書	法②	教科書の検定、図書目録の送付	
		報告の受理 教科書の無償給付	—— 関　与 ——▶
学級編成 教職員定数	法③	学級編成及び教職員定数の標準の設定 報告の受理	—— 関　与 ——▶
教職員の給与、任免	法④	国庫負担の基準（総額、対象）の設定 国庫負担	—— 国庫負担金 ——▶
	法⑤⑥	教育職員の免許基準の設定	——★関与（指導）——▶
施設整備、補助金	法⑦	国庫負担の基準の設定 国庫負担	—— 国庫負担金 ——▶

（注1）法律根拠の法①などの法律名は次のとおり。①学校教育法、②
び教職員定数の標準に関する法律、④義務教育費国庫負担法、⑤
地方教育行政の組織及び運営に関する法律。
（注2）二重括弧《　》内は、分権一括法による改正内容。たとえば、
になったことを意味する。
（注3）★地方教育行政法の関与のうち、**一般的な指導監督（国→都道**
きる」規定に改定され、国の都道府県教育委員会への指示権が新
（出典）地方分権推進委員会中間報告関係資料（1996年3月）、地方分

似の事務と判断された模様、三二頁表1-6のメルクマール7）、ほとんどが自治事務に変わる。さらに、地方教育行政法の改正によって、教育長の任命承認制度は廃止され、国の特別な関与も制限された（地方教育行政法旧第一六条、第四八条、第五二条）。図1-1を見て分かるように、こうした改革の結果、義務教育に関しては、市町村事務のうち教科用図書の配布と教職員の任免以外の、小・中学校の設置・増改築、児童や生徒の把握など基本的な部分は、市町

村自身の責任で運営されるものとなったといいうるであろう。このため、学校選択制が各地で導入され、学期の期間は各自治体で決定できるようになったのである。

その後、小泉純一郎政権、続く安倍晋三政権下において、学力低下、いじめ、教員の質などむしろ教育内容が問題とされ、その解決方法として集権的手段が選択されていく。教育再生会議の発案による地方教育行政法など教育関連三法の改正内容は、教育への国家統制と地方分権のせめぎ合いを象徴している。(32) とはいえ、これについても、第一次分権改革による制約がかかっている。

先に述べたように、自治事務についての国の関与は原則として非権力的な(法的効果のない)ものに制限されており、指示などの特別の関与ができる場合は限定されている(三六頁表1-8のメルクマール(j)、(k)、(l)のいずれか)。今回、地方教育行政法改正案について国の権限に「指示」などの強権を付与する提案が行われたが、これに「児童、生徒等の生命又は身体の保護のため、緊急の必要があるとき」(同法改正第五〇条)など、国の権限を一定制限する要件が加わったのはこのためであろう。(33)

ただし、残された課題も多い。市町村の学級編制については、都道府県教育委員会の「認可」が単に「同意を要する協議」と用語が変わっただけにすぎず、事実上市町村に権限はない。さらに、分権委員会の議論で焦点の一つとなっていた義務教育の教育課程についても、分権委員会の第一次勧告で「教育課程の一層の大綱化や弾力化を図る」と勧告されたにもかかわらず、いまなお「学習指導要領によるものとする」(学校教育法施行規則第二五条、第五四条の二)とされ、変わっていない。そして何よりも、教員の人事権は、都道府県教育委員会が握り続けている。市町村の自治事務を都道府県職員が実施するという、きわめて不可思議な構図である(第6章参照)。これらについては、自治体に不満が溜まっているはずである。(34)

（2）都市計画分野の変化

都市計画については、第一次分権改革以前は、大半は都道府県が機関委任事務として決定しており、しかも主要な事務は国の認可を必要としていた（図1-2）。市町村については、市町村マスタープランの策定（一九九二年改正）など多少の改革は行われていたものの、市町村が独自に決定できる都市計画は、狭い市町村道や公園などの小さな都市計画にすぎない。上意下達行政の典型例ともいえるものであった。

しかし、まちづくりについての自治体のニーズはかねてから強く、いくつかの先進自治体によって、都市計画に関わる条例が制定されていた。たとえば、地区計画制度に連動した神戸市地区計画及びまちづくり協定等に関する条例（八一年）や、地域景観の保全を目的とした大分県湯布院町（現・由布市）の潤いのあるまちづくり条例（九〇年）、リゾートマンション建設に対応した神奈川県真鶴町の美の条例（九三年）などで、数十にのぼる市町村がまちづくりに関わる条例を第一次分権改革前に制定している。けれども、自治体条例には限界があり、乱開発防止のために策定してきた市町村の宅地開発指導要綱の効果が揺らいでいたこともあって、都市計画分野における権限移譲は焦眉の課題ともいえる状況にあった。

こうした中、全国の自治体の期待が集まり、大幅な制度改革が行われることになる。分権一括法と引き続く二〇〇〇年の都市計画法改正によって、都市計画に関わる都道府県の機関委任事務がほとんど自治事務に変わり、加えて市町村が独自に決定できる分野が増加した。自治事務となったことで、国による関与が制限され、国から出されていた膨大な通達は、単なる通知となったのである。同時に、市町村の都市計画審議会が法定化され、市町村が独自に決定できる分野が広がる。さらに、都市計画法改正では、市町村条例において住民参加手続きを加えることを明確にし、開発行為の許可についての事務が特例市まで権限移譲され、しかもその内容を市町村条例で定めること

制度の概要と第一次分権改革(分権一括法および2000年改正)

都道府県 ○都市計画地方審議会(法定) 都市計画区域の指定、市街化区域等の指定、都道府県都市計画の決定、市町村都市計画の承認《⇒市町村都市計画は市町村決定》		市町村 ○市町村都市計画審議会(任意) 《⇒法定、市町村都市計画は市町村決定》
都市計画区域の指定【機】《⇒自》 都市計画に関する基礎調査【機】《⇒自》	── 関与(通知) ──▶	市町村の意見
市街化区域·市街化調整区域の指定【機】《⇒自》	◀── 意見聴取 ──	原案の作成 市町村の意見
都市計画区域の整備、開発、及び保全の方針の策定《法定化》		市町村マスタープランの策定(都道府県の整備、開発及び保全の方針に即し)
・市街化区域に関する都市計画決定に係る農水大臣との協議【機】《⇒自》		
都道府県の都市計画の決定【機】《⇒自》 用途地域の指定 風致地区等の設定 都市施設 市街地開発事業	◀── 意見聴取 ──	原案の作成 市町村の意見
上記、都道府県の都市計画の決定に対しての国の関与(市町村に対しては、経由)	── 関与(指示) ──▶	市町村の都市計画決定に対する国の関与
市町村の定める都市計画に関する基本方針の通知の受理	── 関　与 ──▶	都市計画に関する基本方針の策定、知事への通知
市町村の都市計画の承認【機】《⇒自》《承認⇒同意を要する協議》 ・市町村との事前協議	── 関与(承認) ──▶ 《⇒同意を要する協議》	狭い市町村道など一部の都市計画の決定《⇒拡大》
地区計画決定(市街化調整区域内を除く)の承認【機】《⇒自》《承認⇒同意を要する協議》	── 関与(承認) ──▶ 《⇒同意を要する協議》	地区計画の決定
市街化区域又は市街化調整区域内の開発行為の許可【機】《⇒自》《特例市以上に権限移譲》		《特例市以上、市街化区域又は市街化調整区域内の開発行為の許可》
都市計画事業の認可【機】《⇒自》	── 関　与 ──▶	都市計画事業の実施(都市計画施設の整備、市街地開発事業)

る改革の内容を示す。たとえば、【機】《⇒自》は、機関委任事務から自治事務になったこと

おける都市計画決定は、都道府県などの法定受託事務、都道府県の都市計画図書の写しの縦覧は市町村の法定受託事務

(1996年3月)、地方分権推進計画(98年5月)、分権一括法(99年3月)より作成。

ができるようになった。上意下達型行政は、転換し始めたといえるだろう。

多くの自治体で、都市計画の策定や決定までの間、法律以上に市民参加が可能となる条例制定が進み、さらには委任条例と自主条例を組み合わせる「まちづくり条例」を制定する動きが広がっている。第一次分権改革がもっとも成果を挙げた分野ということができる。[35]

しかしながら、この分野にもなお問題が残っている。都道府県の主要な事務は、いまだに国との「同意を要する協議」を必要としている（「都市計画区域の指定」など。図1-2参照）。市町村の都市計画も、まだ都道府県の「同意を要する協議」を経なければならず、また自治体ごとに条例制定ができる開発行為の許可について自治体が緩和もしくは強化できる規定が置かれたものの（都市計画法第三三条第三項）、「政令に定める基準に従」わなければならない。[36]

図 1-2　都市計画

国	
国が定める都市計画（2以上の都府県にわたる都市計画区域に係る都市計画）	
都市計画区域指定の認可《⇒同意を要する協議》	—— 関与（認可）→《⇒同意を要する協議》
市街化区域・市街化調整区域に関する都市計画の認可《⇒同意を要する協議》	—— 関与（認可）→《⇒同意を要する協議》
・農水省との事前協議	—— 関与（協議）→
知事が定める都市計画（大都市及びその周辺都市、又は国の利害に重大な関係がある）の認可《⇒同意を要する協議》	—— 関与（認可）→《⇒同意を要する協議》
・国の利害に重大な関係がある事項についての建設大臣の指示	—— 関与（指示）→

（注 1）二重括弧《　》内は、第一次分権改革によ
を意味する。下線部は、2000 年改正による。
（注 2）以上のほか、指定区間外国道、二級河川に
覧は市町村の法定受託事務である。
（出典）図 1–1 に同じ。委員会中間報告関係資料

国の法令による自治体への拘束（規律密度）は、これまでとあまり変わっていないのである（後述する[37]）。

5　新たな分権改革の可能性

（1）国の直轄事業と役割分担

新たな改革議論に入る前に、分権委員会の軌跡をもう少し追いかけておきたい。分権委員会には、幻となった第五次勧告（一九九八年一一月）がある。その重要性を再確認したい。勧告そのものは行われているので、目指していた内容と大きく異なったものになったという意味である。

分権委員会は第一〜四次までの勧告を終え、監視活動に入る予定であったが、橋本龍太郎首相の強い要請で、第五次勧告に取り組むことになる。実際には、公共事業のうち国の直轄事業と補助事業を見直すことになっていた。だが、与党自民党総務会の関連部会による関連省庁と一体となった抵抗によって、完全に封じ込められることになってしまう。第五次勧告そのものは、わずかに国の直轄管理区間の見直し（五五頁注（38））と箇所付けしない統合補助金の創設（その後の地方六団体の調査によると、省庁による統制は緩和されていないという）などを勧告しただけで、現状に変化をもたらすことはなかった。

仮に第五次勧告が成果を収め、国の直接執行が大幅に制限されていたとしたら、どうなっていただろう。国の直接執行が大幅に減少すれば、「国の役割分担」に影響を与え、さらには「法定受託事務」の範囲にも影響を与えたにちがいない。国の直接執行の制限は、国と地方（とりわけ都道府県）との二重行政の廃止を意味するだけでなく、自治体全体の権限および裁量権の拡大と密接につながる問題だったのである。これは、新たな分権改革においても大きな教訓となるだろう。

（２）義務づけ廃止議論と機関委任事務制度廃止論の類似性

先に述べたように、今後の地方分権議論は当面、自治体における条例制定の拡大について議論することになると思われる。その作業は、機関委任事務制度廃止に伴って行われた事務区分の作業と似たものになるだろう。なぜなら、国は、法定受託事務にはもちろん、自治事務についても「関心と責任」をもつと主張するにちがいないからである。その意味では、法定受託事務と自治事務の差異が相対的なものにすぎないという考え方は、省庁側を援護する理論的根拠となりうる。第一次分権改革で、分権委員会が数百本の法律を洗い直すという途方もない作業を強いられたのは、省庁側のこうした「関心と責任」に一つ一つ回答したためであった。

すべての事務について、一括して条例制定を認める条項を書き込むという提案もある。さらに、自治事務の実施は条例に委ねるという方法や、自治体の事務を規定できる法令を法律と政令に限定する方法も考えられている[39]。これまで述べてきたように、少なくとも自治事務については「国の役割」を主張する根拠は薄弱である。自治事務の執行基準を自治体条例に委ねるのは、ごく当然だと考える。法定受託事務や、自治事務についての特別の関与の「メルクマール」のように（二六・二七頁表1-4、三六頁表1-8参照）、国が法令で定める範囲を整理して、さらに限定すべきである。そして、自治事務についての事務執行は、すべて自治体が条例に基づいて行うべきであろう。

具体例を考えてみよう。先に述べた第一次分権改革後の都市計画法の「開発行為の許可」という都道府県（特例市まで権限移譲）が行う自治事務についてである。改革後の都市計画法は、面積が五ヘクタール以上の開発について、公園の比率を三％以上とする許可基準を示し、さらに自治体条例で強化できる範囲を六％未満とした（都市計画法施

行令第二九条の二第一項第六号)[40]。

国がこのような全国一律の規制を行う根拠は、どこにあるのであろう。数値の妥当性を問うているのではない。このような細かな数値を決めること自体、果たして国の仕事なのかが問題になるのである。「国が本来果たすべき役割に係るもの」ではない自治事務について、そもそも国が自治体を拘束すべきだろうか。別な言い方をすれば、国がこのように自治体を細部にわたって拘束する理由とは何かが問われることになるのであろう。

ここで、改めて考えておきたいことがある。それは、事務の一元管理の問題である。日本の事務は、一つの事務に関しても、国の仕事、都道府県の仕事、市町村の仕事が融合している。その典型例が機関委任事務であった。機関委任事務制度は廃止されたが、一つの事務について国、都道府県、市町村のそれぞれが処理する範囲があるという実態に、変化はない。このため、住民から見た責任体制がきわめて分かりにくい。

たとえば、教育分野における高校の未履修問題や義務教育におけるいじめの問題一つをとっても、国の指導に問題があったのか、都道府県や市町村の教育委員会がいけないのか、あるいは現場に問題にあったのか、よく分かっていない。仮に、教育分野のすべてが自治体責任であったならば、住民は当該自治体の教育行政を良くするよう働きかければよい。教育委員会制度のあり方そのものについても、この延長で考えられるであろう。

また、都市計画分野についても、自治事務についての国の規制(たとえば「政令に定める基準に従」わせるという手法)と市町村への国の補助金を廃止し、土地利用権が市町村にあることを明確にできないものであろうか。まちづくりの第一の責任は、市町村にあることを法制度上、明確にする必要がある。それを前提として、住民がまちづくりに関わる自治体の現状を知れば、どのような対策が必要で、どのような条例が必要か、理解できるようになるであろう。少なくとも、現在のように、マンション建設や再開発について行政上の手続きが決定した後に反対運動が起こることは少なくなるのではないか。

住民参画による自治体の自己決定と自己責任こそ、地方分権の目標である。こうした自治体における自己解決分野を増やしていかなければ、いつまでも国民全体に自治の意識は芽生えないであろう。

自治体の自己決定分野を広げる王道は、やはり、国の役割と直接執行分野を縮小することである。この場合、焦点は公共事業であろう。第一次分権改革以降、公共事業が地方分権の最大の眼目とされながら、三位一体改革を含めほとんど手付かずの状態であること自体、おかしなことである。

（３）政治の役割

最後に、政治の役割について述べておきたい。第一次分権改革は九三年の国会決議に始まり、政権交代によって首相に細川護熙という地方分権の提唱者が就任したことが契機となり、さらに村山富市内閣における五十嵐広三官房長官の活躍があって、成果を収めることができた。一方、分権委員会の第五次勧告では、政治は小渕恵三内閣のもとで地方分権改革の壁となって登場した。第一次分権改革の立役者である西尾勝氏が、新たな分権改革にあたって最後は政治の役割であることを強調するのは、もっともである。

ところが、状況はさらに進み、二〇〇二年から〇六年までの三位一体改革では、政府は分権を標榜しながら、現実には地方財政削減方策が実施された。その結果、地方の格差は格段に広がっている。しかも、先に述べたように教育行政においては、むしろ集権を進めたのが小泉・安倍の両政権であった。この状況の中で、果たして政治に、形だけでない本当の意味の分権を行う大義があるのであろうか。

（４）改革が自治体いじめになる可能性

以上、地方分権をさらに進める必要を述べてきたにもかかわらず、新たな分権改革は自治体いじめになりうると筆者は考えている。

もう一度、自治体の裁量権を拡大する方法を想定してみよう。一案として、自治体(とくに市町村)の事務について自治体による選択制とし、実施する場合、自治体に条例制定権を付与する方法が考えられる。しかし、その一方で、その事務についての費用は自治体の自己負担とし、地方交付税からその分を差し引くことが予想される。別の言い方をすれば、地方交付税(地方財政計画)については国が自治体に実施を強いたものに限定し、残りは住民から直接徴収する地方税によって事務を行うという方法である。

新委員会の丹羽宇一郎委員長が、分権の原則について自己決定・自己責任に「自己負担」を加え、これを今回の地方分権の三原則と唱えていることが象徴的である。(41) 本来「自己責任」という用語には「自己負担」の意味が含まれているはずだが、あえて別途、加えている。その真意はどこにあるのか不明であるが、自治体と住民負担の強化を想定していると思えてならない。

第一次分権改革のときも、権限移譲について地方側が容易に主張できなかった背景には、財源が保障されない可能性が高かったという事情がある。三位一体改革では現実に、国の補助金整理と税源移譲の総額よりも、はるかに多い地方交付税削減が行われた。

三位一体改革と同じように、改革課題は同じでも、財源保障の方法や個別項目の選定など改革内容いかんで、地方の首を絞めることが可能である。とくに、小規模町村にとっては、すでにぎりぎりの財政状況にあり、少しの改革であっても財政への大打撃となって、自治体そのものの存続を危うくする可能性すらある。

(1) ビジョン懇が、竹中平蔵元総務大臣の肝いりでつくられたことは、自身が明かしている(竹中、二〇〇六：三〇九頁)。なお、ビジョン懇は二〇〇六年七月三日に報告書を提出し、六団体委員会は同年五月一一日に中間報告、一一月三〇日に最終報告を出している。

（２）「地方分権推進委員会最終報告─分権型社会の創造：その道筋─」（二〇〇一年六月一四日）の「第四章 分権改革の更なる飛躍を展望して」には、①地方財政秩序の再構築、②地方公共団体の事務に対する法令による義務付け・枠付け等の緩和、③地方分権や市町村の合併の推進を踏まえた新たな地方自治の仕組みに関する検討、④事務事業の移譲、⑤制度規制の緩和と住民自治の拡充方策、⑥「地方自治の本旨」の具体化、の六点が指摘されている。さらに、地方分権推進委員会の活動（一九九五〜二〇〇一年）を「第一次分権改革」と呼んだのも、同報告である。

（３）権限移譲から「関与の改革」へと転換した理由について、西尾勝氏は「地方三団体の改革要望事項を土台にして作業を進めた結果」（権限移譲の要望がなかった）と説明している（西尾編著、一九九八：三〇頁）、同趣旨のものとして（西尾、一九九九：一三九〜一四三頁）。また、分権委員会自身も最終報告（二〇〇一年六月）で、調査審議の具体的な手法が地方六団体からの改革要望を土台にしたため範囲が限定されたことを指摘したうえで、この分権改革が「事務事業の移譲方策よりも広い意味での関与の縮小廃止方策に改革の主眼が置かれる結果になった」と述べている。しかし、仮に地方六団体が権限移譲の要望を挙げてきたとしても、本文に以下述べる理由から審議は壁にぶつかったと思う。

（４）神野、二〇〇七：二九六頁など。

（５）シャウプ勧告の具体的な記述は以下のとおり。「一　能う限り、または実行できる限り、三段階の行政機関の事務は明確に区別して、一段階の行政機関には一つの特定の事務が専ら割り当てらるべきである。そうしたならば、その段階の行政機関は、その事務を遂行し、且つ、一般財源によってこれを賄うことについて全責任を負うことになるであろう。二　それぞれの事務は、それを能率的に遂行するために、その規模、能力および財源によって準備の整っている何れかの段階の行政機関に割当てられるであろう。三　地方自治のためにそれぞれの事務は適当に遂行できる事務は都道府県または国に与えられないという意味で、市町村には第一の優先権が与えられるであろう。第二には都道府県に優先権が与えられ、中央政府には地方の指揮下では有効に処理できない事務だけを引受けることになるであろう」（「シャウプ使節団日本税制報告書」Ⅲ巻、一九四九年九月）。

（６）神戸勧告（行政事務再配分に関する勧告、一九五〇年一二月）による国の事務は、「①国の存立のために直接必要な事務、

②政策上全国的規模において総合的に行う企画に関する事務、③府県の区域をこえる事務で府県においては有効に処理できない事務及び地方公共団体の区域に無関係な事務、④全国的見地から地方公共団体の意思にかかわらず統制しなければならない事務、⑤権力的作用を伴わない国民に利便を供するための施設で地方公共団体の行うことが著しく非能率的且つ不適当なもの」の五つであった。府県と市町村の事務の配分については、「原則として市町村に配分するという方針を採るべき」とし、例外的に「①市町村の区域をこえて処理しなければならない事務、②市町村で処理することが著しく非能率又は著しく不適当である事務」の二つを府県の事務とした。

(7)第九次地制調は、国と自治体が「国民福祉の増進という共通の目的に向かってそれぞれの機能を分担し、相協力して行政の処理にあたらなければならない」として、はじめて機能分担の考え方を打ち出したものといわれる。しかし、勧告の本筋は、事務配分の基準について神戸勧告の原則を維持し、事務の再配分方針を提示したものと評価できるであろう。この答申が、固有事務・委任事務という概念を廃止し、従来機関委任事務とされてきたものの多くを自治事務とすることを答申していることにも注目したい。この方針は第一〇次地制調に引き継がれ、個別事務を再配分する具体案が提示された。

(8)第一次臨調は、「行政事務の配分に関する改革意見」(一九六四年九月二八日)において、機関委任事務について、「現在の情勢下では、国民のために便利で、親切で、しかも迅速・経済的な行政を行うには、地域の総合性を生かし、地方公共団体の健全育成をはかりつつ、機関委任の方式をとることが最も適当である」と述べた。また、新たに「現地性の原則」「総合性の原則」「経済性の原則」という三原則を提示し、国に配分すべき事務の基準を九項目にするなどの答申を行っているが、結局、事務配分が行われることはなかった。

(9)第一次行革審は、明確な機能分担論を採用し、機関委任事務制度を「全国的統一性・公平性を確保しつつ、地方の実情に即した行政を行うもので……行政コストの面からも全国に国の出先機関を設けることは不経済であることから、それが正しく活用されるならば有効な制度である」(一九八五年七月二二日答申)と位置づけ、その整理合理化を若干、行っただけであった。第二次行革審も、基本的に機能分担論に立っている(「国と地方の関係等に関する答申」八九年一二月二〇日)。

(10)第二次臨調、第一次行革審、第二次行革審の答申によって、四次にわたる一括整理法が成立している。「行政事務の簡素合理化及び整理に関する法律」(一九八三年)、「地方公共団体の事務にかかる国の関与等の整理、合理化等に関する法律」

（八五年）、「地方公共団体の執行機関が国の機関として行う事務の整理及び合理化に関する法律」（八六年）、「行政事務に関する国と地方の関係等の整理及び合理化に関する法律」（九一年）。これらの分析および機関委任事務制度の改正については、（辻山、一九九三）参照。辻山幸宣氏は、この論文で一連の改革を「統制のとれた分権」と評した。
（11）機能分担論を主張した代表的な論文として（成田、一九七五）がある。なお、成田頼明氏は後年、機能分担論の成果を次のように述べている。「この理論によると、従来の事務配分論ではとらえ切れない、新しい問題が浮かび上がってくることになるのです。たとえば、地方自治体の上位の政府等への政策決定への参加、日本では自治体の国政参加というかたちで議論され、法令、国の計画、地域指定等に対して地方公共団体またはその連合体が意見を述べたり、その意向を反映させる権利やシステムを保障すべきだという主張を引き出す理論的根拠になるわけです」（座談会、一九九六：九頁）。
（12）おもな提言として次のものがある。全国知事会「府県制懇談会報告—地方自治確立基本法の制定を目指して—」（一九九三年七月）、民間政治臨調「地方分権に関する緊急提言」（九二年一二月）、経団連「東京一極集中の是正に関する経団連見解」（九三年四月）、関経連「都道府県連合制度に関する提言」（九一年一一月）、社会党「自立する地方—地方分権推進法とプログラムの試み—」（九二年一二月）、自民党「地方分権の推進について」（九三年一〇月）。このほか、日本新党は「政策理念と基本課題」（九三年七月）で地方主権確立基本法の制定を掲げ、小沢一郎も『日本改造計画』（九三年五月）で地方分権基本法の制定を挙げている。しかし、それぞれの主張は対立点が多く、これを辻山氏は「混声合唱『地方分権』」と呼んだ（辻山、一九九四：一一～一五頁）。
（13）それまでの地制調答申は、権限移譲などについては実現されない答申が多く、地制調と別に政府内に組織が置かれたこと自体、省庁間の対立構造の一面を示している。このとき、ほとんど同じ内容の報告が行われるということは、政府内の二重構造（ある意味の無駄）と、この問題において地制調に主導権があることが示されたともいえるだろう。
（14）村山富市総理大臣答弁「この所要の措置の中には、ご指摘のように廃止というものも含まれるというふうに私は認識をいたしております」（質問者・畠山健治郎衆議院議員、『衆議院地方分権に関する特別委員会（一九九五年三月一六日）会議録第五号』九頁）。
（15）地方分権推進委員会令第二条（部会）の規定をもとに、地域づくり部会、くらしづくり部会を設置。それぞれ一三名、一一名の専門委員で構成され、学識者、自治体代表、事務次官経験者がメンバーとなった。ちなみに、新委員会規則には、部会の設置規定はない。

(16) 地方分権推進委員会中間報告(一九九六年三月)には、「両部会は、委員会が示した制度的課題についての留意事項ないしは検討試案を受けて、これを個々の行政分野に具体的に適用してみるとともに、合わせて権限委譲の推進(傍点、筆者)についても検討するという作業を行ったことになる」とある。

(17) 専門委員二四名のうち、五名(大蔵省、農水省、建設省、厚生省、自治省(省名は当時、以下同じ))が事務次官経験者であった。

(18) 後に、橋本龍太郎政権になってからのことであるが、梶山静六官房長官が「分権委員は分権派で占められている」と不快感を示したという(井田、二〇〇〇：二二六頁)。

(19) 事務局職員は最大時三〇名で、事務局長は総務庁、事務局次長は自治省からの出向者であった。事務局全体を出身でみると、総務庁七、自治省七、大蔵省二、建設、運輸、農水、文部、厚生、労働各省一、自治体五、民間三(筆者を含む)であった。

(20) これらに加えて、仮に分権委員会による勧告ができたとしても、法律所管省庁が法案改正作業をしない可能性があったことが指摘されている。しかし、この点について、分権委員会の根拠法である地方分権推進法は、分権委員会に地方分権推進計画作成のための具体的な指針を総理大臣に勧告する(第一〇条)とし、総理大臣にその尊重義務を課したうえ(第一一条)、分権計画を閣議決定する義務まで課した(第八条二項)。法律の仕組みのうえでは、分権委員会が勧告さえすれば閣議決定まで行われるので、省庁のサボタージュは防げるはずであった。省庁のサボタージュが起これば、非難されるべきは指示をしない内閣ということになる。

(21) この間の状況については、(西尾編著、一九九八：一七〜一八頁)および(成田、一九九七：一四六〜一五〇頁)に詳しい。

(22) 大森彌氏は「機関委任事務制度は、……政治家にとって『重大なインタレスト』あるいは『政治家としての信念』に関わることでな」かったと指摘する(大森、二〇〇六：一八二頁)。

(23) 磯部、一九九八：七五〜一〇〇頁、参照。磯部力氏は、行政関係検討グループの参与として事務区分の作業に関わった当事者として、国と自治体の役割分担の原則と事務区分が実質的に関係していることを、改革の基本理念として述べている。しかし、同じく作業に関わった成田頼明氏と法案作成に携わった旧自治省の佐藤文俊氏は、後述するように事務区分について別の見解をもつ。筆者は、本章で区分された事務を分析することで、役割分担と事務区分の関係を具体的に検証した。

(24) 自治事務について関与が行われるのは、「法令の規定に違反していると認めるとき、又は著しく適正を欠き、かつ、明らかに公益を害していると認めるとき」(是正の要求・自治法第二四五条の五)とされている。それでも、国の関与の根拠としてはいささか曖昧であり、問題がある。この点、稲葉馨氏は、自治事務に対する関与の根拠として、①国の責任説、②法治主義、国法秩序の番人説、③自治体＝国家統治機構の一部説の三説を紹介し、「厳格に関与の実質的根拠が問われるべきは自治事務について」であると指摘する(稲葉、二〇〇二：一四二〜一四七頁)。

(25) 法定受託事務についての審査請求制度が設けられた理由として、私人の権利利益の救済を重視する観点からと説明されている(地方自治制度研究会編、一九九九：二〇五頁)。各大臣や知事は、原処分取消はできるが、旧制度と異なり変更処分はできず、職権による執行停止もできない。しかし、各大臣や知事によって原処分取消ができること自体、法定受託事務も「現住所主義」とした論理からすれば、現住所である自治体以外に実質権限が与えられることになり、理屈に合わない。自治体議会の議決事項から法定受託事務がはずされている問題については、第二八次地制調における議会改革議論でも取り上げられているが、改正に至っていない。

(26) この点、メルクマール策定作業に携わった磯部力氏も「まず、メルクマールが作られて、それを基準として振り分けが行われたのではなく、個々の事務の振り分けの結果から、参考のために帰納的に整理されたものにすぎない」と認めている(磯部、一九九八：八三頁)。

(27) 「地方分権推進計画」(九八年五月閣議決定)の別紙一「従前の個別の機関委任事務のあり方」には、全部で五四六法律が掲載されている。ただし、共管法の重複がある。

(28) 公害健康被害の補償等に関する法律の事務は、メルクマール三の枝番のいずれかに入るべきだが、付いていない。枝番には適合するものがないので、新たに枝番をつくるしかなかったのであるが、それができずに放置されたと思われる。

(29)分権一括法の策定過程に携わった佐藤文俊氏は次のように述べる。「自治事務と法定受託事務の法的効果の面における最大の違いは、関与のあり方であり、そのことは、事務の処理について国が持つ関心と責任の違いに由来する。ただし、それは相対的なものであって、国は、自治事務についても一定の関心と責任を有するのであり、特に法令で処理を義務づける場合はそうであろう」(佐藤、二〇〇〇b:八八頁)。同様に、成田頼明氏も「国政事務と地方公共団体の事務を完全に二元的に分離することは困難で、この両者の中間的領域にかなり広いグレーゾーンが個別法レベルに存在する」という(成田、一九九九:一〇頁)。

(30)第四次勧告の従前の団体事務の取り扱いについては、(西村ほか、六〇五号(一九九八年四月):七三~八一頁)参照。

(31)『国の関与現況表』は一〇〇〇頁余の膨大なもので、一九八八~九九年三月まで計一一回、総務庁行政監察局によってつくられていた(島田、二〇〇三c)。

(32)全国知事会など地方三団体は「教育委員会制度の抜本的見直しについて」(二〇〇七年二月六日)という意見書を出し、「教育委員会に対する是正の勧告・指示など文部科学大臣の関与を強化する内容」について、「国の教育委員会に対する統制を強化し、平成一二年に施行された地方分権一括法による改正前の教育行政に後戻りさせかねないものであり、受け入れられるものではない」と見直しを強く求めた。

(33)学校教育についての国の関与が制限されたとはいえ、そもそも国が指示するべきものなのかという根本問題は残る。また、厳密に言うと、自治事務に許される指示のメルクマール(j)「国民の生命、健康、安全に直接関係する事務」(傍点、筆者)ではないし、メルクマール(1)「その他、個別の法律における必要性」に並ぶ事務(第四次勧告、別表二-③、警察関係が多い)とも異質である(メルクマールは三六頁表1-8参照)。さらに、この権限を使って、今後、地域教育に国が干渉する可能性もないとは言えない。

(34)学級編制については、届出制に変更を望む市町村が二五%あるという(小川正人氏が一九九九年に教育長に対して行った調査。西尾・小川編著、二〇〇〇:四七~四八頁)。学習指導要領については、なお東京都教育庁が授業時間数を上限下限で示すなど改訂することを文部科学省に申し入れている(二〇〇七年四月一二日、東京都ホームページ「学習指導要領の改訂等に関する申入れ書の提出について」)。

(35) 参考文献として(小林編著、二〇〇二)など。
(36) 自治体の条例制定権を認めながら、「政令に定める基準に従」うよう求める手法は、一九八〇年代の福祉改革と同じである(前掲(10)、辻山、一九九三、参照)。
(37) 土地利用規制における規律密度が、第一次分権改革によってもなお問題である点については(礒崎、二〇〇〇a)(北村、二〇〇四)参照。都市計画に関わる委任条例と自主条例の関係や自治体の対応については(内海、二〇〇二)参照。
(38) 道路と河川の直轄管理区間の法定化は、二〇〇四年三月になってようやく実施され、これによって、一般国道に直轄管理区間を指定する場合、関係都道府県等の意見を聞くことになった(道路法、河川法施行規則改正、〇四年三月一五日施行)。しかし、実際の範囲そのものは見直されていない。
(39) ビジョン懇は「『自治事務の執行基準は原則として条例で定める』という基本方針で、国と地方の権限と責任を再整理すべきである」という(前掲(1)、竹中、五頁)。また、北村喜宣氏は、すべての法律に条例制定できることを書き込む一括挿入方式、猶予期間内に改正されない法律は自動失効させる方法を提案する(北村、二〇〇七)。西尾勝氏は、法律と政令に限定する方法を第三回新委員会のヒアリングで述べている(地方分権改革推進委員会ホームページ、二〇〇七年四月二四日開催資料、参照)。
(40) こうした国の規定に対する自治体の不満は、必ずしも高くないようである(前掲(37)、内海、二〇〇二：一五一頁)。しかし、それは、こうした規定を法令で置くべきか条例で置くべきか、という議論とは別問題である。
(41) 新委員会『第一回会議(二〇〇七年四月二日開催)議事録』一一頁。

第2章

第一次分権改革の成果と限界

表2–1　地方分権推進委員会の勧告、意見

年　月　日	名　　称	取り扱った課題や特徴点
1995年10月19日	「地方分権推進に当たっての基本的考え方」及び「行政分野別課題審議に当たっての留意すべき事項」	部会発足に当たって委員会の意見
12月22日	「機関委任事務制度を廃止した場合の従前の機関委任事務の取扱いについて(検討試案)」	機関委任事務制度廃止に初めて言及
1996年 3月29日	中間報告	勧告の基本方向について言及
12月20日	第一次勧告	機関委任事務制度の廃止を正式決定
	国庫補助負担金・税財源に関する中間取りまとめ	
1997年 7月 8日	第二次勧告	事務区分、必置規制、補助金整理、地方行政制度
9月2日	第三次勧告	駐留軍用地特別措置法、地方事務官
10月9日	第四次勧告	第三者機関
1998年11月19日	第五次勧告	国の直轄事業
2000年 8月 8日	意見「国庫補助負担金の整理合理化と当面の地方税源の充実確保について」「法令における条例・規則への委任のあり方について」「個別法に関する諸点について」	
11月27日	意見「市町村合併の意義」「市町村合併の推進方策」	
2001年 6月14日	最終報告	今後の地方分権の進め方

(出典)「分権型社会の創造―地方分権推進委員会の活動の全て―」(地方分権推進委員会、2002年4月)より作成。

分権委員会によって勧告され、「地方分権の推進を図るための関係法律の整備等に関する法律」(以下「分権一括法」という)としてまとめられた第一次分権改革の成果は、どのようなものであったのだろうか。その成果と限界をこの章で確認しよう。

分権委員会が公表した勧告、報告書は全部で一二種類におよんでいる(表2–1)。勧告は五、意見が二、このほか「基本的考え方」や「検討試案」「中間報告」など随時公表されたものや、最終報告がある。これらのうち、政府に計画作成義務が生じる勧告(地方分権推進法第一〇条に基づき委員会が勧告し、第八条に基づき内閣が計画を作成する)のうち、

第一次から第四次までは、第一次地方分権推進計画として一九九八年五月二九日に閣議決定され、第五次については九九年三月二六日に第二次分権計画として閣議決定された。

ここでは、第一次から第四次までの勧告、すなわち、第一次地方分権推進計画と分権一括法について、おもに分析を行う。

1　分権委員会の成果——機関委任事務制度の廃止

（1）地方分権の課題とは

はじめに、地方分権に関わる課題にどのようなものがあるかを考えてみよう。

日本の中央・地方の関係に関わる理論的なアプローチから考えてみたい。中央政府と地方政府のあり方を、〈集権〉—〈分権〉と〈分離〉—〈融合〉の二つの基軸から捉えたのは天川晃氏であった（天川、一九八六）。天川モデルによれば、「集権—分離」「集権—融合」「分権—分離」「分権—融合」の四つの型があり、日本のそれは「集権—融合」型と考えられる[1]。

この観点からみると、日本の集権構造を分権型に変え、さらに融合型を分離型に変える必要がある。分権型にするためには、まず「国と地方の役割分担」を見直し、国から地方への権限移譲、国の地方出先機関の整理や廃止が必要となるだろう。さらに、融合型を改めなければならない。機関委任事務こそ、国と自治体の事務を融合化している象徴であり、この廃止が必要となる。機関委任事務を廃止すれば、新たな事務区分をつくらねばならず、また、これまでの事務を新たな事務に振り分けることも必要である。新たな事務区分に基づいて、国の関与のあり方や、制度上の扱いも整理しなければならない。

神野直彦氏は、日本における中央政府による自治体への統制を「集権的分散システム」と表現した（神野、一九九八：一一八～一二五頁）。日本は、たしかに自治体で多くの事務を処理している。地方歳出が世界のトップレベルでありながら、地方税が少ないため、国から地方への財政移転に頼らざるを得ないのだという。歳出の自治は、機関委任事務、必置規制、補助金によって奪われ、さらに、歳入の自治についても、課税否認、課税制限によって奪われているというのである。こうした観点からすると、さらに、必置規制や補助金、地方税のあり方なども改革課題となるであろう。

これらに加え、新たな行政制度になることによって、自治体の中の議会や住民参加の充実強化も課題として浮上してくるだろう。

これらの地方分権の課題を筆者なりにまとめたものが、表2-2である。

国と地方の役割分担に関わる課題は、権限移譲や国の出先機関のあり方だけでなく、出先機関が担い手となる直轄事業のあり方の問題と密接な関係がある。これらは公共事業が多く、地方分権を進めることによって、受益と負担が明確になり、無駄がなくなるという効果も期待される。さらに、権限だけでなく、立法権そのものを自治体に移すことも課題として挙げられる。権限移譲は、国の権限のほんの一部であり、現実には、国が企画立案したものを自治体が単なる実施機関として実施するにすぎないことも多い。そこで、立法権そのものを自治体に移し、立案する権限そのものを自治体に与えることが課題となる。また、これまで国は、自治体の意向にかかわらず事務の実施が可能であったが、自治体が国の施策に参加する方法も問題としなければならない。

機関委任事務は自治体が実施する国の事務であり、明治の市制町村制のときから存在していた。戦後、都道府県知事が公選になり、都道府県が完全自治体となったことから、都道府県知事が行っていた事務が大量に機関委任事務となり、都道府県に国の出先機関的機能を押し付けていたのである。反対に、都道府県職員は中央省庁を本省と呼び、ことあるごとに見解を求めた。場合によっては、機関委任事務でなくとも国の見解を求めるのは、地方公務員に「機関委任事務的体質」が染み付いていたともいえなくはない。

この制度を廃止すれば、新たな事務に対する国の関与のあり方が問題となる。また、これまでは団体事務とされていた事務についても、整理が必要となる。さらに、事務の性質が国の事務から自治体の事務に変われば、国と自治体の間にその処理のあり方をめぐって、見解の相違が生じる可能性もある。そうした紛争を処理する機関や手続きも考えておかねばならない。

表 2-2 地方分権の課題

1. 国と地方の役割分担に関わる課題 (1)国から地方への権限移譲 (2)国の地方出先機関(地方支分部局)のあり方 (3)国の直轄事業のあり方 (4)国の施策への自治体の参加のあり方 (5)国と自治体の立法権のあり方
2. 機関委任事務制度の廃止 (1)自治体における新たな事務区分(旧機関委任事務の事務区分を含む) (2)新たな事務区分の制度上の取り扱いのあり方
3. 国と地方の関係の新たなルールのあり方 (1)自治体の事務に対する国の関与のあり方 ①機関委任事務であった事務への関与のあり方 ②団体事務であった事務への関与のあり方 (2)紛争処理手続き(第三者機関を含む)
4. 必置規制 (1)国が自治体について定める職員や組織・機関に関する規制
5. 補助金・税財源に関わる課題 (1)国庫補助金の整理合理化 (2)国から地方への税源移譲 (3)自主課税権の強化 (4)地方交付税のあり方
6. 都道府県と市町村の新しい関係 (1)都道府県の役割の見直し (2)都道府県から市町村への関与の見直し (3)都道府県から市町村への権限移譲 (4)都道府県と市町村の紛争処理のあり方
7. 新たな地方自治制度に関わる課題 (1)地方分権に即した自治体のあり方 (2)市町村合併、道州制 (3)自治体議会の活性化 (4)住民参加の拡大・充実

財政上の問題は、補助金の整理だけではない。補助金を廃止しても、自治体が事務を処理し続け

るのであれば、その財源が保障されなければならない。当然、地方交付税の充実化や税源移譲とつながっている。

このように国と地方との関係が変われば、都道府県と市町村の関係も見直しが必要となる。都道府県は、これまで市町村に対し、国の出先機関的役割を果たしており、国の事務遂行の一部を担ってきた。この改革は、住民にもっとも身近な政府である市町村の自治を確立するために、重要な改革課題である。

さらに、地方分権の直接の課題ではないものの、各省庁との折衝や、政治家などからの注文も出てくる。市町村合併や道州制は「受け皿」論と呼ばれ、地方分権に反対する勢力の常套句であった。地方分権を進めるには、権限と財源を得るのにふさわしい規模が必要だというのである。昭和の大合併では、市町村合併は進んだものの、事務の再配分は実現しなかった。このように、受け皿論と分権は実際には別次元の問題であるが、受け皿論は浮上する可能性がある課題ではあった。

(2) 第一次分権改革の対象領域と機関委任事務以外の成果

これら地方分権の課題について、一九九五年に制定された地方分権推進法は以下のように規定していた。
「(地方分権の推進に関する国の施策)
第五条
国は、前条に定める国と地方公共団体との役割分担の在り方に即して、地方公共団体への権限の委譲を推進するとともに、地方公共団体に対する国の関与(地方公共団体又はその機関の事務の処理又は管理及び執行に関し、国の行政機関が、地方公共団体又はその機関に対し、許可、認可等の処分、届出の受理その他これらに類する一定の行為を行うことをいう。)、必置規制(国が、地方公共団体に対し、地方公共団体の行政機関若しくは施設、特別の資格若しくは職名を有する職員又は附属機関を設置しなければならないものとすることをいう。)、地方公共団体の執行機関が国の機関として行う事務及び地方公共団体に対する国の負担金、補助金等の支出金の地方自治の確立を図る観点からの整理及び合理化その他所要の措置を講ずるものとする」（傍点、筆者）[2]

以上のように、権限移譲、国の関与、必置規制、機関委任事務、補助金の規定がある。機関委任事務については、整理合理化は課題となっているものの、廃止を検討する明示の規定はないが、この点については、第1章で述べたとおり、国会答弁によって、廃止を含むことが確認されていた（五一頁注（14）参照）。しかし、国の地方出先機関（地方支分部局）や、直轄事業、紛争処理手続き（第三者機関）についての記述はない。

機関委任事務以外の課題について、分権委員会はどのような成果を挙げたのであろう。

結論から言えば、第一次分権改革では、機関委任事務制度の廃止と、関与のルール化、さらに、関与に関わる第三者機関の設置以外には、大きな成果を挙げていない。二〇〇〇年四月から施行された分権一括法から、検証してみよう。分権一括法は、全部で四七五本もの法律を改正した。事項別にみると八四八であり、その内容は表2-3のとおりである。

表2-3　分権一括法の事項別法律の数

機関委任事務制度の廃止に伴う改正	351
関与関連の規定の整備	191
権限移譲の規定の整備	35
必置規制の整理	38
手数料規定の整理	63
その他の改正事項	170
合　　計	848

（出典）自治省（当時）作成、1999年。

一見して、機関委任事務制度の廃止に伴う改正が多いことが分かる。関与に関わる規定の改正は、機関委任事務制度を廃止し、関与に新たなルールを導入したために起こったものである。さらに、手数料に関わる法改正も、機関委任事務制度の廃止に伴っている。というのも、かつて機関委任事務については、自治体の長が規則で手数料を定めていたが、これが自治体の事務となった関係で、条例で定めなければならなくなったのである（改正自治法二二八条）。こうして約七割の項目は、機関委任事務に関わるものであった。

一方、権限移譲については三五法律にすぎない。しかも、大半は都道府県から市町村に移された。たとえば、政令指定都市へは都市計画の決定権限（都市計画法）、中核市へは県費負担教職員の研修権限（地方教育行政法）などである。同じように市へは、児童扶養手当の受給資格の認定（児童扶養手当法）など、市町村へは、犬の登録（狂犬病予防法）などである。また、人口二〇万以上の市について、近隣公害事務（騒音規制法、悪臭防止法、振動規制法）と開発許可事務（都市計画法）などが移譲され、これを契機として特例市制度が創設されている。

これに対し、国から都道府県に移譲されたものは、猟区の設定の認可（鳥獣保護及狩猟に関する法律）、保安林の指定・解除権限（森林法）、公共下水道事業計画の認可権限（下水道法）など、わずかなものにすぎない（分権一括法以前に移譲されたものとして、二ha以上四ha未満の農地転用許可（九八年の農地法改正）がある）。

国からの権限移譲がこの程度であったために、地方分権に伴う国のスリム化、具体的には国の地方出先機関の改革は、行われなかった。わずかに、第二次勧告で「機関委任事務制度の廃止に伴う、管区行政監察局又は行政監察事務所の関係部署又は業務の合理化」「農地転用許可事務の権限委譲等に伴う、地方農政局の関係部署の合理化」が挙げられていたが、こうした具体例すら地方分権推進計画（九八年五月、以下「分権計画」という）ではカットされ、単に「地方分権の推進に伴（い）……事務量が減少すると見込まれる国の地方出先機関については、積極的に組織・業務の縮減・合理化を図る」と書かれただけである。

必置規制については第二次勧告で扱われ、憲法第九二条（地方公共団体の組織及び運営に関する事項は、地方自治の本旨に基いて、法律でこれを定める（傍点、筆者））に基づいて、自治体の自主組織権の観点から、国による必置規制は「法律又はこれに基づく政令」に限定されることになった。通知・通達に基づいて行われていたもの（運営要綱に規定する生活保護指導職員の設置に関する詳細な指定基準など）や省令に根拠があるもの（公立図書館の館長の専任規定、司書・司書補の配置基準：図書館法規則）も、廃止されている。関連して自治体運営に影響のあったものとして、福祉事務所の現業員（ケースワーカー）の配置数に関する基準（旧社会福祉事業法）の緩和が指摘されることがある。[3] しかし、これも実際に影響があったかどうかは確かでなく、必置規制の緩和は、全体として、審議会について名称規制が弾力化された程度にすぎない。職員の資格、専任などの必置規制については、首長が任命する仕組みが導入されただけで、実質的な変化が現れるとは考えにくい。

補助金と税財源は、自治体側がもっとも強い関心を寄せるテーマであった。しかし、補助金については、第二次勧告で若干項目について、一般財源化が勧告されたにすぎない（廃止総額は一〇〇億円に達していない）。分権委員会の関心は、もっぱら補助金を通じた自治体統制におかれ、補助金対象資産の転用（有効活用）など条件の緩和が行われた。

税源移譲については、分権委員会の議論の対象にすらならず、三位一体改革など以降の改革へと引き継がれることになる。ただ、関与の見直しに関わって地方税法や地方自治法が改正され、法定外税（普通税、目的税とも）や地方債発行に関わる許可制度が緩和された（地方債発行の自由化は〇六年度から）。法定外税を導入する自治体は、その後、相当数に達する（第３章）。

（３）機関委任事務制度の廃止と事務振り分け

以上のように、第一次分権改革の成果は、機関委任事務制度の廃止と新たな事務区分への事務振り分け、さらには、それら事務に対する国の関与のあり方、および関与をめぐる紛争処理手続きに、ほぼ限定される。一連の課題は、機関委任事務制度に関係するといって過言ではない。しかしながら、その価値が低いかといえば、もちろん、そんなことはない。

機関委任事務制度とは

機関委任事務については、「機関委任事務とは」というような具体的で明確な定義が法律に規定されているわけではない[4]。法律上は、自治法旧第一四八条第一項に「普通地方公共団体の長は、当該普通地方公共団体の事務及び法律又はこれに基づく政令によりその権限に属する国、他の地方公共団体その他公共団体の事務を管理し及びこれを執行する」とあり、このうち、長の執行する「法律又はこれに基づく政令によりその権限に属する国……の事務」が、国の機関委任事務と解釈されてきた（地方自治総合研究所監、二〇〇四：一五〇〜一八〇頁、成田、一九九八）。

また、機関委任事務は、自治法旧第一五〇条によって、自治体は大臣もしくは知事の指揮監督を受け、旧第一五一条によって、それら指揮監督者に、処分の取消、停止権が与えられていた。自治体に代わって国が事務を代執行するための職務執行命令訴訟（同法旧第一五一条の二）も、制度化されていた。とくに重要なのは、法律を所管する大臣が通達を発すことができることである（国家行政組織法旧第一四条第二項、旧第一五条）。大臣の指揮監督について、自治体から申し出できる制度（同法旧第一六条）はあったが、使われたことはなく、事実として、自治体は省庁の出す通達に唯々諾々と従い続けてきた。

また、自治体側から見ても問題が多い。機関委任事務は、国の事務であるという理由で、自治体の条例制定権が否定され、自治体議会の議決権も及ばない（長野、一九九五：一二九、四二〇頁[5]）。しかも、事務執行についての経費は、国が負担するとは限らず、手数料も議会を経ることなく首長が規則で定められた。このような事務が、都道府県の事務の七〜八割、市町村の事務の三〜四割を占めると考えられていたのである[6]。

法律上、機関委任事務は、自治法の旧別表第三に都道府県の分、旧別表第四に市町村の分がそれぞれ掲載されていた。別表創設時（一九五二年）は二五六項目であったが、九五年には五六一項目に増大している。もっとも、旧別表の記述は拘束力がないと解釈されていたためか、相当に大雑把であり、すべての機関委任事務を網羅していたわけではない。しかも、項目ごとに記述の仕方もバラバラであり、なかには二つの法律を一項目で扱ったものまである（旧別表第三（三十二）：医師法と歯科医師法[7]）。このため、分権委員会の審議においても、各省庁から、実はこれも機関委任事務だったという主張が続々と行われることになる。

事務振り分けの実際――自治事務

第1章で、分権委員会が機関委任事務制度の廃止を主張した経過や、法定受託事務の定義の変遷、メルクマールの設定過程については述べたので、繰り返さない。ここでは、機関委任事務を自治事務と法定受託事務に振り分けた際のおもな問題事例について扱うことにする。

分権委員会の方針は、法定受託事務のみを定義し、それ以外の事務はすべて自治事務とする、というものである。分権委員会の法定受託事務の定義は、勧告段階で「事務の性質上、その実施が国の義務に属し国の行政機関が直接執行すべきではあるが、国民の利便性又は事務処理の効率性の観点から、法律又はこれに基づく政令の規定により地方公共団体が受託して行うこととされる事務」（傍点、筆者）となっていた。この定義から、分権委員会が、「事務の性質」に着目して、「国の義務に属」すか、国が「直接執行すべき」かを判断の基準の一つとしていたことは明らかである。

それは、実際にはどのようなことであろう。以下、九六年一〇月三日に分権委員会が公表した「現行の機関委任事務に関する整理の考え方（たたき台）」と勧告内容とを照らし合わせながら、述べていこう（省庁名は当時）。

まず、各省庁が「そもそも国家権能に属すると主張したもの」についてである。省庁は、形成的権能、つまり新たに権利や能力を発生させる権能は国だからこそできるものであって、自治体にはできないという立場をとった。その代表例が法人格の付与である。たとえば、厚生省は当初、医療法人の認可（医療法）や、社会福祉法人の認可（社会福祉事業法（当時））について「医療福祉サービスのように、全国的な均衡にも配慮しながら整備する必要のあるサービスを担う法人の認可基準や運用実態が地方公共団体ごとに異なるのは問題」とし、農林水産省も「知事が与えた法人の権利能力をそのまま全国に通用するものとしてよいのか」と主張した。一方、分権委員会は、法人への権利能力の付与そのものの根拠は国の法律に基づく必要があるとしても、事務を国のものとするか自治体のものとするかは立法政策の問題と捉えていた。

この点については、九一年の自治法改正で導入された町内会の法人格付与が突破口となった（同法第二六〇条の二）。この制度は、いわゆる町内会・自治会（法律上は「地縁による団体」）が申請によって市町村長の認可を受けた場合、民法上の法人として権利能力が発生するという仕組みである。市町村のこの認可権限は、自治事務と捉えられていた。九一年の自治法改正当時は町内会復活への批判があったが、思わぬところで分権推進の援護となったのである。結果的に、法人格の付与は、公益法人（民法）、特定非営利活動法人（特定非営利活動促進法：分権一括法後制定）、消費生活協同組合（消費生活協同組合法）、医療法人（医療法）などが自治事務となり(8)、信用事業を行う農業協同組合（農業協同組合法）、宗教法人（宗教法人法）、社会福祉法人（社会福祉事業法（当時））、学校法人（私立学校法）などが法定受託事務に振り分けられている（表2-4）。

営業権についても、厚生省は当初、飲食店営業の許可に関して「衛生水準に地域差を認めることは不適当」と主

事務（おもなもの）

事務区分
自治事務
法定受託事務
法定受託事務
自治事務
法定受託事務
自治事務
国民健康保険組合は法定受託事務、同連合会は自治事務
法定受託事務
信用事業を行わない組合は自治事務、行う組合は法定受託事務
自治事務
自治事務
自治事務
信用事業を行わない組合は自治事務、行う組合は法定受託事務
自治事務
自治事務
自治事務
自治事務
自治事務
自治事務
自治事務
国の直接執行
自治事務
自治事務
自治事務
自治事務

表 2-4　法人格の付与に関する

法　律　名	法人名と事務の種類	認　可　権　者
民法	民法上の社団法人、財団法人の設立の認可（34 条）	主務大臣（もしくは地方支分部局の長） 都道府県（事業が 1 県の区域。ただし、法務省等は除く） 都道府県教育委員会（地方教育行政法 23 条、1 県以内）
宗教法人法	宗教法人の設立規則の認証（14 条）	文部大臣（2 以上の県） 都道府県（1 県の区域）
私立学校法	学校法人の寄付行為の認可（31 条）	文部大臣（大学・高等専門学校） 都道府県（上記以外）
医療法	医療法人の設立認可（44 条）	厚生大臣（2 以上の県） 都道府県（1 の県）
社会福祉事業法	社会福祉法人の設立認可（30 条）	厚生大臣（2 以上の県） 都道府県、指定都市、中核市
消費生活協同組合法	消費生活協同組合、同連合会の設立認可（58 条）	厚生大臣（2 以上の県） 都道府県（1 の県）
国民健康保険法	国民健康保険組合の設立認可（17 条）、同連合会の設立認可（84 条）	厚生大臣（2 以上の県） 都道府県（1 の県）
農業災害補償法	農業共済組合、同連合会の設立認可（24 条）	農林水産大臣（連合会） 都道府県（組合）
農業協同組合法	農業協同組合、同連合会の設立認可（59 条）	農林水産大臣（連合会） 都道府県（組合）
農住組合法	農住組合の設立認可（48、68 条）	都道府県、指定都市、中核市
土地改良法	土地改良区の設立認可（5 条）	農林水産大臣（2 以上の県） 都道府県（1 の県）
森林組合法	森林組合、生産森林組合、森林組合連合会の設立認可（9 条ほか）	農林水産大臣（2 以上の県にわたる組合、連合会） 都道府県（上記以外）
水産業協同組合法	漁業協同組合、水産加工業協同組合、同連合会の設立認可（87 条ほか）	農林水産大臣（2 以上の県にわたる組合、連合会） 都道府県（上記以外）
中小企業団体の組織に関する法律	協業組合の設立認可（5 条の 17）	所管大臣（県の区域を越えるもの） 都道府県（1 の県の区域内）
	商工組合の設立認可（42 条、101 条の 3）	所管大臣（県の区域を越えるもの） 都道府県（1 の県の区域内）
中小企業等協同組合法	事業協同組合の設立認可（27 条の 2）	所管行政庁
商店街振興組合法	商店街振興組合、同連合会の設立認可（36 条）	通産大臣（2 以上の県にまたがるもの） 都道府県、市
商工会法	商工会の設立認可（23 条）	都道府県
職業能力開発促進法	職業訓練法人の認可（36 条）	都道府県
	都道府県職業能力開発協会の設立許可（94 条）	都道府県
社会保険労務士法	社会保険労務士会の設立認可（25 条の 6）	労働基準局長
土地区画整理法	土地区画整理組合の設立認可（14 条）	都道府県、指定都市、中核市
都市再開発法	市街地再開発組合の設立認可（11 条）	都道府県
大都市地域における住宅及び住宅地の供給の促進に関する特別措置法	住宅街区整備組合の設立認可（37 条）	都道府県、指定都市、中核市
地方道路公社法	地方道路公社の設立認可（9 条）	建設大臣（設立団体が都道府県の場合） 都道府県（設立団体が市の場合）

（注）大臣名は当時。
（出典）地方分権推進計画をもとに作成。

表2–5　免許・資格に関する事務(自治事務)

免許・資格名	根拠法律
危険物取扱者	消防法
消防設備士	消防法
調理師	調理師法
クリーニング師	クリーニング業法
製菓衛生師	製菓衛生師法
准看護婦	保健婦助産婦看護婦法
職業訓練指導員	職業能力開発促進法
家畜人工授精師	家畜改良増殖法
狩猟免許	鳥獣保護及狩猟ニ関スル法律
火薬類製造保安責任者	火薬類取締法
火薬類取扱保安責任者	火薬類取締法
高圧ガス製造責任者	高圧ガス保安法
高圧ガス販売主任者	高圧ガス保安法
液化石油ガス設備士	液化石油ガスの保安の確保及び取引の適正化に関する法律
宅地建物取引主任者	宅地建物取引業法
二級建築士	建築士法
木造建築士	建築士法
教育職員	教育職員免許法
栄養士	栄養士法
大麻取扱者	大麻取締法
保母(試験のみ)	児童福祉法施行令
採石業務管理者	採石法
砂利採取業務主任者	砂利採取法

(注) 法律名などは当時。
(出典)表2–4に同じ。

張していたが、最終的には、飲食店営業の許可(食品衛生法)、旅館業の営業許可(旅館業法)は自治事務に振り分けられた。

また、免許や資格についても、全国的に統一する必要性が強調され、各省は法定受託事務とすることを求めていた。しかし、警察庁の所管である自動車免許は、もともと団体事務(道路交通法、自治法旧別表第一(四六))であった。一自治体が発行する免許が全国に通用するとしても、自治事務であって何の問題もない。そもそも国が全国画一としている免許は、医師、管理栄養士など国家試験資格としているのである。結果として、教員免許(教育職員免許法)をはじめ、都道府県の行っている免許事務は自治事務に整理される(表2–5)。

公物の管理については、第1章に述べたように、国道・河川とも大半は法定受託事務となった。しかし、準用河川(一級・二級河川以外の河川から市町村長が指定し、機関委任事務として管理していたもの)は自治事務となり、海岸についても管理に関わる一部の事務を自治事務にすることができている。これらに加えて、法定外公共物の管理も改革された。従来、小川（普通河川）や里道などの法定外公共物は建設省所管の国有財産とされていたものの、実際の管理は、都道府県知事が機関委任事務として行っていた。これが、分権委員会の第四次勧告を経て、国から市町村に譲与され、財産管理・機能管理とも市町村が自治事務として行うことになったのである。

以上のように、これまで当然に国の事務と考えられていた事務の多くが自治事務として整理されたことは、特筆に値するであろう。

事務振り分けの実際――法定受託事務

一方、法定受託事務として認めざるを得なかった代表例に、経由事務がある。これは、国が直接実施している事務を自治体が単に経由しているにすぎないものであり、法定受託事務のメルクマール7（一六頁表1-4）に挙げられている。自治省によれば、第一次～四次勧告までの間、その数は一一五にのぼり、法定受託事務に振り分けた事務二七五の四一・八％になったという[9]。

一例を挙げよう。義務教育における教科書の無償配布に関する事務である（義務教育諸学校の教科用図書の無償措置に関する法律）。都道府県や市町村の教育委員会が、国が配付する教科書を受領し、生徒たちに給付する。これらの事務が、すべて法定受託事務に振り分けられている[10]。

都道府県を越える広域的課題も、大きな争点であった。省庁側は、都道府県を越える課題はすべて法定受託事務だと主張していた。法人格の付与についても、県域を越えて活動する法人は国の認可となっているように、広域行政体としての国の役割は否定できない。しかし、都道府県同士の協議で対応が可能なものまで法定受託事務とする必要はない。この点、病虫害に関わる問題は微妙であった。

結果としては、人・家畜を問わず、病気の蔓延防止に関わる事務は、法定受託事務に整理されている（伝染病予防法（現在の感染症予防法）の伝染病患者の収容事務や、家畜伝染病予防法の患畜の殺処分など）。しかし、予防に関する事務（予防接種法のうちの定期の予防接種）や移動の可能性の乏しいもの（森林病害虫等防除法のすべての事務）は、自治事務に整理されている。

事務区分と地域裁量

分権委員会の法定受託事務の定義は、「その実施が国の義務に属し」「国の行政機関が直接執行すべき」ものであった。この定義に沿うならば、地域裁量は否定されるべきだろう。戸籍事務や国政選挙、あるいは被爆者援護法による医療費の支給のような国家補償給付に関わる全国画一事務は、たしかにこの範疇に入っている。

しかし、たとえば道路や河川については、その管理はそもそも地域住民の利害に関わるものであり、国に直結する利害があるとは考えにくい。産業廃棄物処理場の設置認可も法定受託事務であるが、住宅密集地や水源地など設置場所によって、許可にあたり条件を付与することが必要となる。学校法人や社会福祉法人も全国基準はあってよいが、全国基準で即、認可を取り消すことができない場合もあるだろう。法人が地域に一つだけしかないような場合、厳格な指導のもとで存続させるという判断もありうるのではないか[11]。

一方、自治事務についても、住民基本台帳ネットワークのように、法（住民基本台帳法）によって詳細な基準が設定され、地域裁量が即、違法になりかねないものもある。法人格の付与と免許についても自治事務となったが、地域裁量はせいぜい手続きや手数料など細部にすぎないであろう。

法定受託事務のうち地域裁量のあるものは、極力、自治事務に再度振り分ける方向に進むべきである。ただ、地域裁量という観点からは、事務区分は必ずしも明瞭なものではない。

（4）関与の整理・ルール化と紛争処理制度の創設

分権委員会の最大の功績は、事務区分よりも、国の関与を整理し、ルール化したことにあったと考える。機関委任事務制度を廃止したとしても、新たな事務において、同じような国の関与が繰り返されるのであれば意味はない。この点、分権委員会は国の関与の一般原則として、法定主義の原則、一般法主義の原則、公正・透明の原則という三原則を打ち出し、さらに関与の手続きについても、書面主義の原則、手続きの公正・透明性の確保、事務処理の迅速性の確保という原則を打ち出した。そのうえで、国の関与について、自治体との間で紛争が生じた場合の第三者機関の創設も勧告している（勧告は、紛争ではなく「係争」という用語を使用。制度の詳細は第4章参照）。

重要なのは、国の関与のあり方が、自治事務と法定受託事務とで大きく異なっていることである。法定受託事務については、助言や勧告などの非権力的関与だけでなく、許可・認可・承認や指示といった権力的関与に加え、代執行も可能としている。また、自治体の事務執行について処理基準が出せるとしている。これに対し、自治事務は原則として非権力的関与に限定され、代執行はできない[12]。これらは、分権一括法によって自治法第二四五条以下に規定された。

ただ、分権一括法案の段階にいたって突然、自治事務に対する国の「是正の要求」について、自治体側の是正改善義務が加えられる（第二四五条の五第5項）。分権委員会の勧告にも分権計画にもなかったことから、世論も強く反発した[13]。最終的には、国会審議において「自主的に是正がなされない場合」で「混乱し、停滞し、著しい支障が生じているような場合」にだけ発動されると大臣が答弁し[14]、同様の内容が附帯決議にもなっている[15]（突然加えられた原因については、第4章2（2）参照）。

また、自治体についての法令のあり方の基本原則が、自治法に規定されるとともに（自治法第二条第11～13項）、とくに自治事務について「国は、地方公共団体が地域の特性に応じて当該事務を処理することができるよう特に配慮しなければならない」(同第13項)と規定され、法定受託事務との違いが明確になっている。

以上のように、機関委任事務制度の廃止そのものが画期的であったばかりか、これまでの行政上の常識を覆すような抜本的改革が、分権委員会によって行われたのであった。

2 分権委員会と政治

(1) 分権委員会の設置前後

機関委任事務制度は、各省庁が自治体を下部機関として利用できる実に便利な制度であり、明治の市制町村制以来一〇〇年以上もの間、利用されてきたものである。制度廃止後の結果に多少の問題があろうとも、分権委員会の決断はきわめて大きな意義をもっていた。こうした成果を挙げることができた背景と政治的基盤を確認しておこう。

第一次地方分権改革が始まった契機は、一般に一九九三年六月の衆参両院における国会決議とされる。しかし、具体的な動きが起こるのは九三年八月の政権交代からであり、それが表面化したのは臨時行政改革推進審議会(16)(第三次行革審、鈴木永二会長)の最終場面であった(答申は九三年一〇月)。

第三次行革審は九三年春、最終答申にむけて、会長代理であり関西経済連合会長であった宇野収氏を委員長とする地方分権起草チームを審議会内部に設置し、夏以降、事務局を担っていた総務庁と激論を繰り広げていた。争点は、地方分権を立法制定をもって推進するのか、それとも大綱策定にとどめるか、である。先の国会決議にすでに

「法制定」とあるのに事務局が抵抗するのはおかしなことではあったが、この点については、細川首相自らが第三次行革審に出席し（九三年九月一四日）、地方分権の法制定に取り組むことを表明したため、決着がついてしまう[17]。もっとも同答申は、機関委任事務制度については大きな関心を払っているとは言えず、国からの権限の移管、国の関与とならんで、「大幅な縮減・合理化を進める」としか書いていない。

その後、九四年に入り、法案作成に向けて、地方六団体、自治省（地制調）、内閣内政審議室（行政改革推進本部地方分権部会）のそれぞれが主導権争いを行う。そのときの機関委任事務の記述を確認しておこう。

地方六団体は「制度の廃止」、地制調は「概念の廃止」となっていたが、法案作成に直接影響のあった行革推進本部のそれは、「適切な措置を検討する」と「制度の廃止」の両論併記であった。そのため、九四年一二月の「地方分権の推進に関する大綱方針」では、「機関委任事務制度について検討する」と記述されてしまう。「廃止」の文字は、ない。「検討する」は霞ヶ関用語では、実質やらないことを意味する。これが最終的に、地方分権推進法案の曖昧な表現につながるのである。しかし、法案の国会審議において、村山首相の答弁で、制度の廃止も分権委員会の課題とされたことは、これまで述べてきたとおりである。

これに対して、課題を分権委員会に丸投げしたという批判もあった。ただし、機関委任事務制度は、ある意味、漠とした制度であり、しかも膨大である。廃止後の事務のあり方や国の関与のルールまで含めると、答弁一つで廃止を宣言することは不可能であった。また、省庁間の対応も自治省以外は廃止そのものに反対であって、廃止後の制度設計を内閣で提示できる状況にはなかった。むしろ、地方分権という政治課題が浮上し、地方分権に好意的な政権担当者が登場したこと自体が重要であって、機関委任事務制度の廃止という課題は、首の皮一枚つながって分権委員会に引き継がれたというべきであろう。

その後も、制度の廃止がすんなりと決まったわけではない。九五年一二月の検討試案の公表を経て、九六年三月の中間報告において、五項目にわたる弊害が指摘されたうえ、「この際機関委任事務制度そのものを廃止する決断をすべきである」という、決断の主体となる主語のない、一見奇妙な表現でようやく廃止の方向が決定付けられた。分権委員会としての正式な決定は、九六年一二月の第一次勧告の際である。

地方分権が改革課題として浮上したこの時期、政治改革が日本を席巻していたことが重要である。八八年にリクルート事件が起こり、続いて九二年に佐川急便事件が発生する。「政治とカネ」が大きな問題となり、カネのかかる選挙区制度が標的となった。当時は中選挙区制度であったため、候補者には、俗にいう「地盤、看板、カバン」が必要となり、個人後援会を中心とした選挙活動、議員活動に多額のカネがかかったのである。改革後の選挙制度のあり方については議論が分かれたが、結果として小選挙区を中心とする制度が採用された。

九〇年代初め、すでに過度な中央集権制度の問題が各方面から指摘されていたが、小選挙区制度となると、さらに地方分権が必要と考えられた。なぜなら、小選挙区からの当選者はこれまで以上に各地域代表としての性格を強くすると考えられたからである。早く分権を進めないと、各地域の問題には各地域代表たる小選挙区選出の衆議院議員が関与する中央政府決裁が必要、ということになりかねなかった。

分権委員会は細川内閣によって前史がつくられ、村山内閣の委員任命を経て誕生した。二つの内閣はいずれも強く地方分権を推進しようとしたが、細川内閣も村山内閣も「政治関連法案」の作成・成立を第一命題とする内閣であったことは決して偶然ではない。政治と分権は、密接不可分の関係にあったのである。

（2）分権委員会と政権

分権委員会は九五年七月に誕生し、中間報告を作成している途中の九六年一月、内閣が交代し、橋本内閣となった。その後、九八年七月、参議院選挙の敗北の責任を取って橋本首相が退陣し、小渕内閣が発足する。さらに二〇〇〇年、小渕首相の突然の逝去に伴って、森喜朗内閣が誕生。森内閣は、分権委員会の一年延長を決定する。そして分権委員会は〇一年、小泉内閣のときに最終報告を出して解散する。分権委員会は、村山、橋本、小渕、森、小泉と、じつに五代の首相のもとで活動を続けた。しかも、その間、連立政権は、自民・社会・さきがけの三党連立に始まり、自民単独(九六年一一月)、自民・自由連立(九九年一月)、自民・自由・公明連立(九九年一〇月)、自民・公明・保守連立(二〇〇〇年四月)と、めまぐるしく変遷している。

一般に、地方分権という課題は政権党の利害に反すると考えられる。実際、分権委員会が取り上げた課題に政権党が介入したことも多かった[18]。しかも、委員の選任は社会党首班内閣(実際には、五十嵐官房長官が委員の選任を行ったといわれる)が担い、社会党自体は途中から政権を離脱してしまう。選任された委員とその後の政権との距離は大きかったはずである。なぜ、分権委員会は一定の役割を果たし続けられたのであろう。

法制度上、分権委員会は勧告さえすればよい。政府に、その勧告についての尊重義務(地方分権推進法第一一条)と計画策定義務(同法第八条)が課せられていた。しかも、その計画には閣議決定が義務付けられている(同法第八条2項)という念の入れようである。にもかかわらず、橋本首相から「現実的で、実現可能な勧告を期待」されると、分権委員会は省庁との合意を前提に作業を始める。分権委員会が理想より現実を選択したことが、存在感を高めた一因と思われる。分権委員会は勧告のたび、その前後に加えて策定途中にも官邸に伺候し、その意向を反映させ、さらに政権与党への説明を行い、国会参考人までこなしている(西尾、二〇〇七：三四頁)。こうした一般省庁並みの気配りが、政権への忠誠と映ったのであろうか。

決して、そうしたパフォーマンスだけではないであろう。機関委任事務制度の廃止がそうであったように、中央政府のいずれかの組織がその任を担わなければならず、分権委員会がその役割を果たしたということではないか。もっとも、すべて地方のために、自治体のために、それが良いことであったかどうかは、また別の問題である。

（3）市町村合併

その一つは、第二次勧告で扱った「地方公共団体の行政体制の整備・確立」という項目にある市町村合併の推進である。ここには、後に「平成の大合併」と呼ばれるさまざまな装置が書き込まれている。つまり、地方交付税による財政支援措置、都道府県による合併パターンの提示、住民発議による合併協議会設置の義務付けなどは、このときすでに勧告されているのである。

市町村合併の要望は、第一次勧告の際（九六年一二月）、分権委員会の委員が当時の与党・自民党の行政改革推進本部に説明に行った際、自民党から提示されたのがきっかけであった。[19] その後、分権委員会内に地方行政体制等検討グループ（堀江湛座長）が設置され、検討が始まる。第二次勧告（九七年七月）では、見出しは「市町村合併と広域行政の推進」となっていて、これら二つは並列であった。しかし、分権計画（九八年五月）では、見出しは「市町村の合併等の推進」と、市町村合併のほうが強調されてしまう。その後、自治省内の市町村合併研究会の検討を経て、九九年八月には都道府県に対し、合併パターンの提示を求めた合併指針（自治省事務次官通知）が出され、自治省は実質的に市町村合併を強制する施策へと突き進んでいく。[20]

結果として平成の大合併と呼ばれた市町村合併の推進策と三位一体改革によって、自治体、とくに小規模市町村側の「地方分権」に対する評価は、大きく変化した（第5章参照）。

（4）第三次勧告の特殊性——駐留軍用地特別措置法について

二つ目に指摘しておきたいのは、分権委員会が第三次勧告（九七年九月）で扱った駐留軍用地特別措置法[21]の問題である。[22] 少し長くなるが、分権委員会の本質に関わる重要課題と思われるため、踏み込んで分析したい。

まず、勧告の当該部分を簡潔に述べよう。駐留軍用地特別措置法は事実上、沖縄県のみを対象とした法律である。この法律の改正を求めることで、九五年秋以来起こっていた、沖縄県知事による米軍基地用地に関する代理署名拒否をできなくする、というものである。

多少の状況説明が必要であろう。沖縄県には日本の駐留米軍基地の四分の三があり、県土の一割を占めている。在日駐留米軍の土地は当時、本土の場合は八七％が国有地であり、残りの民有地についても争いは起こっていなかった。これに対し、沖縄における国有地の割合はわずか三三％にすぎず、民有地が三三％、その他公有地は三四％であった。しかも、人口の約八〇％が集中する沖縄本島中南部では、じつに七六％の米軍基地が民有地だったというのである。[23]駐留米軍の土地に民有地が使用されているという事態は、文字どおり沖縄の特別な状況であり、沖縄がかつてアメリカの占領下に置かれ、強制的に民有地が接収されていった歴史と切り放して考えることはできない。

さらに、自衛隊の土地収用については、通常の土地収用法に基づいて行われていることにも注意が必要である。土地収用には、一般法としての土地収用法に加えて公共用地の取得に関する特別措置法があるが、自衛隊の土地収用については特段の扱いはなされていない。

沖縄県知事による代理署名拒否

九五年九月、沖縄において米兵による少女暴行事件が発生する。県民による大きな抗議行動が起こり、大田昌秀沖縄県知事は九月末、米軍基地の収用期限切れに際して行われる手続きのうち、知事の権限となる代理署名の拒否を表明する。[24]村山首相は一二月、この事務が機関委任事務であるとして、職務執行命令訴訟を起こした。裁判は九六年八月、最高裁判決によって上告が棄却され、沖縄県知事の敗訴が確定している。

この流れの中で、沖縄の米軍基地の一部（楚辺《そべ》通信所）で賃貸借期限が切れ、こうした不法状態を解消するため、国

（橋本内閣）は九七年四月に、国会が荒れ、マスコミが連日報道する中で駐留軍用地特別措置法を改正し、国の暫定使用を認めることとした。分権委員会の勧告はこうした状況を前提とし、さらに根本的に、米軍基地の土地利用をめぐる手続きを改正しようというものであった。

第三次勧告の内容

当時の制度によれば、駐留軍用地特別措置法による米軍用地の強制使用手続きの流れは図2-1のとおりである。この一連の事務には、大きく分けて四つの機関委任事務があった。①市町村長（もしくは知事）による所有者署名の代理押印、②市町村長（もしくは知事）による裁決申請書の公告・縦覧、③都道府県収用委員会（以下「収用委員会」という）関係事務（審理、裁決）、④知事による土地明け渡しの代執行である。

分権委員会の勧告は、このうち①②④を国の直接執行とし、③すなわち収用委員会の事務のみを法定受託事務とした。分権委員会は、その理由を住民の財産権保護としているが、勧告はこの収用委員会の事務についても周到に抵抗の手段となることを封じている。

つまり、公共用地の取得に関する特別措置法にある「緊急裁決」制度をまねて、収用委員会の通常の手続きで間に合わない場合、防衛施設局長によって収用委員会に裁決の請求ができる。さらに、申請によって国（勧告当時、所管大臣は総理大臣であったが、〇七年一月より防衛庁が防衛省となり、総理大臣から防衛大臣に変更され、さらに、〇七年九月から防衛施設庁が廃止され、防衛省に統合されている。以下、同じ）が代行して裁決できるようにしたのである。

それればかりではない。収用委員会が国の意向に反して申請を却下したときのために、新たな仕組みを導入した。すなわち、収用委員会が国の申請を却下しても、不服審査請求によって差し戻しができる仕組みと、総理大臣（〇七年より防衛大臣）が収用委員会に代わって自ら裁決してしまう仕組みの導入を、あわせて勧告したのである。あくま

図 2-1　米軍基地用地の強制使用手続きのおもな流れと第三次勧告の内容

手続きの流れ	根拠条文	従前の執行者	勧告内容
使用認定申請	(特)4条	防衛施設局長(注1)	
⇩			
使用認定	(特)5条	内閣総理大臣(注2)	
⇩			
土地・物件調書作成	(収)36条	防衛施設局長(注1)	
⇩			
所有者の署名押印の代行	(収)36条4項、5項	市町村長(知事)【機関委任事務】	国の直接執行
⇩			
収用委員会への裁決申請	(収)39条	防衛施設局長(注1)	
⇩			
裁決申請書の公告・縦覧	(収)42条2項	市町村長(知事)【機関委任事務】	国の直接執行
⇩			
公開審理	(収)60～66条	都道府県収用委員会【機関委任事務】	都道府県収用委員会【法定受託事務】 ↓(防衛施設局長(注1)による緊急裁決請求) 緊急裁決が遅れた場合は内閣総理大臣(注2)が代行裁決
⇩			
裁決	(収)47条、47条の2、48条、49条	都道府県収用委員会【機関委任事務】	使用が却下された場合は内閣総理大臣(注2)が代行裁決(注3)
⇩			
使用する権利の取得		防衛施設局長(注1)	
⇩			
土地明け渡しの代執行	(収) 102条の2	知事【機関委任事務】	国の直接執行

(注1) 2007年9月から防衛施設庁が廃止され、防衛省に統合された。これに伴い、執行者は、防衛施設局長から地方防衛局長となった。
(注2) 2007年1月から防衛庁が防衛省になった。これに伴い、所管大臣は、内閣総理大臣から防衛大臣となった。
(注3) 勧告は、内閣総理大臣が代行裁決する場合、収用委員会に代わって、補償金額算定のため諮問会議(国)の議を経るとしている。
(注4) 根拠条文の(特)は、駐留軍用地特別措置法、(収)は土地収用法を指す。駐留軍用地特別措置法は第14条で、土地収用法の収用に関わる一連の規定を引用している。
(出典)地方分権推進委員会第三次勧告と各法律より作成。

でも、国の意向に従わせようということである。分かりにくいので、やや補足的になるが説明を加えておきたい。「緊急裁決」というのは、収用委員会の審議に遅延の恐れがあるとき、損失補償の審議を尽くさなくても、起業者の申し立てによって二カ月以内に収用委員会が裁決しなければならないという制度である。収用委員会が裁決しないときは、収用委員会自身が送致すれば、最終的に建設大臣が代行裁決できる仕組みになっている。この仕組みは公共用地の取得に関する特別措置法にあるが、土地収用法にはない。公共用地の取得に関する特別措置法より古い駐留軍用地特別措置法にもこの規定がなく、先の沖縄県知事による代理署名拒否が起こったとき、この規定があればと国が悔しがったといわれている。第三次勧告は、この「緊急裁決」規定のうち「建設大臣」とされているものを「総理大臣」(〇七年より防衛大臣、以下同じ)とし、さらに収用委員会自身が大臣に送致しなくとも、防衛施設局長(〇七年九月より地方防衛局長)が大臣に「請求」すれば、大臣が裁決できるようにした。

収用委員会自身が送致する仕組みから、防衛施設局長(地方防衛局長)による「申請」でよいとしたのは、三里塚空港問題(千葉県)のように、収用委員会そのものが開かれない場合を想定していると思われる。さらに勧告では、前述のように収用委員会が仮に「却下」の裁決を行ったとしても、国の意向どおり裁決を出せる仕組みを提示した。沖縄県の場合のように、収用委員会が開かれても却下される可能性がある場合を想定しているようである。このように、米軍用地に関しては、制度は国の意のままに運用される。当該自治体はもはや手も足も出ない、というわけである(しかも、〇七年一月の防衛省設置、同九月の防衛施設庁廃止・防衛庁統合によって、これら一連の手続きが、すべて防衛省内の手続きとなったことも重要である。米軍基地用地の収用手続きについては、市町村も都道府県も関与せず、さらに中央政府全体の課題にもならず、一省内の手続きだけですべて完了するシステムとなった)。

第三次勧告の経過、分権委員会の言い分

分権委員会は、「現実的で実行可能な」ものとするという理由で、これ以外の勧告事項は当該省庁との合意を前提にしていた。また、他の課題については、まず自治体側の要望を聞き、省庁との交渉に当たっていた。ところが、駐留軍用地特別措置法に関する勧告だけは、自治体側の意向反映はおろか、合意すらしていない。

分権委員会は、防衛施設庁からは複数度グループヒアリングという折衝を行ったというが、一方の沖縄県からは一度だけ話を聞いたにすぎない。大田知事はその場で、「自治事務もしくは法定受託事務にとどめていただきたい」と主張した[25]。また、第二次勧告以降、分権委員会はこの課題のために三度「懇談会」という秘密会議を開催したが、一度もその内容を公表していないという。このときまで、グループヒアリングという省庁と委員との非公開折衝はあったが、分権委員会の会議そのものを非公開にしたまま結論を出したことはなく、きわめて異様な運営であった。

この駐留軍用地特別措置法に関する勧告について、分権委員会は一貫して「国と地方公共団体との役割分担を明確にする観点」を強調している。第三次勧告では、その点「これら事務は、国が国際的に負っている安全保障上の義務の履行に直接関わるものである……ことから、これを引き続き地方公共団体の担う事務とすることは……知事や市町村長の立場を困難なものとするおそれが大きい。むしろ、……国は国が国際的に負っている安全保障上の義務の履行に全責任を負い、知事や市町村長は地方公共団体の代表者としての役割に徹することとすべきである」という。その主張を分かりやすくすると、次のようになるだろう[26]。

①「自治体は、国と利害が対立する場合地域代表としての主張を貫く立場だが、機関委任事務制度では国は地方に〝悪役〟を押しつけている。日米安保条約上の義務は国が全責任を負うべきである。国が押しつけている〝損な役回り〟から自治体を解放するのが分権委員会の基本方針である。

②（沖縄の）自治体は、その機関委任事務を自治体が絡む事務として残してほしいという要望であったが、機関委任

事務の拒否は制度上予定されておらず、訴訟でも負けることが多い。自治体が違法行為で闘う方法を制度化するのはどうか。繰り返し使える手段と思われているのは、少し違う。

③国独自の収用委員会にするより、県の収用委員会が絡むほうが実質的な意味がある。地域に定着した県収用委員会による補償額と使用期間の裁決が財産権保護の要であると委員会は考えた。現に使用期間については、県の収用委員会は国の申請期間より短めに裁決している。

④九七年四月の駐留軍用地特別措置法改正によって、収用委員会が開かれていても暫定使用が可能になったが、これは継続使用の場合のみで、新規使用の場合には認められない。今後、基地が沖縄から本土に移転することも考えられ、権原が中断されないよう緊急裁決等の仕組みが必要となった。

⑤委員会が、個別法の改正にここまで勧告する必要があるかという意見があるが、駐留軍用地特別措置法だけ深入りしたわけではなく、他の法律についても一つ一つ条文ごとに検討してきた」

委員会の論理は、(a)「国と地方の役割分担の明確化」→(b)「安全保障は国の役割」→(c)「駐留軍用地特別措置法に係る事務は国の直接執行」という脈絡である。しかし、この論理には、(b)と(c)の間に飛躍がある。安全保障が国の役割だからといって、用地の使用と収用の事務を国の直接執行で行うという論理には直結しない。委員会は機関委任事務における自治体の役割を〝悪役〟〝損な役回り〟と決めつけたが、この沖縄の問題では、署名代理拒否こそ自治体にとって残された最後の手段だったのである。自治体が国の行為に対抗することが違法行為になり、それが問題だというなら、違法行為にならず、地域の利益代表として争える方法を、委員会は提起すべきではなかっただろうか。

分権委員会は、収用委員会を県の事務とすることで財産権保護ができると主張した。しかし、実際は、内閣法制局から、収用委員会も国の直接執行とすることにクレームがついたためのようである。(27) いくら国防・外交が国の役割であるといっても、国民の財産権保護を目的とする事務（収用委員会の事務）まで、国の直接執行とはできなかったというわけである。ただ、他の肝心な事務は、国の直接執行か大臣が裁決を代行する手法が採用されており、ほとんど国が行うようなものである。しかも、大臣が裁決を代行する場合は、補償額の算定も国がすることになる（駐留軍用地特別措置法第二三条第7項）。「緊急裁決」の仕組みを導入した本音は、収用委員会という行政委員会に「代執行」を行うシステムがいまのところ考えられないからであろう。収用委員会事務を法定受託事務として「代執行」できないため、「緊急裁決」という別の担保制度を導入したということである。

分権委員会は米軍用地の本土展開の可能性を示しつつ、第三次勧告以前の九七年四月の駐留軍用地特別措置法改正による暫定使用は継続使用についてだけで、新規使用は対象になっていないことを、この抜本改革の根拠の一つに挙げた。しかし、米軍用地の本土展開に際し、民有地の使用・収用が本当に想定されるであろうか。そんなことをすれば、現地は大混乱となる。

第三次勧告は、改革後の内容がきわめて詳細に具体的に書かれている。分権委員会は、ほかにも踏み込んだ勧告があるというが（たしかに、国民年金事務など詳細に法律を検討したものはある）、政治的に微妙な課題、たとえば「婦人行政の国・地方の役割分担」「幼稚園・保育園の一元化」「保健所長の医師資格」などについては、明確な勧告をしていない。同じ第三次勧告の地方事務官についても、国に一元化したあとの事務のあり方、たとえば婦人少年室のあり方など、具体的に勧告したわけでもない。国と地方の意見が対立したものには、曖昧な勧告しかしてこなかった。

駐留軍用地特別措置法が適用されるような状況は、沖縄県にしかない。にもかかわらず、これだけの法改正を行うのであれば、事実上の特別立法（憲法第九五条）として、沖縄県民の同意を必要とするものとできなかったのだろうか。分権委員会が勧告において、法改正に際しての県民投票を提案してもよかったのではないか。さらに、「軍用地に係る新たな土地収用制度の仕組みの導入」という意味でも問題がある。自衛隊用地の土地収用については、市町村や都道府県が事務執行や収用委員会運営で、わずかであるが関係し、特別な扱いはしていない。ところが、米軍用地は、直接、国が行う手続きだけで収用できる制度にしてしまったのである。

当時、村山政権にとって、沖縄問題は悩みの種であったようである[28]。米軍再編が課題となりつつある中、政権を担っているとはいえ、かつては日米安保を否定していた社会党にとって、米軍強化の方針はとりにくい。しかし、代理署名を拒否されれば、政権担当者として代執行をせざるを得ない。続く橋本政権にとっても、沖縄問題は特別であり、とくに熱心に対策にあたったことはよく知られている。当時、分権委員会の諸井虔委員長が、普天間基地問題をめぐって大田知事と橋本首相の橋渡し役を務めていたのは、偶然なのであろうか[29]。

沖縄問題は政権にとって重要である。しかし、代理署名を何度も拒否されては困る。だからといって、仮に正面から駐留軍用地特別措置法の改正を行えば、九七年春にすでに起きたように政治問題に発展することは避けられない。分権委員会は両政権を通じて有用な役割を演じたと、筆者には思える。

(5) 第五次勧告の失敗

一方で、分権委員会は、政権与党と大きな対立も起こしている。

分権委員会は、第四次勧告(九七年一〇月九日)を提出する際、橋本首相から権限移譲について検討するよう要請を受けた。さらに同年一二月、改めて分権委員会に、「市町村への権限移譲を含む国及び都道府県からの事務権限の委譲等についてさらに検討してほしい」旨の要請があったという(菊地、一九九八)。当時、財政構造改革の推進に関する特別措置法(九七年成立)と中央省庁等改革基本法(九八年成立)が施行されており、財政改革と中央省庁再編に向けて、国と地方の役割分担の見直しが一つの政治課題となっていた。この中で、国や都道府県から市町村への権限移譲が課題として浮上したのである。

分権委員会は九八年六月になって、このうち、国から地方への権限移譲に集中して、一〇月を目途に勧告を行うべく作業を開始した。しかし、ヒアリング項目を関係省庁に示したとたん、自民党関連部会から壮絶な反対にあい、関係省庁からのヒアリングすらできなくなってしまう(西尾、二〇〇七：九三～九八頁)。しかも、この最中、作業を依頼した本人である橋本首相が、七月の参議院選挙で敗北した責任を取って総辞職してしまう。

分権委員会は一一月一九日、第五次勧告を政府に提出する。だが、注目されていた「国の直轄事業の見直し」については、客観的基準を法令で明記するよう勧告することすらできなかった(勧告文は「具体化するよう検討する」)。「補助事業」については、「統合補助金」という箇所付けしない補助金が創設されたが、かえって国の関与が強まるとの批判もあり、改革度は未知数であった。

(6) 審議会としての分権委員会をどうみるか

ひるがえって、審議会の役割と機能という面から、分権委員会を分析してみよう。

一般に、審議会は、「事務当局の『隠れ蓑』として事務当局の方針にお墨付きを与えているにすぎないのではないかとする批判が絶えない」(西尾、一九九三：二四四頁)。各省庁に設置される多くの審議会について、こうした認識は正しいと思われる。分権委員会に対しても、当時、自治省の肩入れが強いという批判はあった(西尾、一九九九：九四頁)。しかし、自治省が反対していた地方債許可制度の緩和なども勧告している。何より委員自身が勧告を執筆しており、事務局も省庁連合組織であって、「隠れ蓑」の範疇には入らないであろう。

ほかにも、審議会については、「一般論としては、審議会はその外部性と専門性によって正当化されている」(新藤、二〇〇一：一七四頁)という評価基準がある。分権委員会は、そのおもだった委員・参与は学識者・自治体関係者であり、まさに外部性と専門性によって、その活動が正当化された組織であった。

だが、審議会には、政府による民主的意義のカモフラージュという側面もある。つまり、政府内の意見だけでなく、外部から専門的な意見を聞いているという形をつくり、民主的運営を装うということである。「外部」といっても、あるいは「専門」といっても、それぞれ中央政府に受け入れられた人間だけしか、参加できない。たとえ国会同意を経たものであったとしても、広く国民から選挙されたわけではない。

「行政機関は、自らの打ち出す政策についての『有能な評価を責任ある外部のソースから確保する』ために審議会を活用し、あわせて、その政策を『公衆の背後にまで浸透させる貴重な手段』をも労せずに獲得する」（今村、一九八八：八七頁が引用するA・レイザーソンの表現）（傍点、筆者）。

審議会に関するこの表現は、「行政機関」を中央政府全体と考えれば、分権委員会にも当てはまると思う。やや失礼な言い方だが、分権委員会は、中央政府の一機関として立派にその役割を果たしたと考える。機関委任事務制度の廃止にしても、省庁に反発があろうと首相の国会答弁に基づいたものだし、第三次勧告も政権の意向を反映したものであろう。第五次勧告すら、もともとの出発点は首相の特命にあった。役割をまっとうしたことで、さまざまな波紋を呼んだわけだが、決して役割を逸脱したわけではない。

だからこそ、内閣が代わっても引き続き任務を与えられたし、任期を一年延長された。また、〇一年に役割を終えたものの、再び、そっくりな法律内容で、〇七年には新委員会（地方分権改革推進委員会）が設置されている。地方分権という課題そのものは、政権にとってニュートラルな、というよりむしろ、使い方によっては政権運営にうまく利用できる政治課題とも考えられるのではないか。

「民主的意義」という意味では、審議会の議事運営に興味が向かう。分権委員会の後継として、〇一年七月に発足した地方分権改革推進会議（西室泰三議長）は、途中で委員の意見が分裂し、「三位一体の改革についての意見」（〇三年六月六日）では、意見書に後掲された委員名簿の一一人のうち四人に「＊」マークが付けられた。マークのある委員は「本意見に反対である」と、名簿の下のほうに記述がある（他の一名は記名拒否）。同会議令によれば、「会議の議事は、出席委員の過半数で決し、可否同数のときは、議長の決するところによる」とあり、議長を除く五人が賛成しているので、意見は提出されたということなのであろう。

分権委員会はどうか。分権委員会議事規則によると「議事は、原則として、出席委員全員の一致により決するものとする。ただし、出席委員全員の一致が見られない場合にあっては、委員長の裁断により、出席委員の三分の二以上の多数によって決することができる（傍点、筆者）」（第二条第2項）とある。地方分権改革推進会議のそれとは、かなり異なっている。

分権委員会の第三次勧告に関わる議事録のうち、公開されているのは三回のみで、うち二回には対立は見られない。[30] しかし、勧告した後に開催された部会と委員会の合同会議（第一五六回委員会、九七年九月一一日開催）で、専門委員から激しい反発が起こっている。専門委員は、県の収用委員会という法定受託事務に勧告で国の直接執行を入れたことを、第一次勧告の関与のルールに反すると指摘したうえで、「今初めて聞いた」「もう一度やり直すべき」などと述べている。[31] しかし、委員長は、「三次勧告そのものを変えることはできない」と述べ、「時間もありますので、先へ進めたいと思いますが、よろしゅうございますか（「異議なし」と声あり）」で議論は終わっている。ちなみに、分権委員会の部会には、議事規則は定められていなかった。

本委員の七名は、議事録から見るかぎり、全員賛成だったと思われる。では、それぞれどのような意見で賛成したのであろう。また、部会を構成する専門委員たち全員の賛否は、本当はどのようなものであったのだろう。興味本位と思われるかもしれない。しかし、分権委員会の扱った課題は、地域によっては新聞の一面に載るほどの大きな政治課題だったのである。

仮に、分権委員会が審議機関として委員たちの理想のみを勧告したとしたら、どうなったであろう。勧告は、分権計画として閣議決定されたであろうか。それとも、計画が策定できず、内閣が責任を問われたであろうか。あるいは、駐留軍用地特別措置法に自治体の事務が引き続き残ったとしたら、どうなったであろう。自治体によって、代理署名が引き続き拒否されることになるのか。それとも再度、政権が法改正に踏み切ることで、政治問題が発生したのであろうか。

地方分権と政治は、どうしても密接な関係を続けるようである。

3 分権委員会の限界――成果の裏側としての条例制定権

(1) 条例制定権は広がったのか

機関委任事務は「国の事務」であるので条例制定権はない、というのが国の立場であった[32]。これに従えば、都道府県では八割が機関委任事務といわれているため、事務のほとんどに条例制定ができないことになってしまう。たしかに機関委任事務時代にも、東京都公害防止条例のように法律の基準に公然と挑戦したり、手続きを制度化したまちづくり条例のように地域の実情に応じた条例づくりが行われていた。とはいえ、機関委任事務についての条例制定は限られた世界であったといえよう。

こうした条例制定に関わる法的環境は、第一次分権改革によって、大きく変わることになった。機関委任事務制度が廃止され、そのうえ一気に自治事務にも法定受託事務にも条例制定権があるとされたのである[33]。しかし、すべての自治体事務について条例が制定できるかといえば、そう簡単な話ではない。新たな自治法においても従来と変わらず、条例制定は「法令に違反しない限り」（第一四条第１項）しか制定できないとされているからである。自治事務についても「法令」すなわち、「法律、政令、省令」に違反できないとされている。分権計画では、国が自治事務の基準を告示で出してもよいとされているため、条例は告示にも違反できないというのが国の見解と思われる（分権計画一二頁、地方自治制度研究会編、一九九九：一二六頁）。

法定受託事務はさらに、省庁から通知などによって「処理基準」が出されることになっており、これに反する事務処理をすると、国から是正の指示が出される可能性がある。「処理基準」そのものに法的拘束力はないものの、自治体を細部まで拘束しようというのが省庁の意図であろう（自治法第二四五条の九）。自治事務については、法律、政令、省令や告示まで照合する必要があり、法定受託事務については処理基準まで見なければならない。法定受託事務も含め、「自治体の事務」すべてに条例制定権が広がったと言われる割に、全体として実際に条例化できる分野は少ないという印象をもつかもしれない。

条例制定の範囲がこのようなことになったのは、分権委員会における事務の振り分け議論と密接に関係している、というのが筆者の見解である。

（２）当初の「事務の振り分け」と条例制定権

分権委員会の仕事の大半が機関委任事務の振り分け作業に費やされたことは、これまで述べたとおりである。省庁は当初、機関委任事務制度の廃止に抵抗し、制度の廃止が決まると、今度は機関委任事務であったものを（国の関与が強くはたらく）「法定受託事務」に振り分けるよう、激しく主張し続けた。機関委任事務が実際に、何を根拠に、どのように自治事務と法定受託事務に振り分けられたのか。その際、条例制定権はどのように考えられていたのだろうか。

分権委員会が機関委任事務制度の廃止を宣言した当初(検討試案、一九九五年一二月)の法定受託事務の定義は、「国政マターとしての性格が極めて強い事務」で「国が管理執行することになじむもの」であった。それ以外は自治事務ということである。言葉を換えれば、機関委任事務の中に本来「自治体の事務」であるものが入り込んでいるので、「国の事務」を除外し、残りを自治事務にしようということである。

分権委員会は、「国の役割」を明確にできなかったので、「国の事務」を特定するのはむずかしい作業であった。しかし、国の事務を特定して、それ以外を自治事務にするという方向性は、中間報告(九六年三月)でも基本的に維持され、法定受託事務の定義に地方財政法第一〇条の四「地方公共団体が負担する義務を負わない経費」に使われていた「専ら国の利害に関係のある事務」という用語をそのまま用いた。つまり、自治体が費用負担しないような「国の利害に関わる事務」だけが法定受託事務だというのである。その条文に掲げられている国政選挙や外国人登録など九項目の事務だけが、「国の役割」に属することが明らかだったのである。

このとき、「国の役割」に属する法定受託事務には、条例を制定できる余地はほとんどないと考えられたはずである。逆に、「国の役割」に属さない事務が自治事務であれば、当然国が関与する根拠は乏しく、自治体が条例をもとに運営することを基本とすると言えたであろう。条例よりも法令が優先される現行法のあり方も、検討される可能性があったのである。ところが、分権委員会は中間報告で条例制定権のあり方について言及することを避けた(34)。

(3) 中間報告以降の条例制定権議論

前述のように、分権委員会は中間報告の後、法定受託事務の定義変更を行う。条例制定権との関係で重要なのは、中間報告以降の過程である。中間報告以降、各省庁は自治体が自治事務に上乗せ・横出し条例を制定することに強い懸念を発していたとされる[35]。

所管省庁の姿勢は、たとえ法定受託事務に位置づけられなくても、地域裁量は認めないということである。また、法人格の付与、免許のようなこれまで国の権限とされてきたものの自治事務化についても、これらの事務は国の基準に従って全国一律に処理されていることから、省庁は地域ごとの裁量を強く否定した。結果として、争点となっていた道路・河川の管理、生活保護の決定・実施などは法定受託事務に振り分けられ、法人格の付与などは原則として自治事務となった。国の基準に従って全国一律に処理されていたこれらの事務は、引き続き全国一律の処理を前提に自治事務化されたのである。

分権委員会は前述第一次勧告前の「たたき台」（九六年一〇月三日公表）で、自治事務の条例制定権について、これまでの「団体事務」と同じ扱いであることを明らかにする[36]。このとき委員会は、同時に自治事務の名称を「一般団体事務」に変更しようとしており、その説明が興味深い（名称変更自体はとりやめになった）。

それは、「この（自治）事務に関しては、国は必要な基準設定等を行うことができず、また地方公共団体は法律に定めのあるものについても、条例により全く自由に事務の基準や権限行使の要件を設定できるという誤解を各方面に生じさせている」（傍点、筆者）[37]というものである。解釈によっては、自治事務についても「国が必要な基準設定を行うことができる」「自治体は、法律の定めのあるものについては条例で基準や権限行使の要件を自由には設定できない」ととられかねない。

このとき、法定受託事務の条例制定権についても考え方が示されている。「法律又はこれに基づく政令に定め」たときだけ条例制定できるというものである。機関委任事務でも旅館業法（第四条第二項）のように条例に委任しているものもあり、同じ考え方である。条例制定権に関しては、法定受託事務は機関委任事務と同じ仕組み、自治事務は団体事務と同じ仕組みとするという考えが打ち出されていることに、注目しておきたい。

（4）条例制定権についての勧告から法案への字句変遷

ここで、勧告から法案に至るまでの条例制定権についての記述を振り返っておこう。条例制定権について、分権委員会は第一次勧告（九六年一二月）で、そのあり方を明らかにしている。以下がその原文である。

「自治事務（仮称）については、法令に反しない限りすべての事項に関して、条例を制定することができる。この場合において、各事項について条例の制定が制限されるかどうかは、法律又はこれに基づく政令の明示的な規定又は趣旨、目的などによる」

「法定受託事務（仮称）については、法律又はこれに基づく政令により明確に事務の範囲を設定した上で、地方公共団体に委託されるものであるので、国の法律又はこれに基づく政令により事務を処理することが原則である。法定受託事務（仮称）の処理について、地方公共団体の条例に委ねる必要がある場合には、法律又はこれに基づく政令により、明示的に委任する必要があるものとする」

これ以外にあえて「地方公共団体の事務に関する法律と条例との関係」という項目を設け、徳島市公安条例事件・最高裁判決（最判昭和五〇年九月一〇日）を引用し、「法律との関係において条例制定が制約されるかどうかは、個別の法律の明示の規定によるほか、法律の趣旨、目的などにより判断される」（傍点、筆者）と記述した。法律と条例の関係は、第一次勧告当時、「憲法に定められた法律と条例の枠組みに変化がないことを確認したもの[38]」と説明されていたが、省庁に根強く残る法律先占論を排し、法律の趣旨解釈によることを宣言した、と理解しておきたい。

しかし、自治省の「機関委任事務制度の廃止後における地方公共団体の事務のあり方及び一連の関連制度のあり方についての大綱」（以下「大綱」という）（九七年一二月）と分権計画（九八年五月）では、微妙にニュアンスが変化する。まず、これまで法定受託事務と自治事務のそれぞれについて条例制定のあり方を書き分けていたのをやめ、法定受託事務、自治事務の区別に関係なく、「法令に違反しない限り」条例が制定できる、とだけ記述した。自治事務にあった条例制定の制約についての「法律の明示の規定や趣旨、目的などによる」旨の記述は削除され、法定受託事務についてだけ「条例に委ねる必要がある場合には……明示的に委任する必要があるものと解される」（傍点、筆者）として、明文では規定せず解釈によると書かれている。この部分の作成責任を負っていた自治省は明文化しなかったわけを「（明示的な委任が必要と書かなくても）仮に当該事務について条例が制定されたとしても、法令の趣旨及び目的から、法令に違反することとなると考えられるので（勧告の趣旨は十分達成される）[39]」と説明した。

ところが、地方分権一括法案の国会審議（九九年五月）で再び解釈がひっくり返り、「法定受託事務にも条例が制定できる」という解釈が示されることになる（一〇六頁注（33）参照）。条例制定権が突然広がったかのような印象である。ただし、大綱や分権計画のときの前述の自治省説明がそのまま生きていることに注意を要する。「法令に違反しない限り」という規定があるかぎり、（実質的に条例制定できないという）大綱や分権計画についての説明と（条例制定権そのものはあるという）法案のときの説明は、一枚のコインの裏表なのである。

（5）個別の事務にみる法令優先

事務の振り分けで評価が高いのは、法人格の付与や収用権の付与など、これまで国の権限とされてきた事務を自治事務化したことであることは前に述べた。今度はこれらの事務が法令によってどれほど厳密に規定されているか、分析してみよう。表2-6に、これまで機関委任事務であった事務から営業・事業の許可に当たるものを選び出した。産業廃棄物処理業の許可を除き（ほかに、肥料生産業者の登録も法定受託事務）、表のすべてが自治事務に振り分けられている。とくに、報告徴収や立入検査などの指導監督に関わる事務は、産業廃棄物の改善命令等を除いてすべてが自治事務である。

表 2-6　おもな営業・事業の許可、指導監督権限についての事務区分 〈No.1〉

法律名	許可等の種類、指導監督権限	根拠条文	基準の法形式	許可権者	事務区分
温泉法	公共浴用又は飲用に供することの許可	法12条、18条の2、省令4条	申請項目(省令) 利用基準(通知)	都道府県又は保健所設置市	自治事務
	報告徴収 立入検査 取消	法16条 法17条 法18条			
老人保健法	老人保健施設の許可	法46条の6 省令28条の3	不許可事項(法) 申請項目(省令) 開設できる者(告示) 施設運営基準(省令)	都道府県又は保健所設置市	自治事務
	報告命令等 立入検査 改善命令等 取消	法46条の11 法46条の11 法46条の12 法46条の15			
旅館業法	旅館業の営業の許可	法3条 政令1条 都道府県条例(法4条により施設基準を委任)	不許可事項、区域(法) 施設構造基準(政令) 申請項目(省令) 施設基準(条例)	都道府県又は保健所設置市	自治事務
	報告徴収 措置命令 取消	法7条 法7条の2 法8条			
公衆浴場法	公衆浴場の経営の許可	法1条、2条 省令1条 都道府県条例(法2条、配置基準の条例委任)	申請項目(省令) 配置基準(条例)	都道府県又は保健所設置市	自治事務
	報告徴収 取消	法6条 法7条			
食品衛生法	飲食店営業等の許可	法21条、29条の2 都道府県条例(法20条、施設基準設定の委任)	不許可事項(法) 知事が基準を設定すべき営業(政令) 申請項目(省令) 個別の営業施設の最低基準(通知)	都道府県又は保健所設置市	自治事務
	命令 営業停止	法22～24条			
医療法	病院の開設	法7条 省令	許可制限事項(法) 申請項目及び内容(省令) ＊人員施設基準(法、省令) ＊遵守すべき事項(省令)	都道府県又は保健所設置市	自治事務
	報告命令・立入検査 使用禁止 取消	法25条 法24条 法29条			
	薬局等の開設	法5、6条 省令	不許可事項(法) 許可基準(省令)	都道府県又は保健所設置市	自治事務

〈No.2〉

法律名	許可等の種類、指導監督権限	根拠条文	基準の法形式	許可権者	事務区分
薬事法	報告徴収・立入検査 緊急命令 取消	法69条 法72条 法75条	構造設備(省令) 員数(省令)		
毒物及び劇物取締法	毒物又は劇物の販売業者、製剤製造業者等の登録	法4条 省令36条の2	不許可事項(法) 登録事項(法)	都道府県又は保健所設置市	自治事務
	報告徴収・立入検査 回収命令 取消	法17条 法15条の3 法19条			
老人福祉法	養護老人ホーム等の設置許可	法15条 省令	届出事項(省令) 添付書類(省令) 設備、運営基準(省令)	都道府県又は保健所設置市	自治事務
	改善命令、事業停止命令、取消	法19条			
私立学校法	私立学校設置許可	法5条、30条、31条 省令	申請事項(法) 寄付行為の申請(省令) 寄付行為の審査基準(告示) 同申請書様式(告示)	(大学、高等専門学校以外) 都道府県	自治事務
	報告の求め 閉鎖命令	法6条 法5条			
貸金業の規制等に関する法律	貸金業の登録	法3条	申請項目(法) 審査対象(省令) 添付書類(省令)	都道府県(営業範囲が二都道府県以上は国)	自治事務
	報告徴収 業務停止 登録取消	法42条 法36条 法37条			
建設業法	建設業の許可	法3条	申請項目(法) 添付書類(法) 許可基準(法) 不許可事項(法) 申請書様式(省令)	都道府県(営業範囲が二都道府県以上は国)	自治事務
	指示 立入検査 許可取消	法28条 法31条 法29条			
廃棄物の処理及び清掃に関する法律	産業廃棄物処理業の許可	法14条	申請項目(省令) 添付書類(省令) 運搬業、処分業それぞれの許可基準(施設基準・能力基準)(省令) 再委託基準(政令)	都道府県	法定受託事務
	報告徴収 立入検査 改善命令 措置命令 取消	法18条 法19条 法19条の3 法19条の4 法14条の3		都道府県	自治事務 自治事務 法定受託事務 法定受託事務 法定受託事務

〈No.3〉

法律名	許可等の種類、指導監督権限	根拠条文	基準の法形式	許可権者	事務区分
水道法	水道事業等の経営の認可	法6条、7条 法26条 法46条 政令14条	申請項目（法） 認可基準（法） 添付書類（省令） 水質基準（省令） 装置構造基準（省令） 基準試験（省令）	都道府県（給水人口5万以下）	自治事務人口5万超のうち要水利調節以外を委譲
	報告徴収・立入検査 認可取消 改善命令 給水停止命令	法39条 法35、46条 法36、46条 法37、46条			自治事務 ＊直接執行導入
旅行業法	旅行業者等の登録	法3条 法24条 省令2条	申請項目（法） 登録拒否項目（法） 添付書類（省令） 財産的基礎（省令） 申請様式（省令）	（国内主催旅行）都道府県	自治事務
	報告徴収・立入検査 業務改善命令 業務停止命令	法26条 法18条の3 法19条		都道府県	

（出典）地方分権推進計画および、各法律、政省令など（1999年11月現在）から作成。

しかし、重要なのは、許可事務に関わる根拠形式である。ほとんどの事務について基準が法令で定められている（温泉法の利用基準は通知、公衆浴場法の配置基準は条例）。これらは自治事務になったとしても、自治体にとって裁量の余地のない事務とされかねない。立入検査などを行っても、結局、国が基準を決めてしまう。また、国は、申請内容が基準に適合していれば許可しなければならないと主張するだろう。

こうした事務について独自の条例を制定するには、注意がいるであろう。条例にしようとする内容が政・省令や告示と異なる場合、国に指摘される可能性を否定できない。だが、自治事務となったということは、事務の運用は自治体の判断と責任に委ねられているということである。「裁量の余地がない」とされることについても、自治体は、国とは別の立場で法律を解釈できることを忘れるべきではない。

条例制定に関しては、形成的権能といわれた法人格の付与（六八・六九頁表2-4参照）や収用権の認可、さらに免許や資格の付与（七〇頁表2-5参照）についても、同じことがいえる。免許・資格についても、相当数が自治事務となった。ただし、全国一律の基準とされており、たとえば試験に際しての科目の付加などは慎重な検討が必要であろう。法人格の付与についても多くが自治事務となったが、同様である。収用権に関わる事務（都市計画事業の認可、土地収用法の事業認定）や地域の指定（都市計画区域、農業振興地域など）についても省令や告示に規定があり、多くの場合、国との同意を要する協議も義務づけられている。このように、自治事務に振り分けられながら、条例の制定に特別に注意を要すると思われる事務は相当数にのぼっている。

分権一括法では、自治体の条例制定権を規定する自治法の規定（第一四条第1項「法令に違反しない限りにおいて……条例を制定することができる」）は変わらなかった。条例の制定範囲について、憲法第九四条は「法律の範囲内で」としているが、自治法は「法令」としている。それは、法令すなわち「政令および省令、告示などの命令」はすべて法律に基づいてつくられているからだ、というのがこれまでの国の立場である(40)。

だが、条例で省令や告示と異なることを規定したからといって、必ずしも「法律の趣旨、目的」（前述、徳島市公安条例事件・最高裁判決）に反することにはならないはずである。にもかかわらず、これまでは、条例は法令に違反してはならないという「法令優先の原則」がとられてきた。この原則が貫徹するかぎり、たとえ機関委任事務制度が廃止されようと、省庁の意図如何で自治体の裁量範囲を狭める可能性がある。

まずもって、法令の制定そのものが何らかの形でチェックされなければならない。法律については、国会審議において「地方自治の本旨に基づ」いているかが判断され、法令全体についても、自治法に新たに加えられた「自治体の事務に対する国の立法の原則」（自治法第二条第11～13項）のしばりがかかることになる。とくに、「法令の規定は、地方自治の本旨に基づき、かつ、国と地方公共団体との適切な役割分担を踏まえたものでなければならない」（同条第11項）という規定が実効性をもたねばならない。こうした一連の規定は、国が関与してきた場合、国地方係争処理委員会でも効果を発揮するはずである。このように改正された自治法を使っても、一定程度、法令にしばりをかけられるはずである。

けれども、第1章に述べたように、新たに分権改革を進めるのであれば、「法律と条例の関係のあり方」そのものを変えるべきであろう。

分権一括法では、国と地方の関係を規律する法規に重要なしばりがかけられている。「法定受託事務の設定」(自治法第二条第9項)や「国による関与の根拠」(同法第二四五条の二)の規定においては、省令や告示が除かれ、「法律又はこれに基づく政令」に限定されているのである。法定受託事務は省令や告示では設定できず、国による自治体への関与も省令・告示ではできない。

分権委員会は、国と地方は上下・主従ではなく、対等・協力の関係にあるという立場に立っていた。したがって、国が自治体に対して厳格な事務処理を義務付けたり、関与したりしたければ、その根拠は、閣議決定という行政権の主体である内閣の正式な決定を経る必要があると考えたのであろう。省庁内手続きでできる省令や告示を除外し、閣議決定を経る法律と政令だけに、自治体を拘束する法令を限定したというわけである。条例の制定も同じように、「法令に違反しない限り」ではなく「法律又はこれに基づく政令に違反しない限り」とすべきであろう。

(6) なぜ、条例制定権の拡大を追求しなかったのか

分権委員会は、どうして正面からの条例制定論議をしなかったのだろう。実際、委員会では事務の振り分け論議が中心であり、自治体の条例制定権を拡大するという課題はあくまで副次的であったといって過言ではない[41]。

省庁は機関委任事務制度の廃止に対し、個別法律の実効性を担保するよう、あるいは権力的関与を保持する必要を主張し、ほとんどすべての事務を法定受託事務とするよう分権委員会に求めていた。このような省庁との議論に

条例制定問題が入ってくれれば、議論が混乱すると考えたのかもしれない。前述のように、水面下ではいくつかの省庁が自治事務についても上乗せ・横出しを許すべきでないと強く主張していたという(一〇七頁注(35)参照)。したがって、仮に自治事務について広い条例制定権があるとすれば、「自治事務否定」論に火をつけ、法定受託事務に振り分けるしかなくなる事務が増える、と分権委員会が考えた可能性はある。

しかし、機関委任事務制度を廃止して自治事務にするという本来の命題を考えてみよう。自治体による「自己決定・自己責任」体制をつくるには、事務の運用主体を国から自治体へと転換しなければならない。国が企画立案し、自治体が執行するというこれまでの体制から、自治体も企画立案する体制に変えるということである。国と地方との対等・協力関係にするのであるから、法律と条例の関係についても、できるだけ「対等」とする視点を立てるのが本筋である。

委員会の論議において、憲法第九四条(「法律の範囲内で条例を制定することができる」)や自治法第一四条第1項の解釈についても変更されることが期待されていたといえよう。これまで省庁は、法律先占論などと称して法律の下に条例を位置づけ、条例制定を制限するものとして、これらの条文を解釈してきたからである。だが、これからは法律と条例を対等のものとし、法律と条例との関係を調整するものとして憲法第九四条を解釈するべきである(松下、一九九九：一〇九頁)。法律同様の実効性の担保、たとえば罰則を実際に適用することについての議論もすべきであろう(松本、一九九八)。これらは、今後の分権改革の課題である。

ただし、そうした改革を進める以上、一方で自治体にも厳しい自律志向と法規感覚をもつことが要求される。条例が法律と同等のものとなるのであれば、国との論争は避けられない。

以前の機関委任事務体制のもとでは、省庁がたえず見解を示すことが当たり前となっており、自治体は、団体(委任)事務についてすら省庁におうかがいを立てるという状況があった。(42) 第一次分権改革では、この点について大きな転換があった。

法定受託事務も自治事務も「自治体の事務」である。したがって、どちらの事務であろうと、まず自治体自らの判断と責任で事務を行わなければならない。それは、単なる建前ではない。まず、国が自治体の事務運営のために出してきた膨大な通達は、廃棄されなければならない(自治事務では通達は廃止され、法定受託事務でもこれまでの通達を精査して、処理基準を出す場合、とくに変更点を明示すべきである)。しかも、国の関与がルール化され、自治体の行為は、違法でなければ、原則として国から特別な関与を受けることはない。

法定受託事務であろうと自治事務であろうと、自らの判断と責任で事務を行うことになれば、自治体として、その根拠を明確にする必要が生じる。そうした根拠は、自治体の組織内部の問題として規則や要綱で定めればよいという問題ではなく、議会を通じて広く意見を聞くために条例化すべきであろう。その意味で、機関委任事務制度の廃止は自由な条例制定への道とつながっている。

分権委員会は、六年間の期間中に正式な委員会を二四五回も開催している。これ以外にも部会や検討グループの会議が行われており、非公式の会議を含めれば、この倍近い会合を行ったにちがいない。委員をはじめ関係者の労力は凄まじいものがあったと伝えられ、しかも一定の成果があがったとなれば、それを高く評価するのは当然である。しかし、少なくとも分権一括法の施行を契機に、自治体の事務処理が激変するとは考えにくい。それを自治体関係者の力不足のせいにすることも可能ではあるが、改革そのものに限界があったことも率直に評価すべきであろう。

分権委員会の努力と成果は、確かなものがあった。だが、中央集権は、なお厚い壁に囲まれている。

（1）天川晃氏は、明治期を強い〈融合〉型、戦後を弱い〈融合〉型としている（天川、一九八六：一一八頁）。しかし、西尾勝氏のいうように（西尾、一九九〇：四〇三〜四二八頁、もしくは西尾二〇〇七：一三〇頁）、いまなお、集権・融合型が残っていると考えるべきであろう。
（2）これに対し、二〇〇七年四月から施行された地方分権改革推進法の分権推進施策は、権限移譲に加えて、「地方公共団体に対する事務の処理又はその方法の義務付け」及び「地方自治法第二百四十五条に規定する……関与」の「整理及び合理化その他所要の措置を講ずるものとする」（第五条第1項）となっている。
（3）二〇〇五年、厚生労働省（以下「厚労省」という）と自治体関係者によって設置された「生活保護費及び児童扶養手当に関する関係者協議会」において、厚労省は、現業所員の配置基準が緩和されたことで自治体ごとに生活保護の運営に大きな差異が生じていると主張した（同協議会『第二回会議（〇五年五月二七日開催）厚労省提出・資料三』五頁では、指定都市等において現業所員の充足率が不足し、保護率が上がったと主張する）。
（4）具体的規定がないからか、地制調は、これまで「機関委任事務という概念」と記述してきた。第二〇次地制調答申（一九八六年二月）は「機関委任事務についても……基本的にはこの概念を廃し」、第二四次地制調答申（九四年一一月）も「機関委任事務という概念を廃止する」と記述している。
（5）機関委任事務については、議会の検閲検査権（自治法第九八条）、監査請求権、監査委員の監査（同法第一九九条）は対象となったが、大臣の指揮監督権の内容の当否は行えないと考えられていた（長野、一九九五：三〇〇頁）。
（6）分権委員会第一次勧告「Ⅱ機関委任事務制度の廃止」より。自治体における機関委任事務を調査したものは少なく、（辻山・加藤、一九七八）ぐらいである。ただ、神奈川県自治総合研究センター研究チームの主要事務事業調査（『指定都市と県』一九九〇年）では、機関委任事務はもっと少なかったという。
（7）旧自治省筋も、機関委任事務であるか否かの判断がむずかしいことを認めていた。「法令にこのような（「普通地方公共団体の長が行う」：筆者注）規定がある場合においては、当該法令全体の趣旨、規定の仕方、当該事務の性質、当該事務の最終的責任の帰属等を検討して、『団体事務』か、『機関委任事務』かを判定することが必要である」（長野、一九九五：四二一頁）。

(8)公益法人は公益法人改革のため一時法定受託事務となったが、最終的には自治事務となった。また、特定非営利活動法人については、法制定は一九九八年三月、施行は同年一二月であった。
(9)(西村ほか、六〇五号(一九九八年四月):五二頁)。この分権委員会事務局の分析によれば、法定受託事務と自治事務の割合は、四〇・九%対五九・一%である。これは、分権委員会の四次にわたる勧告の事務区分を総合計したものである。実際には、その後、分権計画、分権一括法と、事務区分の対象とされた機関委任事務そのものが増えた。分権一括法段階では、機関委任事務を規定する四三二法律のうち、自治事務二九八件、法定受託事務二四七件とされている(地方自治制度研究会編、一九九九:三三頁)。
(10)義務教育の教科書採択が社会的問題となっているが、都道府県教育委員会の市町村などに対する指導助言や採択地区の設定は、都道府県教育委員会の自治事務である。
(11)北村喜宣氏は、法定受託事務の中に国家利害に大きく関わる本来的法定受託事務と地方の利害のほうによりウェイトが置かれる非本来的法定受託事務がある(北村、二〇〇四:九一頁)と指摘しているが、同様の趣旨と思われる。
(12)自治法上は、自治事務に対しても、代執行も「できる限り、……要することとすることのないようにしなければならない」(第二四五条の三第2項)となっているにすぎない。法律で、他の法律をしばることはできないからだという。ただ、想定はされていない(地方自治制度研究会編、一九九九:一〇九頁)。
(13)佐藤竺(成蹊大学名誉教授)氏を呼び掛け人代表とする「分権型システム確立のために地方分権一括法案の見直しを求める研究者の声明」が、二五六名の賛同者を集め、一九九九年五月一〇日に発表された。「自治事務における是正改善義務」の削除、「自治体議会の議員定数」の上限統制の排除などを内容としている。
(14)野田毅自治大臣答弁「地方公共団体の行財政の運営が混乱し、停滞をして、著しい支障が生じているような場合に、国等が何らかの形で関与することが必要だと考えた」(質問者・峰崎直樹参議院議員『参議院本会議(一九九九年六月一四日)会議録二九号』四頁)。
(15)「自治事務に対する是正の要求については、地方公共団体の自主性及び自立性に極力配慮し、当該事務の処理が明らかに公益を侵害しており、かつ、地方公共団体が自らこれを是正せず、その結果、当該地方公共団体の運営が混乱・停滞し、著しい支障が生じている場合など、限定的・抑制的にこれを発動すること。なお、是正改善のための具体的な措置の内容は地方公共団体の裁量に委ねられているものであり、国はこの地方公共団体の判断を尊重すること」(参議院行財政改革・税制等に関する特別委員会、一九九九年七月八日附帯決議)。

(16) 行革審は、第二臨調以降、三次にわたってつくられている。正式名称は、すべて臨時行政改革推進審議会である。

(17) 『朝日新聞』一九九三年九月一五日朝刊には、「『地方分権法』制定の方針　第三次行革審で細川首相表明」という見出しの記事がある。

(18) ほんの一例として、保健所長の医師資格について全国保健所長会をはじめ多くの団体が反対を始めた後、「厚生族議員の政治家たちが策動を始め、最後には厚生族のドンといわれていた橋本首相の口から『保健所長はやはり医師でなければうまくいなかい』という発言が飛び出した」という(西尾、二〇〇七：三二頁)。

(19) その際、自民党議員から出された意見は、市町村への権限移譲、首長の多選禁止、市町村合併の推進の三点だったという。詳しいやり取りは(西尾、二〇〇七：三八～四一頁)。

(20) 平成の大合併の経過については(島田、二〇〇三a、b)。

(21) 正式名称は、「日本国とアメリカ合衆国との間の相互協力及び安全保障条約第六条に基づく施設及び区域並びに日本国における合衆国軍隊の地位に関する協定の実施に伴う土地等の使用等に関する特別措置法」(昭和二十七年五月十五日法律第百四十号)。

(22) 第三次勧告では、①地方事務官の身分および関係する事務の見直し、②駐留軍用地特別措置法に基づく土地等の使用・収用に関する事務、③駐留軍等労務者の労務管理に関する事務の三課題を扱ったが、そのいずれも事務の基本を国の直接執行とするというものであった。

(23) 分権委員会に出席した大田昌秀沖縄県知事の発言(分権委員会『第一五一回(一九九七年七月二八日開催)議事要録詳細版』一三～一四頁)。

(24) ただし、大田知事が代理署名を拒否したのは、少女暴行事件がきっかけではなく、一九九五年春に出されたジョセフ・ナイ米国防次官補による「東アジア戦略報告」を読んだことだったという。そこには、アジア太平洋地域の米軍体制を将来的に維持することが書かれていたという(大田、二〇〇〇：一五九頁)。
(25) 前掲(23)、一九頁。
(26)『沖縄タイムス』一九九七年九月三日、「西尾勝(行政関係検討グループ)座長インタビュー」を要約した。
(27)『毎日新聞』一九九七年八月八日。なお、記事によると防衛施設庁が内々、内閣法制局に打診した、とある。
(28) 村山富市氏自身の証言がある。「日米安保再確認の作業については、外務、防衛の担当者から報告を受けていた。……日米安保が軍事的に強化されるということについては、正直言って、荷が重過ぎるという気持ちを持っていた。……安保が退陣の最大の理由ではなかったが……その後の政治課題を考えた時……年末あたりから退陣のことを考えた。沖縄問題については、ずっと気になっており、後任の橋本さんには、心をこめてよろしくお願いした」(大田、二〇〇〇：一九六～一九七頁)。
(29) 諸井虔分権委員会委員長が、普天間基地問題で橋本首相と大田知事との仲介役を果たしたことが、諸井氏自身の証言として記録されている(大田、二〇〇〇年：二〇四頁)。
(30) 第三次勧告直前の一九九七年八月二九日の会議で「駐留軍の関係はつらいですけれども、こう整理するより仕方がないんだろうなということは私も思います」とある(分権委員会『第一五四回(九七年八月二九日開催)議事要録詳細版』一一頁)。
(31) 専門委員は、都道府県収用委員会の裁決という法定受託事務に、職務執行命令訴訟という裁判を経て代執行するという一般ルールを適用せず、総理大臣がいきなり代行裁決できることとしたことに、「第一次勧告の……体系を自ら破ることになる」「到底納得できない」と主張している(分権委員会『第一五六回(一九九七年九月一一日開催)議事要録詳細版』一～八頁)。
(32)「いわゆる機関委任事務……は、……条例の制定し得る範囲に属しないことはいうまでもない」(長野、一九九五：一二九頁)。
(33) 野田自治大臣答弁「法定受託事務につきましても、法令の明示的な委任を要さないで条例を制定できるようになったということであります。ただ、実際には、法定受託事務については、法律や政令などでその処理の基準が定められている場合が多いわけでありまして、結果的に、条例を制定しなければならない余地というのは少なくなるであろうということは想像されます」（質問者・西川太一郎衆議院議員『衆議院行政改革に関する特別委員会（一九九九年五月二六日）会議録五号』一〇頁）。

（34）中間報告には、正確には、地方公共団体の自治責任に関連して「条例制定権の範囲が飛躍的に拡大」することと（第一章Ⅱ）、条例制定の範囲が拡大することを前提として国による「条例無効確認争訟」の導入の検討を行うこと（第二章Ⅴ）だけ記述された。

（35）「委員会が機関委任事務制度の廃止を検討する過程で、いくつかの関係省庁から機関委任事務制度の廃止により、地方公共団体が法律で定められた規制に『上乗せ・横だし』をすることが自由になり、事務処理の全国的統一性や公平性を欠くことになるとの主張がなされた」（西村ほか、五九一号（一九九七年二月）：四一頁）。

（36）分権委員会が第一次勧告に向けた「たたき台」として一九九六年一〇月三日に公表した「機関委任事務制度の廃止に伴う事務の整理及び国の関与に関する考え方」において「（条例・規則制定権は）自治事務については、現行の団体事務と同様の考え方をとるものとする」とある。ただし、第一次勧告にこの文言はない。

（37）分権委員会『第七〇回（一九九六年九月三〇日開催）議事要録詳細版』一二頁。

（38）西村ほか、六〇一号（一九九七年一二月）：四二頁。

（39）末宗、一九九八、山口英樹、一九九八：二一頁。

（40）「条例が法律に違反しさえしなければ、法律に基づく政令、府令、省令等の命令に違反することを問わぬとすることは、法秩序の全体の構成からして到底認められぬ」（長野、一九九五：一一八頁）。

（41）条例制定権をめぐる省庁との折衝は表面化しておらず、前述した一九九六年一〇月三日の「たたき台」の条例制定権の記述は委員会として初めて考え方を示したものであった。

（42）自治事務（団体委任事務）についての自治体から省庁への問い合わせ事例として、次のようなものがある。「保育所の入所措置費の徴収方法」について、自治省に対して問い合わせが行われており、自治省は「同条（児童福祉法五六条）に直接根拠をもつ負担金であり、市町村長限りでこれを定め徴収しうるもの」と回答している（昭和四四・三・一三自治行第三〇号）。このため、保育料については多くの自治体が条例化していない。

第3章

第一次分権改革への自治体の対応

第一次分権改革は、国と自治体との関係を上下・主従から対等・協力の関係へと転換したとされる。機関委任事務制度の廃止をはじめとした、この大きな制度改革は、自治体にどのような影響を及ぼしたのであろう。

分権一括法は、一九九九年三月二九日に国会に提案され、七月八日に成立。一六日に公布され、その後、わずか九カ月後、二〇〇〇年四月一日に施行されている。四七五本の法改正があり、これに伴って、すぐに政省令の改正、通達の廃止、通知の改正が行われることになっていた。項目にすれば、数千項目にのぼる。変更があったものは、これにあわせて、自治体の関連事務の条例と規則、運用を翌年四月一日までに変えなければならない。このため、自治体関係者にとっては、ほとんど「分権騒動」ともいえる状況が発生した。騒動というのは、つまり、大仕事ではあるものの、あくまで一過性のものということであり、そう受けとめられる側面があったということである。

筆者は、分権一括法が公布されてから施行されるまで、全国いくつかの自治体を歩いてヒアリング調査を行った(1)。また、その後(〇一〜〇二年)、複数の研究者と自治体(横須賀市)の協力を得て、第一次分権改革の影響調査を行った。第一次分権改革が自治体にどのように受けとめられていったか、法施行前の準備状況、直後に起こった事例、さらに一年以上経過した後と、順に見ておくことにしよう。

1　法施行に向けての「条例整備騒動」

（1）莫大な条例改廃と政省令の遅延

分権一括法は、二〇〇〇年四月一日に施行された。同じ日にスタートした介護保険に比べて、じつに静かな幕開けと表現されたものである。分権一括法によって四七五本もの法改正が行われていたというのに、いったいどういうことであろう。

全国の自治体は、一九九九年一二月議会と二〇〇〇年の二、三月議会（自治体予算についての議会は、都道府県は二～三月、市町村は三月に開催される。以下「三月議会」という）で、法改正に伴う条例の新設・改廃審議を行った。地方六団体の調査によれば、関連する条例の改廃は、都道府県で平均六九、中核市三四・六、特例市二一・四、一般市二〇・二、町村一五・八、特別区八・六（すべて全国平均）であった。[2] これだけでほぼ一年分の条例改廃に匹敵し、空前絶後といってもよいほどの膨大な量であったことはまちがいない。

最初に結論を述べておこう。全体として、このときの条例改廃は単なる法制上の技術的な変更にすぎなかった、というのが筆者の評価である。言い換えれば、違法な状態にならないよう最低限の条例・規則の改正を行っただけだったということである。その原因は、二つあったと考えられる。

一つは、法改正に伴って行われた政省令と告示の改正が大幅に遅れたことである。分権一括法は九九年七月一六日に公布されたわけだが、これに関連して一〇〇〇以上の政省令を改正する必要が生じた。[3] 当初、これらの公布は九月ごろまでに行われる予定であった。たとえば、手数料条例を制定して金額を変更する必要が生じた場合、最低三カ月程度の告示期間が必要であり、遅くとも一二月の自治体議会で審議するしかないと考えられたからである。ところが、実際に手数料に関わる政令（いわゆる標準方式）が公布されたのは、翌二〇〇〇年一月二一日であった。

一方、政令による法定受託事務のリストが出たのは、なんと四月一日の施行日まで一カ月を切った二〇〇〇年三月三日である。省令に至っては同日現在、半分も出ていなかった。条例や規則は、一般に法令、すなわち、政令、省令、告示に違反できないと考えられている。このため、政省令が公布されないと自治体側は作業ができない。じつはこのころ、中央省庁は、翌〇一年一月の省庁統合に向けて、省庁間で熾烈な駆け引きを演じていた。省庁はおそらく、その作業を優先し、分権関係の政省令作業を後回しにしたのであろう。
もう一つの原因は、自治体、とくに町村において条例の改廃作業に精通した人材が少なかったことである。これまで、市町村において一度にこれだけの条例改廃を必要としたことはなかった。また、直接的な改正が少ない場合も、最低限、条例・規則全体の横断的な検証が必要であった。このため、多くの自治体が条例改正そのものを民間委託したというのである。[4] 時間的制約があったとはいえ、このような自治体の対応は、改革の基盤を根底から揺るがしかねないものであったことは確かであろう。[5]

(2) 望まれた自治体の改革姿勢

第一次分権改革の最大の成果は、機関委任事務制度の廃止である。同制度は、国と自治体を上下・主従の関係とする根幹的制度といわれていたのであり、制度の廃止が、対等・協力関係の確立に向け、第一歩を築くだろうと考えられた。機関委任事務制度を廃止したことに対し、このとき自治体は具体的に、どのような対応を求められていたのだろう。

第一は、地方分権にふさわしい条例と規則の制定、改廃である。これらは、分権一括法の施行にあわせて行わなければならない。機関委任事務制度は、自治体の首長を国の機関として位置づけて「国の事務」を執行させる仕組みであったので、執行の根拠の一部を「機関委任」されていた首長の定める「規則」においていた。第一義的には、この首長の定める規則を条例化する必要が生じるはずであった。しかも、自治事務と法定受託事務のいずれの事務も国の事務ではなく「自治体の事務」になったことから、少なくとも機関委任事務のように事務の性格から即、条例制定ができないことはなくなるという状況もあった。

第二は、国と自治体、都道府県と市町村の新たな関係をどうつくりあげるかという課題である。明治以来、一〇

○年以上続いた関係を変えようというわけだが、じつは、作業過程にこそ、両者の関係が明確に現れる。法施行にあたっての過程そのものも、対等・協力の関係で行われる必要があったのである。果たして、明治、戦後に続く「第三の改革」(分権委員会「中間報告」)にふさわしいものになっていたのだろうか。

第三は、改定にあたって、自治体の説明責任を果たしたかである。第一次分権改革によって、自治体は国の拘束から解放される一方で、住民や社会全体に対して判断の根拠、理由を示していく責任が生じる。これまでのように、「国や県が言っているから」という説明ではすまない。

以上の点から、この条例規則の改廃作業を検証してみよう(以下、自治体からのヒアリング部分については、一五〇頁注(1)参照)。

(3) 法施行に関する自治体の課題

緊急を要する当面の課題は、分権一括法施行にあたっての自治体法規の改廃である。全体はあまりに大量で複雑なので、主要な問題だけを取り上げることにしよう。①法律改正のため根拠となる法律の規定が削除もしくは改正され、直接的に条例の新設・改廃を必要としたもの、②機関委任事務制度の廃止に伴う規則の条例化(手数料を除く)、③手数料の条例化、④条例による事務処理の特例(自治法第二五二条の一七の二)、⑤権限移譲の五点である。

法律改正のため直接的に条例の新設・改廃を必要としたもの

第一は、事務そのものが廃止されたり、条例に引用している法律の条文が変更されたりしたものである。以下、いくつか特徴的なもののみ取り上げる。

事務そのものが廃止されたケースは、多くはない。たとえば、勤労青年に市町村が学習機会を提供していた「青年学級」は役目を終えたとされ、分権一括法で法律（青年学級振興法）そのものが廃止になった。同様に必置規制の見直しとして、法律による名称規制の弾力化や任意設置化が、都道府県・市町村合わせて四七項目あった。環境審議会などの審議会名称が弾力化され、福祉事務所の人員配置基準、図書館長の資格も弾力化されている。しかし、自治体の担当部署に問題意識がないところでは、単なる条例上の文言変更だけに終わっている(6)。

多少大きな変更になったのは、社会保険事務が国の直接執行になったことに伴う、市町村の国民年金事務の変更である。それまで、国民年金事務は、国の事務でありながら市町村の仕事であった。住民基本台帳と照合して住民が二〇歳になると資格取得の通知を送り、届出を受け付け、年金手帳を交付し、保険料の印紙の検認（計算しチェック）を行っていた。

保険料を印紙で支払わせ、自治体職員が検認するという面倒な作業をなぜ、行っていたのか。それは、国の会計法によって、市町村は国の債権を現金で受け取れなかったためである。関係する市町村職員は、全国で約一万二〇〇〇人、専任徴収員も二〇〇〇人近くいた。これらのうち、手帳交付事務が二〇〇〇年四月から国になり、その後〇二年まで収納事務などは市町村で行われていたが、現在では変更の届出事務などしか残っていない。

市町村にとっては、仕事を廃止すればよいので、それほどむずかしくはない。しかし、社会的には、保険料収納率の極端な低下となって現れた。それまで、一万数千人もの職員が携わり、国民年金の納付組織も町内会・自治会などでつくられていた。地域にしがらみのない国の職員が担当したことで、納付率が下がったと批判された。もっとも、市町村税の徴収率も低下しているから、身近な職員が徴収すればよいという問題ではない。納付率低下の主因は、担当する職員数の問題である。国が直接担うなら、徴収担当職員を増やすしかなかったのである。

事務処理に関わる問題ではないが、議員の定数条例も法改正によって制定が必要になった。これまで法定であった自治体議員の定数を、条例で定めることになったのである。問題は、改正法の定数の上限がこれまでより二割程度少なかったことである（国会審議では、この事実上の定数削減について、「条例化」といいつつ、実際は分権化でなく議会弱体化であるという視点から批判があったが、自治体議会からは反論がなかった）。これより以前に、大半の議会は減数条例を制定して法定数より減らしていたものの、中には定員を減らす条例を提案しなければならない議会が出てきていた（全国で一〇九。ただし、条例施行は〇三年一月一日以降の選挙時ということであった）。対象の自治体は定数を変えなければ違法となるため、執行機関サイドから条例提案が行われる可能性もあったが、市議会議長会が呼びかけたため、大きな問題とはならなかった。

機関委任事務制度の廃止に伴う規則の条例化（手数料を除く）

第二は、機関委任事務制度の廃止に伴うものであり、これまで規則で定めていたものを条例化するかどうかであった。論点の一つは、自治法が「義務を課し、又は権利を制限するには……条例によらなければならない」（第一四条第2項）としているため、その範囲をどう考えるか、であった（条例の侵害留保の原則）。条例化の範囲を狭くとる考え方もあるが、本来は、住民の権利義務に関わるものはより民主的な過程を保障し、条例化して自治体議会の議論を尽くすということであろう。住民に直接関わることであるから、できるだけその範囲を広く考えるのが筋である。

ところが、実際には条例化しなかった自治体が大半であった。自治省や東京都も「多くの場合、条例化は必要ない」[7]という見解である。また、規則で住民に義務を課してもよいという解釈すらあり[8]、条例化しなくても違法ではないと考えられたことも、条例化の流れを止めることになった[9]。

具体的な課題は、福祉に関わる費用徴収や公の施設の管理のあり方（施設許可の取消や道路占有許可）などである。金額（福祉関係は後述する）や許可条件など小さなことではあるが、条例化すれば、議会の議論の大切さを住民が理解する良いチャンスであった。自治体施設を本当に住民のものにするとしたら、施設での飲酒や宿泊も議論の対象となる。要は問題意識である。

条例に過料という罰金が新設されたことも、いくつかの条例改正を必要とした。行政罰である過料は、これまで原則として規則でしか定められなかったが、条例でも定められないと不釣り合いが起こることから改正された(自治法第一四条第3項)[10]。この点、住民への周知期間がなかったのは問題である。いくつかの市町村は三月末に公布して四月一日から即施行し、一〇日の法定期間(同法第一六条第3項)すら設けなかった。

このほか、保健所、税務署、河川管理事務所などの特定の行政機関を設置する場合も、規則ではなく条例で行うことが必要になる(自治法第一五六条)。河川や海岸、法定外公共物(いわゆる里道、普通河川)などの公共物の管理についても、規則ではなく条例化が必要となった(地方財政法第二三条。ただし、法定外公共物に関する法施行は〇五年四月。市町村は、〇四年三月末までに手続きを完了させる必要があるとされた)。

手数料の条例化

自治体をもっとも手こずらせたのが手数料であった。規則で定められてきた手数料が、機関委任事務の廃止によって、すべて条例で定めるとされたからである(自治法第二二七条、第二二八条)。自治体の判断で条例によって金額を定める自由方式と、政令で標準が示される標準方式があり、都道府県ではじつに三〇〇項目を超えていた。しかも、標準方式の政令が国から公布されたのは、二〇〇〇年一月二一日である。

それまで自治体の手数料は、一つの自治体のなかでも「手数料規則(いくつかの料金を規則にまとめて規定)」「個別政令・規則(個別政令や規則に料金も規定)」「個別条例(個別条例ごとに料金も規定)」「手数料条例(いくつかまとめて条例で規定)」とそれぞれ根拠がバラバラであった。このため、一本の手数料条例とすることで一覧性を重視するか、個別条例に規定して個別事務との整合性を重視するか、という議論が起こる。さらに、国が一律に決めるのではなく自治体ごとに条例化するので、当然、金額の積算根拠が問題になった。仮に算定式が同じでも、自治体ごとに条件が異なるので、金額が同じになるわけではない。しかし、実際には、大半の自治体で、これまでと同じ根拠を規則から条例に移しただけだったようである。

自治法上の分担金、使用料、手数料には該当しないとされているが、住民からの費用徴収という意味で、保育料（市町村）や福祉施設入所者の費用（都道府県・市町村）の条例化問題がある。利用者に対して費用を課すという意味では、侵害留保の原則にも関わっている。長い間、これら住民からの徴収金を、自治体では規定上「負担金」という名目で規則によって決めてきた経過がある。これに対し、高等学校の授業料や公立病院の入院料は、自治法上の「使用料」（自治法第二二六条）として、条例で定めることになっている。

保育料や福祉施設入所料を条例化しない理由を、省庁は「応益主義ではなく応能主義が取られている」（古田、一九九九：一五二頁）ことや「根拠となる法律が長による徴収を認めている」などと説明している[11]。各省庁が出している文章では条例化そのものを否定したわけではないが、自治体からのヒアリングでは、このときなお厚生省の指導があったとする自治体が多かった。だが、自治体側にもそれを望む素地がある。仮に国負担分が変わって料金改定が必要となるような場合、条例審議は改定直前の三月議会になり、自治体にとって時間の余裕がない。しかも、値上げとなれば住民が反対し、議会は紛糾する。実務サイドからは、条例化の意欲がわかないというわけである。

この後、相当数の自治体が条例化を進めたようだが、まだ規則で徴収する自治体も多い。機関委任事務の手数料が条例化され、住民からの費用徴収は、ほぼすべてが条例で行われる時代である。自治体福祉行政における、しかもその根幹的事務だけ規則のまま残すというのは、いかにも異様である[12]。

条例による事務処理の特例

「条例による事務処理の特例」は、複雑な話である。都道府県は分権一括法施行以前も、それぞれ独自に市町村に「権限移譲」していた。実際には、「事務の委任」であって、自治法旧第一五三条第2項に基づくものであった。この条文は、機関委任事務制度を前提としていたため、分権議論の中で廃止の対象となる。分権委員会としては、都道府県から市町村への権限移譲を考える際、この条文が後押しになると考えていただけに、同様の根拠規定をなくすわけにはいかない。[13]そこで、新たに「条例による事務処理の特例」(自治法第二五二条の一七の二。以下「事務処理特例」という)という制度が新設されたというわけである(第二次勧告)。

新設された制度は、委任に際して、都道府県は市町村との協議は必要だが「同意を要しない」としている。[14]すでに市町村に委任されていた事務を継続する場合は、協議すら不要とされていた(分権一括法附則第一〇条第2項)。法令に基づく事務だけでなく、法令に基づかない都道府県条例による事務も、事務処理特例の対象となる。ただし、一般の都道府県条例の適用が異なる。委任されれば、事務は原則として委任された側(すなわち市町村)の自主的判断で運営される。したがって、事務処理に関わる条例、たとえば情報公開条例や行政手続条例は、都道府県の条例ではなく、市町村の条例が適用になる。

じつは、従前のこの都道府県から市町村への「事務の委任」は、市町村側の評判が悪かった。都道府県による費用負担が極端に少ないうえに、実施までのプロセスが一方的だからである。[15]「協議」といいながら、その様子を聞くと「電話で伝えた」(だけ)とヒアリングで話した県があったほどである。分権一括法の施行に際しては従来からの事務を列挙しただけの都道府県が多かったようであるが、都道府県側は、行政改革と分権改革(実は赤字財政)を旗印に、将来的には大量に事務委任を進めることがありうる。都道府県から市町村への事務の委任は、本来両者の役割がどうあるべきかという自治の根本課題につながっている。しかも、公正な費用負担、研修体制の整備など話し合うべき課題は多い。都道府県と市町村の対等な協議機関を各都道府県ごとに設立することが必要である。[16]

これに関連して、これまで都道府県の規則や要綱に基づいて都道府県が市町村に経由事務を行わせていた問題が表面化した。都道府県の補助金交付の窓口事務、建築確認の受理事務などが市町村で行われており、根拠が明確でない事務委任も相当な数にのぼっていたのである。[17] 当然、これら経由事務は廃止するか、条例化する必要があった。経由事務を仔細に検討した神奈川県のデータによれば、こうした事務は一四〇あり、このうちじつに八四事務を条例化し、県自ら行うこととした事務が一三、廃止した事務も八あった。神奈川県では、県庁内各部による調査を実施して、結果を市町村に配布し、改めてチェックもしていた。しかし、他の都道府県は、ここまでの対応はできていない。

しかも、この経由事務が、別の問題を浮かび上がらせた。たとえば、都道府県に権限を残したまま、窓口事務だけを市町村に委ねていた場合である。このような窓口事務には都道府県条例が適用されるため、窓口で納められる手数料は市町村の歳入歳出外現金となり、市町村は予算にも決算にも出てこない仕事をすることになる、というのである。東京都はこれまで、福祉資金の貸付事務、学校教職員研修費など多くの事務を市町村に委任している。その中には、一般住民に対する「債務の督促」（つまり貸し付けた金を督促する仕事）を規定している事務さえあった。

国と都道府県との関係では、分権一括法によって、単なる出先機関的な事務は国の直轄事業とするか、もしくは廃止する措置がとられている（前述の国民年金事務など）。また、都道府県が行うべきとされる事務から、「統一事務」もこの改革で削除された（自治法旧第二条第６項）。[18] 都道府県と市町村は名実ともに対等関係として再構成されたはずなのに、実際は旧態依然なのである。[19]

（4）国と自治体、都道府県と市町村の新たな関係

法改正にあたっての行政の手順といえば、これまで一般に、国から通達が出され、自治体で条例制定が必要であれば、省庁が「条例準則」を出すというものだった。並行して、省庁主催の都道府県担当部長会議が開催され、さらに都道府県で市町村の担当者会議が開催され、実施にあたっての詳細な説明が行われた。まるで、上部機関が下部機関に命令を伝達するようなものである。国が企画立案し、自治体はただ実施するという関係の、まさに象徴である。分権一括法についての法改正は、どうだったのだろう。対等・協力の関係にふさわしい作業で進められたのだろうか。

分権一括法についても、法公布直後の九九年七月二三日に自治省主催の説明会が行われ、その後順次、各省による担当者会議が行われていく。しかし、条例準則は自治省が事務処理特例について参考例を示したほかは、省庁から示したものはほとんどなかった[20]。分権一括法による法改正は、特定分野の条例・規則を直せば済むような問題ではなく、自治体としての横割り機能が発揮できるかが課題である。かつてであれば、自治省が答えたのかもしれない。だが、それは国の解釈（自治省解釈）を一方的に伝えるだけになるので、分権時代にはふさわしくない。

分権一括法の際にとられた手法は、地方六団体が設置した地方分権推進本部（九五年八月発足）が、自治体からの質問のとりまとめを行い、各省庁に照会し、ホームページを開いてインターネットで情報提供するというものだった。その回答や情報提供に地方六団体としての個性がどれだけ現れていたかは分からないが、そうした体制がつくられたこと自体、重要である[21]。いったん、自治体間で意見交換する仕組みが必要なのである。地方分権推進本部は臨時的組織であったが、この体制づくりは評価できる。

一方、都道府県と市町村の関係はどうだったのだろう。都道府県によって対応が大きく異なっていたようである。

神奈川県は県内市町村に対し、施行一年前の九九年三月に分権一括法案の説明会を開催し、五月に対応のための手引きを作成、八月には丁寧な作業マニュアルまで作成して説明会を開いている。福岡県も説明会を四回開催した。一方、岡山県は八月に一度説明会をしただけ、東京都にいたっては一度も説明会を行わず、なんと二〇〇〇年一月末になってパンフレットを作成しただけである。

市町村側の対応も、じつにさまざまであった。鳥取県ではブロック(東部、中部、西部の三ブロック。これに日野、八頭《やず》を加え、五ブロックということもある)ごとに対応が異なり、ほとんど民間委託したブロックがあった一方、あるブロックは一自治体のみ民間委託し、ほかはそれを参考に改正。まったく民間委託せず改正作業を行ったブロックもあったという。これはブロックの町村会機能の違いであったと推測されていた。神奈川県では前述のように相当しっかりとした説明会が行われていたが、それでも四町が民間委託したという。東京都では担当者同士の情報交換だけで、組織だった動きがまったくなかったという。この結果、市ですら民間委託したところが二市あったと聞いた。多くの市町村が民間委託した背景には、都道府県と市町村に協力関係が成立していなかったことがあるだろう。

加えて、都道府県が相変わらず縦割りであったことが、市町村の対応がさまざまであった原因の一つとして考えられる。都道府県において条例規則の改正を担当するのは総務課の法制担当であるが、市町村に呼びかけるのは市町村課(石川県や福岡県のように、地方課の名称が残っている県もある)の仕事である。個別事務の法改正担当は、すべて各課に分かれている。都道府県が市町村にまとまった説明会や勉強会をほとんど組織しなかった一方で、各課から法改正の情報が市町村に流れた。分権時代なのだから自分でやれ、というのは基本的に正しいし、あまり丁寧にやると自立しない。とはいえ、正確で詳細な情報を提供し、各課の対応に矛盾が生じることのないよう調整するのは、都道府県の役割のはずである。

（5）自治体の自律した判断機能の確立

分権一括法に関わる条例や規則の改正にあたり、自治体は住民に対してどれだけ説明をしただろうか。残念ながら、ほぼ完全に庁舎内の作業にとどまったようである。現実問題として、前述のような時間的制約の中では、ほとんど不可能であったとは思う。しかし、それでもなお、まったく住民参加を保障しなかったこと、ましてや住民に知らせなかったことは、問題である。

手数料や義務を課すか、もしくは権利を制限する規定のあり方、過料の規定は、いずれも住民に直接関わる課題であり、本来は意見を聞く機会を設けるべきであった。手数料や過料の告示期間がないことは初めから分かっていたが、それでも値上げした自治体があったことは驚きである。住民にまったく説明なしで条例を改正するのは、自治の確立という地方分権の本質を見誤っている。

また、条例・規則の改正について分かりやすい資料がつくられていないことも問題である。条例の新旧対照表をつくっていない自治体が多い。ましてや、規則の内容を条例に移した場合、つまり従来の規則を廃止して、その内容を新たに条例を制定して規定した場合、前の規則の規定内容がまったく分からない。条例で規定する内容が従来のものと変えられていても、一般の人は分からない。そのような資料で、説明責任が果たせるといえるのであろうか。自治体議員は、いったい何を題材に議論していたのだろう。

以上のように、分権一括法の施行過程にみる自治体側の取り組みについては、地方六団体のそれは、国と地方との対等・協力関係に見合う新たな手法という意味で、合格点といってよかったが、そのほかは都道府県の市町村への対応、制定された条例の中身、住民への説明不足など反省すべき点がたいへん多かったというのが、筆者の評価である。

2　分権一括法施行直後の分権効果

その後、地方分権の効果は現れたのであろうか。二〇〇〇年四月に地方分権一括法が施行され、半年あまりの間にどのような変化が現れたかを考察してみよう。

じつは、一般には、何も変わっていないと思われていた。政治や行政が大騒ぎした割には、人びとにはほとんど影響がない。変化が分かりにくいのは、第一次分権改革そのものが理論的・抽象的であったため、各地で一般に効果が見えるまでに時間がかかるからである。

分権一括法の目玉は機関委任事務制度の廃止であったわけだが、これもそう簡単に効果が出るものではない。制度が廃止されたといっても、これまでどおり法令は国がつくり、事務は地方公務員が処理している。自治体がことさら国の示す方針と異なる運用をしようとしないかぎり、仕事内容も何も変わらない。とはいえ、改革の影響が全然ないかといえばそれは違う。以下、二つの事例をみることにしよう。

（1）政治資金収支報告書のコピー解禁へ

まず、情報公開制度に関わる話題を取り上げよう。一九九九年に情報公開法が制定され、〇一年四月から施行の運びとなった。これにあわせて、都道府県の情報公開条例の改正が行われていく。それが地方分権の法律改正作業と重なり、都道府県ごとに規定と解釈に違いが生じた。

その一つが、政治資金規正法が定める政治資金に関する収支報告書（以下「収支報告書」という）のコピー問題である。政治家の政治資金は、政治資金規正法によって、収支報告書が国と都道府県の選挙管理委員会に保管されている。この収支報告書は同法によって誰でも閲覧できるとしているのに、国からの通知で都道府県はコピーを禁止していた。ところが、二〇〇〇年八月、大阪府がコピーを解禁する（『朝日新聞』八月一九日）。

収支報告書が公開されているのは、政治腐敗を防止する目的で政治資金の流れを公開するためであるが、実際にカネの流れを検証するのはむずかしい。国会議員の場合、いくつもの政治団体をもっているし、収支報告書の提出先は政治団体ごとに各都道府県選挙管理委員会（以下「選管」という）に分かれている。中央と各選管の収支報告書をすべて見なければ、全体像は把握できない。膨大な情報をコピーもせずに照合することは、現実には不可能だった。収支報告書のコピーを禁止することで、制度の本来的機能を運用によって事実上、封じ込めていたのである。この点は以前から問題が指摘され、裁判まで行われたが、分権一括法施行前はコピーが許されることはなかった。[22]

それがなぜ、大阪府で解禁されたのか。それは、分権一括法によって、都道府県に法律を独自に解釈する余地が生まれたからにほかならない。ただし、話は単純ではない。

これまで各都道府県の選管が独自の解釈をできなかったのは、「収支報告書等の保存及び閲覧」（政治資金規正法第二〇条の二第2項）の事務が機関委任事務であり、自治省が「コピーできない」という通達を出していたからである（自治省選挙部政治資金課長名・事務連絡「政治資金規正法関係質疑集」八五年五月二四日付）。この「収支報告書等の保存及び閲覧」事務は、分権一括法でも「法定受託事務」に区分されている（同法第三三条の二）。このため自治省は、都道府県に対し新たに「処理基準」を出し、改めて収支報告書について「複写機又は写真機により写すこと、写しを交付することは認められない」という解釈を示していた（「政治資金規正法に基づく都道府県の法定受託事務に係る処理基準について」二〇〇〇年四月一日付）。分権一括法ができても、国はコピーをさせないハラだったというわけである。

一方、大阪府は、情報公開条例（二〇〇〇年六月一日改正）の第九条によって、法律に関わる文書のうち「公開してはならない行政文書」(同条第二号)があることを認めている。しかし、それは「法律又はこれに基づく政令」の「明文規定を根拠として発した指示」であることが必要である、とした(「大阪府情報公開条例解釈運用基準」より)。つまり、大阪府は、自治省の処理基準は「明文規定を根拠として発した指示」ではなく、従う義務はないと判断し、公開に踏み切ったのである。

ところが、その後神奈川県で同様の請求を行ったところ、コピーが許されなかったという(『朝日新聞』二〇〇〇年九月二七日)。どうして、このような差が生じたのであろう。

神奈川県は、「非公開情報」を、情報公開条例(二〇〇〇年三月二八日改正)で「地方自治法第二四五条の九第1項の規定による基準……により、公開することができない情報」(第五条第七号)と定めている。この「地方自治法第二四五条の九第1項」こそ、法定受託事務の処理基準にほかならない。神奈川県の情報公開条例では、国の出す「処理基準」に記述があれば、解釈の余地なく公開できないというわけである。

大阪府の判断は、地方分権の時代にふさわしい解釈であり、一歩前進といえるであろう。しかし、もっと進んだ条例もある。宮城県の情報公開条例(九九年七月一日改正)は、非開示情報を、ただ単に「法令の規定により公開することができないとされている情報」(第八条第一号)と規定している。国の処理基準や、場合によっては指示すら拒否して公開できる、規定ぶりなのである。ただ、欲を言えば、「法令」よりも「法律又はこれに基づく政令」とするほうがもっとよいだろう。「法令」は、法律と政令だけでなく省令や告示も入る余地があるからである。

(2) 自治体の行う大型店舗出店規制

もう一つは、大型店舗の出店規制に関わる問題である。規制緩和の目玉として、二〇〇〇年六月から大規模小売店舗における小売業の事業活動の調整に関する法律(大店法)が廃止され、大規模小売店舗立地法(以下「大店立地法」

という)が施行された。これによって、各地で大型店の出店が増えると予想された。ただでさえ、地方の商店街はシャッター通りと揶揄され、存亡の危機に瀕している。全国の自治体が、地元商店街振興に頭を悩ましていた。

こうした中、東京都杉並区が二〇〇〇年七月に施行した大型店の出店・営業規制条例が話題になる。この条例がつくられたのは、安売りで若者に人気のある量販店「ドン・キホーテ」が環状七号線沿いに出店したことがきっかけであった。この店は午前一〇時から午前六時までの二〇時間営業である。都心や郊外にある系列店では、深夜・早朝まで路上駐車が絶えず、問題になっていた。杉並区でも周辺住民から出店反対運動が起こり、九九年九月、区議会で出店計画の白紙撤回を求める意見書が採択される。そこで杉並区は、大・中規模店舗の出店・営業を規制する条例(正式名称は、特定商業施設の出店及び営業に伴う住宅地に係る環境の調整に関する条例、以下「杉並区条例」という)を制定した。

大店立地法が一〇〇〇㎡以上の店舗を対象としているのに対し、杉並区条例は五〇〇㎡以上の大型店舗、深夜営業する場合は三〇〇㎡以上の店舗も対象にしている。そして、店舗から二〇〇メートル以内に住んでいる住民が意見書を出した場合、事業主に協定の締結を義務づけ、事業主がこれに従わない場合、区長が営業中止を求めることができる。

大店立地法は第一三条で、自治体が「地域的な需給状況を勘案」して施策を講じることを否定している。これを根拠に、杉並区条例に対して、東京都がクレームをつけたという[23]。

仮に、東京都や国が杉並区条例に反対し、区の「営業中止の求め」を止めようとした場合(自治法第二四五条の五「是正の要求」)、区側がこれを争おうと思えば、「自治紛争処理委員」(区と東京都が争う場合)か、「国地方係争処理委員会」(区と国が争う場合)に申し出ることになる(第4章参照)。杉並区条例は、大店立地法にいう「地域的な需給状況を勘案」するものではなく、住宅地の「環境の調整」を目的とし、特定近隣住民との利害調整に限定していること、規制対象も飲食店を含めていること、あくまで事業者への協力要請であることなど、東京都や国と争う余地は十分にあった。さらに、この事務は自治体の自治事務であり、東京都や国が関与すれば、新しい自治法が第二条第13項で規定した「国による自治事務への配慮」に反しているという主張も成り立ったであろう。

実際には、東京都や国が「是正の要求」を発動することはなかった。そもそも発動できる状況になかったというのが、筆者の見解である。それは、分権一括法の国会審議において、自治大臣自身が発動要件の限定を明言していたからである。そこでは、「(自治事務にかかわる違法な事務処理は)まず地方公共団体のみずからの機関あるいは住民の手によって自主的に是正されるべきものであります。しかし、例外的に……当該地方公共団体の行財政の運営が混乱し、停滞をして、著しい支障が生じている場合に、国等が何らかの形で関与することが必要と考えたところであります」(傍点、筆者)(一〇四頁注(14)参照)と述べられている。条例は、地域住民の要望に基づいてつくられたものであり、店舗側もこれに従う方向にあった。なによりも、「著しい支障」など生じていなかったのである。

分権一括法施行の際、各省庁はほとんどの事務について、それまでの運用方針を変えなかった。一方、大半の自治体も、これまでどおりに運用しようと考えていたと思えなくもない。考えてみれば、これまでの事務処理・サービスに対して住民から特別なニーズや不満がないのに、ことさら自治体として特徴を出すのは無理なのかもしれない。

いずれの事例も、非常に些細なことと思われるかもしれない。だが、政治資金についてはこの後、国は処理基準を出し直し、コピー禁止部分を削除している(〇一年三月二六日)。さらに、政治資金のあり方そのものは、〇七年になって大臣たちの政治団体の金銭処理をめぐって、社会の注目を集めることになった。本来、政治資金規正法を改正してコピーできるようにすべきだという考えもありうるが、第一次分権改革以前のように情報公開制度によるコピーすら許されない状況で、果たしてこのような問題が明らかになったであろうか。

また、大型店舗の問題については、その後、福島県において大規模店舗の出店調整を旨とする商業まちづくりの推進に関する条例が〇五年に制定され、さらに〇六年にまちづくり三法が改正され、関係自治体の意見反映が図られることになった。成果は徐々にではあるが、広がっているといえるだろう。

3 自治体は第一次分権改革をどう受けとめたか——横須賀市の調査から

(1) 分権を進める横須賀市

分権一括法施行前の「騒動」を経て、施行から一年以上が経過したとき、自治体はどのような運営を行っていたかを見てみることにしよう。

筆者らが検証の対象として選んだのは、東京近郊の中堅都市、横須賀市であった。横須賀市は、神奈川県の南東部、三浦半島の中央部に位置し、人口は約四三万人である。二〇〇一年から中核市になっている。当時、沢田秀男市長のもと地方分権の推進を掲げ、分権一括法施行時には、徹底した条例化をはじめ、積極的な対応を行ったことでも有名であった(宇賀編著、二〇〇〇)。

筆者は、研究者らとともに、〇一年八月から約四カ月間をかけ、たびたび横須賀市を直接訪問して調査を行った(以下、詳細な調査結果については(北村編著、二〇〇二)[24])。対象とした行政分野は、衛生・福祉・都市の三分野で、手法は、職員アンケート(四六三名中三二四名回収)、調査票記入(九一事務)、ヒアリング(五三事務のべ六二名)と、三次にわたる。

表3-1　横須賀市の条例と規則の改廃

◎地方分権に伴い整備した条例数

区分＼提出	12月議会	3月議会	計
制定	0	24	24
改正	14	21	35
廃止	0	2	2
計	14	47	61

◎地方分権に伴い整備した規則等数

区分	規則等数
制定	26
改正	37
廃止	20
計	83

◎条例の制定・改正・廃止の要因事項

事項＼提出・区分	12月議会			3月議会			計
	制定	改正	廃止	制定	改正	廃止	
①権利義務事項の条例化に伴うもの		10		22	6		38
②手続き等一定の作為を求めるものの条例化に伴うもの		2		20	4		26
③手数料事項の整理に伴うもの		1		16	11	1	29
④占用料(使用料)の条例化に伴うもの				2	2		4
⑤徴収金の徴収に関する規則の条例化に伴うもの				1			1
⑥過料規定の見直しを伴うもの				3	6		9
⑦必置規則の見直しに伴うもの		1			1		2
⑧関与の見直しを伴うもの					1		1
⑨引用法令等の条項の改正に伴うもの		2					2
⑩その他		1			1	1	3
計	0	17	0	64	32	2	115

(注)同一条例を12月議会と3月議会で2度改正したものがある(障害者福祉センター条例)。
(出典)出石稔「地方分権時代の条例づくりに向けて」『自治総研』260号、2000年。

横須賀市は、分権一括法施行時に実に六一本もの条例改廃を行った(出石、二〇〇〇)(表3―1)。全国の中核市が当時行った条例改廃の平均は三四・六本であったから、倍近い数にのぼっている。内容は、権利義務事項の条例化が三八、手数料関係二九、手続き関係二六などである。権利義務事項の条例化が多く、国や都道府県が条例化に消極的であったのと大きな違いがある。とくに、市民に届出などの一定の手続きを求めるような事項についても、原則として条例化している。さらに、〇一年の中核市への移行時、まちづくり関係を中心に権限移譲が行われており、そこでも一定の条例化が進められた。全国のなかでも、地方分権推進のトップランナーともいうべき位置にあったといえるだろう。

都市計画分野で積極的な条例制定

都市計画分野における条例体制の整備は、体系的・総合的に、順番に進められている(出石編著、二〇〇六)。まちづくり関連の条例制定は、三段階でみることができる。第一段階は二〇〇〇年の分権一括法施行時、第二段階は〇一年の中核市移行時、そして第三段階は〇一年の「まちづくり条例体系図」策定・公表以降である(都市計画分野は、分権一括法とは別に、二〇〇〇年の都市計画法の大きな改正など分権一括法施行前後に法令改正を行っている。これも第一次分権改革の一環として行われたものであり、ここでは分権一括法施行時に含める)。

第一段階で行われたのは、都市計画審議会条例、市営住宅条例、建築基準条例の改正である。ただし、これらは法令改正に伴って形式的に行ったもので、独自施策を反映させたものではない。

第二段階は、屋外広告物条例、開発審議会条例や建築許可基準に関する条例、都市計画関係の許可手続きに関する条例などの制定や改正である。このうち屋外広告物条例は、禁止地区の指定や独自の警告シールによる厳格な違反指導などの特徴があり、このほかの施策にも市街地高度利用誘導制度の活用など、徐々に独自施策の条例化、展開が見られるようになっていく。われわれが調査した時点以後、状況は大きく進展していった。

第三段階に入ってから、「まちづくり条例体系図」にあわせ、市民パブリック・コメント手続条例をはじめとする市民参加に関わる諸条例の一方で、宅地開発指導要綱の条例化(特定建築等行為条例)、景観条例など総合的・体系的な条例制定を進めていった(以下の記述については(出石編著、二〇〇六)に拠っている)。

こうした一連の条例化を後押ししたものとして、出石稔氏は「①本市における土地利用上の所与の条件となる土地特性」「②土地利用に起因したあつれきの存在」「③地域の土地利用上の課題を解決するための法制度の欠如」をあげ、さらに間接的影響として「④平行して進んだ分権改革」「⑤同時期に発生したマンション建設に伴う行政訴訟の存在」を指摘する。横須賀市は全域が都市計画区域で、市中央部は山地・丘陵が占める。少ない低地が市街地化され、谷戸部にまで住宅が張り付き、近年、斜面地の開発が相次いでいるという。こうした中で、開発をめぐるトラブルが続発していたのである。

実際、いわゆる「地下室マンション」(建築基準法が緩和され、地下室をつくると有利になる制度を利用し、より高層につくるマンション。たとえば、地下三階、地上七階のマンションを斜面地に建設すれば、実質一〇階建てができる)をめぐって住民訴訟が起こり、市が行った建築確認が取り消される事件が起きている(〇五年一月一三日、横浜地裁判決)。市は地裁判決を受け入れ、建築確認を取り消すという、前代未聞の対応を行った。

その中での分権改革である。まちづくり関連にあった開発許可や建築確認といった機関委任事務の廃止と自治事務化、さらには、それに伴う条例制定権と自治体による法令解釈権限の拡大が、横須賀市における土地利用関連の独自条例制定を促したことはまちがいない。

しかし、重要なのは権限であると筆者は考える。横須賀市は、中核市として開発許可や建築確認などまちづくりに関わる権限を自らの権限としてもっていたのである。一般には、開発許可は特例市以上(都市計画法)、建築許可は特定行政庁(建築基準法)でないと権限がないが、横須賀市の場合は、県から権限移譲をすでに受けていたものが多かった。しかし、中核市になった際、屋外広告物法の事務が移譲され、即座に独自条例を制定することができたように、自治体が「自ら企画立案できるための権限」が独自施策を生み出す素地となることを指摘しておきたい。

変化に乏しかった衛生分野と福祉分野

一方、衛生分野と福祉分野は、事務処理に大きな変化は見られなかった。それぞれ、分権一括法施行時と中核市移行時に大量の条例化を行っているが、事務処理内容そのものは以前と変化がない。都市分野については、当初つまり、第二段階の中核市移行時まではほぼ同様の状況にあったものの、その後第三段階になって大きな変化が見られるようになる。どうしてであろう（山口道昭、二〇〇三）。

自治体における衛生行政の特徴は、保健所の中にいる専門家集団によって担われていることである。医師、獣医師、薬剤師などの免許をもつ資格職の職員が、それぞれ感染症予防法、予防接種法、食品衛生法などの法律に基づいて、仕事をしている。ほかにも資格職による職場はあるが、とりわけ多いといえよう。国の法令によって資格職の設置が義務付けられている、必置規制の多い職場である。また、機関委任事務の多い職場でもあった（旧自治法別表第四の市長の行う機関委任事務七一項目のうち二五）。法令上定められた事務処理についての基準についても、明確であり、相当に厳格であるといえるだろう。

保健所は地域保健法に基づく行政機関であり、中核市に設置が義務づけられているが、横須賀市は中核市になる以前から地域保健法に基づいて設置されていた（いわゆる保健所政令市）。独立した施設に設置されることが多く、保健所長には法律で医師資格が定められていることからも、比較的、首長部局から独立性があるとも考えられる。

このように、資格職によって担われ、首長部局から一定独立していることから、全国画一になりやすい素地がもともと存在している。そのうえ、法令上の事務処理の基準が厳格である。保健衛生に関わる分野における地域特性は、たとえば食品なら寒暖差や地域産物の違いなどがあるが、地域によって基準（食品衛生基準など）そのものを変える根拠にはなりにくい。ただし、業務実施要領など実際の仕事のやり方には、従来から国の指導監督は柔軟で、自治体裁量によって決められてきたという。

一方、福祉行政はどうか。福祉行政の特徴は給付行政である。まちづくり行政や衛生行政の規制行政とは異なり、金やサービスを住民に提供している。資格職はいるが、衛生分野ほどではない。いわゆる「任用資格」が多く、一般職の異動対象職場となっている。給付行政には、国や都道府県による補助金が付いていることが多い。補助金には補助金交付要綱が定められており、厳格に運用されている。違反すれば、返納の対象となる。国が厳格さを求めるだけではない。受給者すなわち住民の側も、それを求める。つまり、他の自治体と条件が異なるとクレームが生じるため、条件の画一化が進められた面も無視できない。

以上、二つの行政分野についての状況は、分権一括法施行によっても変化が起こりにくい。しかし、それでよいのだろうか。

たとえば、食品の安全性について住民の関心は高い。食品検査機関をもつ自治体（横須賀市は衛生試験所がある。全国に七四ヵ所）が、輸入食品や残留農薬について独自に検査機能をもつことで、国に先駆けて問題を提起できないのだろうか。また、福祉行政についても、かつては自治体が国に先んじて福祉施策を展開し、国全体の福祉施策を動かした経緯がある。周辺自治体より充実した福祉施策を進めると、対象者が集まることになる（いわゆる「足による投票」）という指摘があるが、国が福祉予算を抑制し続ける中、このままでは自治体福祉施策がジリ貧になるのは目に見えている。

このように、横須賀市における事務調査の結果は、分権の効果が現れた分野があったが、そうでない分野もあったというものであった。

（2）予算からみた機関委任事務制度の廃止

横須賀市の事務調査結果を見るかぎり、その後の都市分野を除いて、第一次分権改革と中核市への移行によって事務のあり方に、直接的な大きな変化は起こっていなかった（第三段階以降）。それは、自治体側に地域裁量を生かし得ないなんらかの問題が存在していたからであろう。そうした問題意識をもとに、「自治体予算」の観点から事務の処理との関係について検討したい。

第一次分権改革が財政面における実質的改革をなしえなかったことは、分権委員会自身が明らかにしている[25]。国庫補助負担金（以下「補助金」という）や法定外普通税、法定外目的税、さらには地方債（許可制から協議制への改革は〇六年度から）についても改革が行われているが、自治体財政上への影響は小さかった。本当の分権改革の実現には国から自治体への税財源移譲が不可欠であることは、論を待たない。

しかし、自治体にはこれまでも（少ないとはいえ）地方税など独自財源があり、地方交付税にしても使い途は自由という建前があった。機関委任事務制度が廃止されたことで、各自治体でもう少し自由な予算措置が行われ、事務処理について自治体の裁量が発揮されてもよかったはずである。筆者がここで「自治体財政」といわず「自治体予算」というのは、国と地方の税財源の問題を扱うのではなく、自治体自身の予算編成における問題を取り上げたいからである。

分権改革、中核市移行と自治体予算

①分権改革の影響

機関委任事務は国の事務であった。機関委任事務制度が廃止されれば、その事務は国の事務でなくなる。当然、国、自治体を通じて予算措置に影響があってよかったが、実際にはまったくなかった。事務の性格変化と予算との直接の関連性は見られなかったのである。

その原因のひとつは、機関委任事務の財源があまりに多様であり、分権委員会として統一した整理ができなかったためであった。機関委任事務のうち、国勢調査や国政選挙などは全額、国の補助金であったが、生活保護や災害救助のように一部に補助金が出されていたものもあったし、自治体が全額負担していた戸籍事務、旅券発給事務のようなものまで存在していたのである。当初は分権委員会がこうした状況を整理する方向で志向していたことは、前に述べた。法定受託事務の定義と地方財政法の「地方公共団体が負担する義務を負わない経費」の条文の文言と同一にし、事務の区分と経費の負担関係を明確にする戦略である。しかし、戸籍事務のように、その費用全額を自治体が負担しているのに、法定受託事務にせざるを得ないものが出てきてしまう。

このため、結果として、事務区分と経費負担は関係ないものになってしまった。仮に分権委員会の当初の目論見どおりになっていれば、自治事務は自治体の自主財源によって運営されるという原則が確立され、事務区分によってメリハリのついた予算編成を行う契機になったかもしれない。

ただし、この点についてはむしろ、最終的に法定受託事務も自治事務も「地方公共団体の事務」とされ、両者の違いは国の関与の差異にすぎなくなったことを、生かすべきなのであろう。自治体予算の観点からみれば、法定受託事務であろうと自治事務であろうと、自治体の裁量を生かして同列に扱うことが可能になったのである。

事務のあり方については、補助金による束縛が問題として残った。補助金については、地方六団体が分権委員会に対して、①自主的運営の障害、②申請などに要する非効率性という観点から一一六件もの弊害事例を指摘し、整理合理化を迫ったことがあった(九七年二月二〇日提出)。地方六団体はその後、国の対応状況を調査しており、個別指摘事項についてはかなり改善されたようである[26]。しかし、三位一体改革にいたるまでは、総額は減るどころか、九七年当時の一九兆八〇〇〇億円が、〇二年には二二兆円に増加していた[27]。

分権委員会は、第二次勧告(九七年七月)で補助金整理の方向性を示して、若干の補助金を廃止もしくは一般財源化した[28]。その後、分権委員会として、二〇〇〇年八月に整理の前提となる補助金の区分けを行う。だが、廃止の対象となる奨励的補助金に区分されたものはわずかで、問題となっていた公共事業関係の補助金は「負担金」に位置づけられて、命脈を保つことになってしまう[29]。公共事業関係の補助金については、箇所付けが弊害として指摘されていたことから、第五次勧告(九八年一一月)で箇所付けをしないことを前提とした統合補助金が創設されているが、前述した地方六団体の資料によれば、国は以前と同様に箇所付けに関与を続けている[30]。

そして、分権委員会は最終報告で補助金廃止—税源移譲—交付税改革という今後の改革の道筋を示し、その後は地方分権改革推進会議が引き継ぎ、三位一体改革へと向かう(第5章参照)。

②中核市への移行の影響

横須賀市では、中核市への移行が権限移譲など事務処理環境を変える大きなポイントと考えられた。一般市から中核市への移行に伴って、どのような財政措置が行われるのであろうか。

一般的には、中核市になると保健所を設置し、福祉関係、開発許可など都市計画関係など、法律で定められた事務(以下「法定移譲事務」という)を新たに行うことになる。都道府県が行っていたそれらの事務が委譲されるのである。このため、中核市については地方交付税法上、新たな事務の分の加算が行われる。

しかし、権限移譲に伴って、都道府県が上乗せしたり独自に行ったりしている分(以下「県単独事務」という)が転嫁されるため、中核市の持ち出しが増える場合がある。地方交付税の不交付団体であれば、中核市としての加算(地方交付税の増額)もなく、支出分が全額純増となる。また、政令指定都市のように道路譲与税や宝くじ利益の配分がない。財源上のメリットがきわめて少ないのである。とくに、不交付団体は中核市移行への意欲を著しく削がれるところが、政令指定都市との大きな相違点である。

実際の移行状況を見ると、さらに問題があることが分かる。横須賀市の場合、神奈川県の県単独事務分と法定移譲事務分と合わせて約二五億円の支出増となったが、新たな歳入となる地方交付税もほぼ同額だったためトントンで収まっている(一四一頁表3-2参照)。しかし、これはあくまで表面的なものであって、多くの場面で横須賀市側が折れてどうにか中核市移行にたどり着いたというのが実態である[31]。

たとえば、以下は法定移譲事務についての神奈川県と横須賀市のやりとりの一つである。事務を担当していた県職員の減員分と市職員の増員分が釣り合うことが求められる。県の仕事が市に移るという建前だからである。県の職員はその分、定数が減ることになる。県は職員の減少を押さえようと、事務をとてもこなしきれない少ない減員人数を示してきたというのである。さらに、個別事例では、県はもっと高圧的だった。社会福祉施設の許可認可についついては移行の半年前に前倒しで市が人員配置することを求めたり、都市緑地保全法に基づく緑地買い取りについては一年前から市側が対応するよう求めたりしている。

最大の難関は、県単独事務の引き継ぎだったようである。横須賀市側としては、中核市移行の際に神奈川県がやっていた事業を中止するという選択肢もなかったわけではない。だが、サービスを受ける市民は、中核市移行＝サービス低下と評価するだろう。だからといって県単独事務を引き継ごうにも、前述のように中核市には政令指定都市のような新たな財源があるわけではない。そこで、市は財政支援の継続を県に要望するが、県はそれをはねつけた。しかも、こうした一連の交渉は、市側にとっては、県の単独事務の全体像が不明のままに行わねばならない。「市側から内容照会をかけないと教えてもらえないといった、分権論議以前の上下主従関係意識」だったという。中核市創設に熱心なごく一部の都道府県は別にして、多くの中核市がこうした辛酸を舐めさせられたようである。

横須賀市事務調査における予算関連課題

分野ごとの分析を行う前に、簡単に当時の財政状況を確認しておこう。第一次分権改革の途中ごろから、バブル経済の後処理にとまどう中で景気は低迷を続けていた。同時に、財政赤字も拡大の一途をたどり、〇二年度末で六九三兆円、GDP比で一四〇％にものぼっていた。経済成長を前提とした財政運営は不可能と考えられ、自治体財源は充実するどころか減少していたのである。このころの地方交付税総額は二〇〇〇年度予算で二一・八兆円となったのを最後に、二〇・三兆円（〇一年度）、一九・五兆円（〇二年度）、一八・七兆円（〇三年度）と毎年減少している。九八年度予算段階で三八・五兆円あった地方税も、〇三年度には三二・一兆円しか見込めない状況にある（いずれも地方財政計画ベース）。こうした中での、機関委任事務制度の廃止であった。

第一次分権改革は厳しい財政状況の中で行われたわけであるが、横須賀市の事務調査を行った三分野について、自治体予算措置に関連する課題を取り上げてみたい[32]。

①衛生分野

はじめに、補助金の沿革そのものを知ることが一般にはきわめて困難であることを、指摘しなければならない。補助金の整理合理化の建て前から、財務省は、その結果を毎年公表してはいる。しかし、実際に交付される補助金一つ一つは、毎年、予算上の名称が変更されたり、他の「目細」や「積算内訳」に入れられたり、さらには項や目を越えて絶えず動き回る。実際の個別具体的補助金がどの科目にいくらついているかは、個別事務の担当者でないと把握が不可能なのである。旧厚生省の場合、関係者の利便のために沿革を含めて記載された『厚生省補助金ハンドブック』（第一法規出版）があったが、省庁再編を契機に発行されなくなってしまった（平成一一年版が最後）。

衛生分野の中心は、保健所に関わる事務である。保健所にかかる全般的な補助金は、八六年度予算では約三三〇億円あったが、〇二年度には約三八億円と、一六年間で三〇〇億円近く減った。これは、毎年、一般財源化が進められていったことを示している（その分、地方交付税交付金と地方税になったと、政府は説明する[33]）。補助金交付要綱による国のしばりは、保健所運営に関するかぎりかなり少なくなっていると言える。けれども、補助金が一般財源化されたにもかかわらず、保健所の事務は以前と基本的に変わっていない。むしろ、財源が明らかでないにもかかわらず従来どおりに事務が行われている事例が目につく。

統計関係の調査については、国の要請によって、人口動態調査や衛生行政報告例をはじめとして、国民生活基礎調査や国民栄養調査など膨大な調査が行われてきた。保健所がまるで国の出先機関であるかのように、国は報告を求めている。この予算については、横須賀市では約二〇〇万円（〇一年度予算、衛生統計調査費）計上されており、全額が国庫支出金で賄われていることになっている。しかし、国家予算上は九九年度予算以降、「職員設置費」分が削減され、全国分で総額約五〇〇〇万円しかない。国家予算では、国民生活基礎調査などは別の目になっているのだが、市の予算では区別がつけられておらず、衛生関係の調査費目がすべて組み込まれている。

衛生行政報告例はかつて、国の訓令に基づく機関委任事務と考えられたが、分権改革によって、国の依頼による事務、すなわち「自治体が自主的に行っている事務」（自治体の任意）ということになった。考えてみれば、国による指定統計でもないそのような調査に国が予算をつける理由はない。

また、食品衛生法に関わる食品等の衛生検査（たとえば、魚介類や残留農薬、食中毒検査など）や家庭用品の試買検査は、すべて市の一般財源で行われている。にもかかわらず、住民の要望を取り入れた検査や調査などは行われていない。食品などの安全性については、国に食品安全委員会の設置など新たな行政体制が整備された（食品安全基本法に基づく食品安全委員会令、〇三年七月施行）。しかし、食に対する不安への対応は、地域で生活している住民のクチコミの情報をどれだけ早く日常的に把握できるかにかかっている（行政と住民、専門家との危険情報の共有と交換＝リスクコミュニケーション）。保健所の調査と検査機能をいままで以上に高めるため、これまでの事務処理に拘泥しない対応の確立が求められる。

さらに、法律に根拠のない事務（雑豆中のシアン化合物の確認、精神障害者の措置入院のための移送など）が行われているところをみると、保健所の運営については予算措置上の問題があると思えてならない。

かつて存在した厚生省補助金、保健所運営費交付金の交付要綱を調べてみると、実に大雑把である。人口と面積を単位として割り出す「基準額」か、もしくは職員手当、旅費、原材料費などを積算する「対象経費」のどちらか少ない額が交付される仕組みである（「保健所運営交付金の交付について」昭和六一年六月三日、厚生省発健政第七一号）。保健所には、丼勘定で運営費が交付される代わりに通知一本で国の出先機関のように動くという歴史があり、その慣習から抜け出られていないのではないかと疑いたくなる。

②福祉分野

福祉については、八〇年代以降の団体事務化の流れ以外は、第一次分権改革よりも、むしろ二〇〇〇年四月からの介護保険法の施行と社会福祉基礎構造改革（社会福祉事業法を社会福祉法に改めるなどの法改正を行い、サービスの利用者と提供者の対等関係の確立、多様な主体の参入促進などの改革を行った）の影響が大きいと言われる。たしかに、福祉における措置制度が契約制度へと変わったことは、行政の体質転換という意味で衝撃的なものだっただろう。並行して第一次分権改革と中核市移行が行われ、通達が廃止され、県から権限移譲が行われたが、事務処理に大きな変化は見られていない。自治体の主体性は格段に高まったはずであり、創意工夫が見られてもおかしくはなかった。

ただ、予算の観点からすると、福祉分野はもともと網の目のように国の補助金がある。社会福祉基礎構造改革が行われたと言っても、保育のように新たな利用制度が導入された分野でも、利用者が自治体に（所得額に応じた）費用を支払い、自治体が事業者に委託費を支払い、国が自治体に支出金を出すというシステム（お金の流れ）は、変わっていない。高齢者福祉に導入された介護保険制度も同じである。サービスを増やすとすれば、住民・利用者に負担を求めるのでないかぎり、自治体負担の増加を意味している（介護保険の場合、保険制度に抵触する問題があるが）。しかも、横須賀市のように中核市に移行した自治体にとっては、前述した県単独事務の負担分をどのように処理するか

表3–2　横須賀市における中核市移行に伴う財政への影響額（単位：1000円）

交付税増加措置額	普通交付税			2,484,961
	特別交付税			18,000
			合計	2,502,961
新たな負担額	法定移譲事務分	新たに実施する事業	民生行政(21)	109,556
			衛生行政(4)	46,709
			環境行政(2)	24,717
			都市計画・建設行政(6)	25,556
			文教行政(1)	1,389
			その他(1)	19,447
			計(35)	227,374
		市の負担率が上がる事業	民生行政(28)	1,576,418
			衛生行政(1)	393
			計(29)	1,576,811
		その他		125,698
			合計	1,929,883
	県単独事務分		民生行政(34)	500,956
			衛生行政(2)	44,616
			合計(36)	545,572
負担額合計			(100)	2,475,455
収支差引額				27,506

(注)数字は2001年度当初予算・一般財源ベース。(　)内は県要綱などの件数。
(出典)横須賀市資料。

という重たい問題がある。

以下、やや詳細にこの問題を見てみよう。横須賀市が中核市になるにあたって起きた財政への影響額を示したのが**表3-2**である。

民生行政が新たな負担額に占める割合は、金額で八八・三%（二四億八〇〇〇万円のうち、二二億九〇〇〇万円）、件数で八二・二%（一〇一件のうち八三件）と圧倒的である。県単独事務分については、横須賀市の分を払わなければ、神奈川県の財源がそれだけ浮くことになるわけだが、県は横須賀市以外の他の自治体の県負担分を増やした。中核市になる自治体が出たおかげで、ほかの自治体は負担が減少したのである。横須賀市には、大きな不満と不信が残ったにちがいない。交渉にあたり横須賀市は、県と覚え書きを結んで、とくに設置した担当部局が交渉を進めたが、県は別途、個別事務の担当部署を通じて市の負担分を増やすよう圧力をかけてきたという。担当部署は一般に県と市町村のつながりが強いので、それを利用したのであろう。

前述した中核市移行にあたっての横須賀市側のさまざまな苦労は、その多くが、じつは福祉行政についてであったのである。

③都市計画分野

都市計画分野については、都市計画事業に関する補助金によって自治体のまちづくりが歪められている可能性があった。たとえば、〇二年九月に地方六団体がまとめた補助金支障事例を見ると、街路事業費補助が問題としてあがっている。[34] この補助金は路線ごとに配分され、他の路線に流用するのに、たとえ少額でも国の承認が必要だという批判である。街路事業について国土交通省が定める採択基準をみると、事業費規模が一〇億円以上と七〇〇〇万円以上の二種に分かれ、混雑度、街路の計画幅員などの基準があり、一定の基準の歩道や歩行者専用道、自転車駐輪場などが採択される仕組みになっている。

自治体の選択は国の用意したメニューのいずれかに押し込められるのであって、当たり前であるが、自治体ごとの自由な発想を許容する補助金などあり得ない。そうであれば、補助金は自治体ごとの総合的な計画策定意欲を削ぎ、無秩序開発の原動力となる可能性をもっているといえよう。

変わらない自治体予算編成

三分野について総じて言えることは、機関委任事務時代とほとんど変わらない予算付けが行われていることである。旧来のまま補助金を前提に予算を立て、あるいは補助金獲得に走っている可能性が高い。事務内容が検証されていれば批判に価しないが、中には一般財源化されても、かつての補助金規模に見合った形で予算化されているものもある。前年度予算を基準とし、前年度予算比で予算を編成するのでは、旧習を破ることは不可能である。機関委任事務制度が廃止されても、予算措置が見直しの契機とはならない。

それでも、仮に右肩上がりの予算編成ができる時代であれば、増加分について第一次分権改革の成果を生かした新規事業が出てくる可能性はあった。しかし、予算額が逓減していく時代にあっては、前年度踏襲主義は最悪の結果をもたらす可能性が高い。単に、職員を萎縮させ、新たな発想が出にくくなるというだけではない。予算減に応じて、法令上の最低限の仕事しかしない、あるいは国や県の補助金を利用し、その交付要綱どおりに運用するしかない、という発想がまかり通る可能性がある。

これまでの予算編成では、自治体自身によって補助金獲得の動機付けが行われていた。予算が一億円しかなくても補助率二分の一の補助金があれば、二億円の事業ができる。事業量を増やすには補助金獲得が手っ取り早いので、財政部局による査定（予算採用基準）でも補助金確保の有無が最優先であったという。議会も補助金がついていれば問題にせず、単独事業だと数十万円でも問題になったという話を、かつて議会関係者から聞いた。こうした風土が完全に払拭されていないところで、第一次分権改革が行われたのである。

予算編成改革の可能性

では、どうすればよいのか。予算編成改革の可能性はないのだろうか。

多くの自治体で、予算要求にあたって一般財源の枠配分が行われている。使途の決まっていない一般財源を、各部局ごとに（たとえば前年比五％減という形で）枠をはめる。枠のはめ方は、経常的経費だけの場合と政策的経費を含めて全体の場合があるようである。いずれにしても、査定権限は財政部局が掌握していた。歳入が基本的に右肩上がりの時代は、つまるところ増加分の分け前をどうするかということなので、この方法が機能した。

ところが、歳入が減り続ける時代は、そうはいかない。新規事業の予算がないので、各部局の既得権に手をつけなければならないからである。財政部局が強権発動で一律削減を図ることも、短期なら可能かもしれないが、それでは本当に必要な予算まで削ってしまうので評判が悪い。このため、財政部局の権限を減らし、各部局に予算編成の責任をもたせる方法が広まりつつある。予算節約を奨励して、残った予算を当該部局の翌年度の新規事業につける制度を導入した自治体もある。(35) 各部局が予算編成の主体となり、部局内で調整を行わせようというのである。そうした先進事例では、枠配分そのものを見直し、ゼロベースから積み上げる議論も行われているらしい。

そこで問題となるのが、見直しの基準である。理屈のうえでは、自治体計画と、この間行われるようになってきた事務事業評価が、その基準となるということであろう。しかし、自治体計画はそもそも財源との関連を意識してつくられたものではないことが多く、事務事業評価については事業ごとの縦割り、個別評価になる傾向を否めない（予算措置は、いつもほかの事業との相対評価である）。さらに、各部局に予算編成権限をもたせることは、自治体庁内の合意は得られやすいかもしれないが、行政の縦割りで閉鎖的な価値観が支配しやすく、住民の感覚と相反する恐れがある。国でいえば、財務省から各省庁に予算編成権を移すようなものである。

これに対して、松下圭一氏が提唱するのが「財務室」構想である。(36) 法務について、条例制定に関わる法制課や文書課と別に法務室の必要が説かれているように、自治体財政の中・長期の財務係数をつくり、自治体全体の財務実態を分かりやすいものにして公表する組織として、財務室が必要だというのである。かつて法制課など法制執務担当も、伏魔殿のように考えられていた。条文作成技術は職人的な世界があり、自治体にどのような条例や規則があるのかさえ一般には知らされていなかったからである。

ところが、予算に関わる情報は、いまだに国のデータですら、前述の補助金のように分かりにくいまま放置されている。自治体レベルでは、決算上の主要データを載せた決算カードを、かつては職員にもなかなか渡さなかった[37]（現在では、〇一年度決算分から全自治体のものが総務省のホームページで見られるようになった）。財政部局は、予算編成においてケチや注文がつけられないように、予算情報をできるだけ非公開にしてきた。しかし、そんな状態で、市民の発想を生かした予算編成などできるわけがない。

これまでの財政運営にかかわる自治体の体質自体を転換し、自治体における財政運営の課題を職員、議員、市民総体で共有しないかぎり、受益と負担の関係を明確にすることもむずかしく、自治にふさわしい財政運営はできない。

自治体計画と、県から市町村への税源移譲

第一次分権改革と自治体予算に関連して、最後に二点述べる。

一つは、自治体計画についてである。前述のように、今後予算編成の指標として注目されていくと思うが、課題が多い。かつて自治体計画、とくに基本計画などは、ほとんど首長の政治的プロパガンダ文書か、当たり障りのない総花的なものという位置づけであって、つくるときは注目されても、職員ですら後は誰も見ないといわれた。しかし、最近は住民参加でつくられたり、地区別の計画がつくられたりするケースも増えている。

とはいえ、予算との整合性という意味ではまだ精度が不足し、市民はもちろん自治体関係者ですら合意が成立しているわけではない。介護保険制度において計画策定と保険料金設定を連動させたように、各部局が計画と予算について同様の試みを始める必要がある。ただし、特定財源と違って一般財源を使う事務の場合、予算との関連づけがむずかしい。従来の予算実績と将来に向けての試算が必要になる。おそらくその際、財務室が機能するのであろ

う。

もう一つは、市町村への権限移譲に関係する「税財源移譲」の問題である。とくに、都道府県からの税財源移譲に問題がある。国と地方との関係では、権限移譲はいつも税財源委譲と連動させて考えられている。しかし、中核市や特例市の創設は、実質、都道府県から市への権限移譲でありながら、交付税上の措置が行われるだけで、税源移譲が制度としてない。したがって、力のある不交付団体が中核市になりにくいといういびつな構造が生まれている。

中核市や特例市が生まれ、権限移譲が行われることで、少なくとも都道府県の当該事務は軽減されるのであり、都道府県税源の一部が移譲されるシステムが検討されてよいのではないか。条例による事務処理の特例(自治法第二五二条の一七の二)による市町村への権限移譲も同様の課題をかかえており、ともに制度の開発が必要である。地方消費税交付金(消費税のうち一%が地方消費税で、さらにこのうち半分が市町村に交付されている)の按分見直しや中核市の宝くじ発行への参入があってよいかもしれない。

事務は、予算がつき、人が働き、初めて動き出す。第一次分権改革は偉大な改革であったが、国・自治体をとおして財政面の改革が行われていないことが大きなネックとなっていた。

4　分権改革の影響としての自治基本条例

徐々にではあるが、分権一括法による影響は出てきている。

筆頭は、まちづくり分野であろう。分権一括法にあわせて、二〇〇〇年に都市計画法の大規模な改正が行われ(一三〇頁参照)、市町村権限の強化が図られた。さらに、景観法の制定もあり、自治体の自主条例とあわせた条例づく

表3-3　都道府県が制定した自主条例

	項目＼年度	1954	70	75	80	85	89	94	99	2000	01	02	03	04	05	06	07
法定外普通税	家畜税	4	—	—	—	—	—	—	—	—	—	—	—	—	—	—	—
	牛馬税	3	—	—	—	—	—	—	—	—	—	—	—	—	—	—	—
	果樹税	1	—	—	—	—	—	—	—	—	—	—	—	—	—	—	—
	犬税	1	—	—	—	—	—	—	—	—	—	—	—	—	—	—	—
	漁労税	1	—	—	—	—	—	—	—	—	—	—	—	—	—	—	—
	ガス井戸税	1	—	—	—	—	—	—	—	—	—	—	—	—	—	—	—
	果実税	1	—	—	—	—	—	—	—	—	—	—	—	—	—	—	—
	特別遊興飲食税	1	—	—	—	—	—	—	—	—	—	—	—	—	—	—	—
	繭引取税	—	1	—	—	—	—	—	—	—	—	—	—	—	—	—	—
	文化観光施設税	—	1	—	—	—	—	—	—	—	—	—	—	—	—	—	—
	石油価格調整税	—	—	1	1	1	—	1	1	1	1	1	1	1	1	1	1
	核燃料税	—	—	—	7	9	1	12	11	11	11	11	11	11	11	11	11
	核燃料物質等取扱税	—	—	—	—	—	11	1	1	1	1	1	1	1	1	1	1
	核燃料等取扱税	—	—	—	—	—	—	—	1	1	1	1	1	1	1	1	1
	臨時特例企業税	—	—	—	—	—	—	—	—	—	—	1	1	1	1	1	1
	計	13	2	1	8	10	12	14	14	14	14	15	15	15	15	15	15
法定外目的税	産業廃棄物税	—	—	—	—	—	—	—	—	—	—	1	1	8	17	20	21
	宿泊税	—	—	—	—	—	—	—	—	—	—	1	1	1	1	1	1
	産業廃棄物処理税	—	—	—	—	—	—	—	—	—	—	—	1	1	1	1	1
	産業廃棄物埋立税	—	—	—	—	—	—	—	—	—	—	—	1	1	1	1	1
	産業廃棄物処分場税	—	—	—	—	—	—	—	—	—	—	—	1	1	1	1	1
	乗鞍環境保全税	—	—	—	—	—	—	—	—	—	—	—	1	1	1	1	1
	産業廃棄物減量税	—	—	—	—	—	—	—	—	—	—	—	—	—	1	1	1
	循環資源利用促進税	—	—	—	—	—	—	—	—	—	—	—	—	—	—	1	1
	資源循環促進税	—	—	—	—	—	—	—	—	—	—	—	—	—	—	—	1
	計	—	—	—	—	—	—	—	—	—	—	2	6	13	23	27	29

(注1)2000年度までは3月末現在、01年度以降は4月1日現在であり、同意済分を含む。
(注2)(財)自治総合センター「課税自主権の活用のあり方について」(2001年12月)および総務省資料より作成。
(出典)参議院総務委員会調査室「地方財政データブック平成19年版」。

りが進んでいる。

また、分権一括法にあわせて地方税法が改正され、自治体の自主課税権が広がり、自主条例が各地でつくられている(表3-3)。背景としては、自治体財政の悪化があったと考えられる。東京都をはじめとした銀行税のように、結果として不調に終わったものもあるが、産業廃棄物関連税や自然保護関係税(表にはないが、普通県民税の上乗せという形で、高知県(森林環境税)など一七県が導入(〇七年四月現在)など全国に広がりつつあるものもある。第4章3で述べる横浜市の馬券に関する税も、この一つである。

しかし、地方分権の申し子ともいうべきものは、自治基本条例であろう(月刊『地方自治職員研修』編集部編、二〇〇二)。北海道町村会法務支援室の調査によれば、自治基本条例は全国四二自治体に広がっており、このほか住民参加条例も総合型一二自治体、列記型八自治体もあるという(〇七年五月一八日ホームページ掲載分)。

簡単な箇条書きで住民への精神訓を唱える自治体憲章は、ほとんどの自治体にある。また、これまで、神奈川県川崎市(七一〜七三年)や逗子市(九二〜九五年)において、自治基本条例と同様の条例をつくろうとしたが、制定されずに終わっていた。どうして、最近こうした動きが広がっているのだろう。

これまでみたように、自治体では、分権一括法施行までに条例を新たに制定しなければならないという事態があった。また、少なくはあったが、地域事情を勘案した条例を制定しようという自治体も出ていた。そうした中で、自治体は条例制定にあたって、大きな問題に突き当たったのである。それは、自治体には、国の憲法のような基本的なルール、あるいは自治体の運営そのものについての基本を定めたものがない、ということである。これまであった簡単な憲章では、条例制定には役に立たない。

しかも、並行して、住民参加の重要性が徐々に認識されるようになっていた。九〇年代後半になって、情報公開条例、個人情報保護条例に加え、行政手続条例といった住民の権利を保障する動きが広がっていく。特定行政分野でも、たとえば、まちづくりについては、市民参加を基本に据えた条例が各地でつくられ、介護保険制度でも、事業計画は住民参加でつくられるようになった。

住民投票や審議会委員の公募を定めた大阪府箕面《みのお》市の市民参加条例(九七年)が、先進的事例として注目されたのも、そうした背景があったからである。分権時代につくられる自治体条例は、住民参加を強く意識し、その保障を基本に据えるべきだと考えられ、それがまた、自治体における基本条例の必要性を人びとに認識させるようになっていった、と考えられる。しかし、基本条例にはいくつかの根本的問題が指摘されている。

一つは、条例の効力についてである。条例は、すべて同じ効力であって、憲法と法律のような関係はないというものである。たしかに条例には、憲法のような最高法規性はない。どんなに重要性（たとえば尊重義務など）を条文化しても、政治的なものにすぎないということになるのかもしれない。

当面は、住民投票や議会における特別多数決による議決など、制定にあたっての条件を高くしたり、基本条例に「この条例を遵守しなければならない」とするなど最高法規に似た条文を入れたりする方法を追求するしかないのであろう（北村、二〇〇四）。ただし、将来的には根本に立ち返るべきだろう。自己決定・自己責任が行われるべき政府（地方政府）に最高法規がないというのは、どう考えてもおかしい。将来的には、自治基本法をつくって、自治体が最高法規としての自治基本条例を制定できる法的根拠をおくべきである[38]。

もう一つは、議会の扱いである。議会は自治法上、首長と並ぶ独立、自立した機能をもつとされるから、議会のあり方、運営を拘束する規定が書けないのである。仮に書いても、議会における条例審議の際、削除されるかもしれない。

分権時代になって自治体議会の役割は格段に高まっているというのに、現状はお寒いばかりである。広く住民から意見を聞く機能は、本来、議会がもつべきなのに、その機能を果たしていない。議員の互いの討論によって議会の方針を決定すべきにもかかわらず、そもそも討論しあうことがない。戦前からの古い慣習にとらわれ、旧習を変えようとする新しい議員を排斥する。

それでも、そうした自治体議会にも、世の流れや執行機関サイドの動きに触発され、少しずつ動きが現れている。二〇〇六年五月に北海道栗山町で制定された議会基本条例には、議会活動の情報公開と町民への説明責任（第四条）、自由討議による合意形成（第九条）など、画期的な内容が書かれている（橋場・神原、二〇〇六）。

第一次分権改革は、いわば宮廷革命である。少なくとも動き始めたきっかけは、全国各地の自治体が求めたのでも、住民が要求したのでもなかった。住民は、地方分権の必要性を理解はしていても、何をどうすればよいのか、まだよく分かっていない。自治体職員は、本当に分権が進めば、自分たちの仕事の責任が重くなることを知っている。地方分権がいかに地域に重要なことか、まだ示しきれていないので、進んで分権を進めようとする勢力が地域には乏しい。

このような中で、国と自治体の関係が法的には変わった。だが、精神的には、自治体が変わる条件はまだそろっていない。これまでと同じように事務を処理していれば問題が発生しないとなれば、制度を変える意欲がわいてくるわけはない。

第一次分権改革に反省点があるとすれば、このことであろう。次に改革を用意するのであれば、地域が自己決定し、自己責任を取らなければならない仕組み、あるいはそれを地域から求める装置を制度の中にビルトインしなければならない、ということである。

（1）一九九九年一〇月に福岡市(二六日)と鹿児島県(二九日)、さらに二〇〇〇年一月から四月にかけて、福井県(一月一二日)、金沢市(一月二二日)、鳥取県(二月二五日)、調布市(二月二八日)、中野区(三月一日)、清瀬市(三月二日)、神奈川県(四月二八日)、横浜市(四月二八日)からヒアリングし、東京都からも資料をいただいた(二〇〇〇年八月二三日、青森県倉石村(現・五戸町)からもヒアリングしている)。
（2）地方六団体地方分権推進本部が、二〇〇〇年三月末時点で調査した数値。都道府県の数値のみ一九九九年一一月時点。
（3）当初(一九九九年七月)政令四五八、省令四二一、告示一七一、合計一〇五〇が改正される予定であった。二〇〇〇年三月三一日現在で、政令四四三、省令五五一、告示二一九、合計一二一三に達した(いずれも地方六団体地方分権推進本部による)。

（4）「第一法規出版には一〇〇〇を超す自治体から相談があり、四〇〇以上の自治体と契約したという」（『朝日新聞（夕刊）』二〇〇〇年二月八日）。自治体関係者によれば、業界最大手のぎょうせいは、一三〇〇もの自治体と契約したといわれる。

（5）西尾勝氏は、このときの条例制定改廃について、自治体の当惑を「まことにごもっとも」としつつ、「しかし、翻って考えてみれば、これはかなり情けない事態である。なぜなら、『国の法令、通達通知……などによる過剰で無用な関与さえなければ、これまでとは異なるこれこれの自治体政策を展開できるのに』という思考実験がそれぞれの自治体で十分に実施され蓄積されていたならば、このような事態にはならず……『待ってました』とばかりに対応することができたはずだからである」と述べている（『自治体学会ニュースレター』七九号、一九九九年九月）。

（6）鳥取県ではこのとき、環境衛生適正化審議会と公衆浴場入浴料金審議会との統合など審議会設置条例の統合を行っている。ヒアリングによれば、その際、関係省庁から非公式な形で統合を止めるよう申し入れがあったという。しかし、自治体側が、「公式なものであれば対応を考える」と回答したところ、それ以上の申し入れはなく、予定どおり統合が実施されたという。自治体側から能動的対応があって初めて改革が実現するという実例である。

（7）自治省は条例化の必要ない場合を「行政主体が私人と同じ立場に立って行う行為」「侵害留保の原則が適用されない行政分野（補助金の交付など）」「すでに法律又はこれに基づく政令に根拠が規定されている事務（規則で足りる）」などと列挙し、条例化は限定的とした（古田、一九九九：一四二頁）。東京都も同様の立場であった（東京都行政部地方課『地方分権一括法の施行に係る市町村の条例・規則改正の準備について』（二〇〇〇年一月一九日）四頁）。さらに、地方分権推進本部も同様であった（地方分権・自治立法研究会編著、一九九九：四三頁）。

（8）「地方公共団体の規則は、政令とは異なり、選挙により選ばれた住民の代表である長が定めるものであり、規則には……条例と並ぶ……法形式として、……住民の権利義務に関する法規としての性質を有するものも含まれると解されている」（地方分権・自治立法研究会編著、一九九九：八頁）。

（9）なお、個別の法律にも問題があったのも事実である。法律によっては、自治体の「規則」制定を求めているものがあったのである（砂防法第四条とそれに基づく施行規程第三条など）。条例とするか規則とするかについて基準がなく、法律によってマチマチであったことも混乱の一因であったが、第一次分権改革で解消されている。

(10) 従来、条例で過料を設けることができたのは、公の施設に関するもの（五万円以下、自治法旧第二四四条の二第7項）か、詐欺その他不正の行為で徴収を免れた場合（五倍額以下、同法第二二八条第2項）か、その他分担金使用料等の過料（五万円以下、同法旧第二二八条第3項・今回改正）かの、三通りであった。分権一括法で同法第二四四条の二第7項は削除され、第二二八条第2項と第3項は改正された。

(11) 保育料については、これまで自治省から負担金とする行政実例（昭和四四年三月一三日）、厚生省からは一九八七年の団体事務化の際の通知（昭和六二年一月一三日、児童家庭局長名）が出されている。首長の定める規則でよいという見解であり、現在なお変わりない。

(12) 同様に、条例化しないことを批判するものとして（地方自治総合研究所監、二〇〇〇：一三七～一四〇頁）。

(13) 実際、分権委員会は、都道府県から市町村への「権限委任」の実態に基づいて、第四次勧告で都道府県から市町村への権限移譲を扱った。

(14) 鳥取県は、新たな事務の委任について市町村側の同意を取っていた。

(15) 青森県倉石村（現・五戸町）の資料によると、青森県から同村に一二法律四四事務が委任されていたが、二〇〇〇年の県から同村への交付額実績は、有害鳥獣駆除関係と液化石油ガス関係の事務で実際に処理した分だけであり、計一〇一件、一四万七〇〇〇円にすぎない。事務処理実績がなくても、市町村側は処理体制を整えなくてはならないが、この交付金額ではそのための人員を配置することもできない。

(16) 神奈川県では、県と市町村が共同で運営する「県・市町村間行財政システム改革推進協議会」がすでに一九九六年につくられ、協議が進められていた。

(17) 中には一〇〇〇もの事務を経由している県があるという（上村ほか、一九九九：三六頁）。

(18) 都道府県の事務は概念上、「広域事務」「統一事務」「連絡調整事務」「補完事務」の四種とされていたが、このうち「統一事務」が分権一括法で削除された。統一事務では、都道府県が市町村の上位機関となりがちだが、都道府県の事務ではなくなり、概念上、都道府県の事務は狭くなった。

(19) 法定受託事務のメルクマール7（二六頁）のような事務を、都道府県条例によって市町村の事務に創設できる制度が、提案されている（地方分権・自治立法研究会編著、一九九九：二一頁）。ただし、メルクマールをどのように拘束力あるものとして設定するかは不明である。また、法定受託事務は、「法律またはこれに基づく政令」でしか設定できない。都道府県条例であれば、条例本体で規定しないかぎり不当であろう。

(20) 自治省行政局行政課長から都道府県総務部長宛「条例による事務処理の特例制度に係る条例の参考例等について」（一九九九年九月一四日）。このほか、農水省が模範漁港管理規程例の改定の通知を出している。

(21) 全国の市町村に対する説明会が、一九九九年一一月二四日に「全国都道府県市町村担当主管課担当者会議」という名称で、地方分権推進本部と自治省の共催で開催されている。前後して、地方六団体の地方分権推進本部メンバーが各都道府県説明会での講演も行ったという。

(22) 最高裁平成五年（行ツ）第五六号、一九九五年二月二四日判決。なお、同判決の判例解説として（磯部、二〇〇三）。

(23) 二〇〇〇年八月二三日、官庁速報。このほか、東京都が是正の勧告を示唆しているという報道もあった（『東京新聞』二〇〇〇年六月二四日）。

(24) 調査は、財団法人地方自治総合研究所に置かれた「分権一括法施行後の法的環境研究会」（略称：法環研）によって行われた。同研究会は、北村喜宣氏（上智大学）を座長とし、礒崎初仁（中央大学）、出石稔（横須賀市職員）、久保茂樹（青山学院大学）、嶋田暁文（日本学術振興会特別研究員）、田口一博（放送大学大学院）、原島良成（上智大学大学院）、人見剛（東京都立大学）、山口道昭（立正大学）（所属は当時）の各氏と筆者の一〇名をメンバーとしていた。

(25) 分権委員会の最終報告（二〇〇一年六月）は、第二次分権改革の焦点が「地方税財源の充実確保」であると述べている。

(26) 補助金弊害事例の改善状況については、地方六団体作成「補助金等を通じた国の過度の関与の支障例について」（『第二四回地方分権改革推進会議（二〇〇二年九月三日開催）提出資料』）より。

(27) 地方向け補助金総額については、財務省主計局作成「地方向け補助金等の整理合理化」（『財政制度等審議会・財政制度分科会・歳出合理化会及び財政構造改革部会合同部会（二〇〇二年一〇月二四日開催）提出資料』）より。

(28) 一〇一件の廃止、一般財源化を行ったが、金額としては一〇〇億円に満たない程度であった。

(29) 「国庫補助負担金の整理合理化と当面の地方税源の充実確保について」二〇〇〇年八月八日、地方分権推進委員会意見。

(30) 前掲(26)、一〇五頁。
(31) 以下の記述は、横須賀市が中核市に移行する際に中心的な職務に就いておられた飯田憲司氏の論文(飯田、二〇〇一)によっている。
(32) 以下、自治体予算措置の記述は、衛生分野にやや集中した記述となっている。それは、この調査で筆者が衛生分野を担当したためである。
(33) 保健所に関する二〇〇二年度予算の目は「疾病予防対策事業費等補助金」であり、その内容は感染症、結核予防、精神保健対策などとなっている。
(34) 前掲(26)、六六頁。
(35) 三重県の予算編成など(入江、二〇〇二)。
(36) 以下の記述については、(松下、二〇〇二)と(肥沼、二〇〇二a)に大きな示唆を受けている。
(37) ある市では、議員から総務省の「財政課長内かん」を資料請求された際、断ったという(肥沼、二〇〇二b)。最近まで自治体は、財政状況の公開にこれほど後ろ向きであった。
(38) 全日本自治団体労働組合と地方自治総合研究所による自治基本法研究会(代表・篠原一)が作成した「地方自治基本法構想」(一九九八年五月)は、地方自治法を廃止し、新たに憲法に準ずる自治基本法を制定して、国と地方を完全に対等な関係におこうというものである。そこでは、自治体は自ら基本条例を制定し、住民の権利義務と自治体組織を自己決定できるとしている(自治基本法研究会、一九九八)。なお、自治基本法研究会は、行政学(今村都南雄、小原隆治、辻山幸宣)、行政法学(兼子仁、北村喜宣、佐藤英善、白藤博行、人見剛)、財政学(沢井勝)、憲法学(原田一明)、政治学(篠原一)、議会専門家(加藤幸雄)の学者一一名で構成された。

第4章

第三者機関の意味

自治体が国と争うことができる仕組みを導入したことは、分権委員会の功績の中でもっとも高く評価されるべきであろう。これまで、一般には、自治体は国の関与に不満があっても従うしかなく、行政訴訟において国と争うことはできないと考えられてきた。国と自治体の争いは、基本的に「行政内部」の問題と思われてきたからである。第三者機関の創設と裁判への道が開かれたことは、国と自治体が上下・主従の関係ではなくなったことを象徴しているといってよい。

第三者機関の設置をめぐる議論は、分権委員会と各省庁との間でもっとも激しく闘わされた経緯がある。一九九六年三月の中間報告で設置の必要性が示されたものの、各省庁に「たたき台」が示されたのは九六年一一月、[1]その後、骨格は第一次勧告で示されたものの継続課題とされ、最終的に決着を見たのは九七年一〇月の第四次勧告であった。分権委員会は、第一次勧告以降三つもの試案をつくって各省庁と延々と協議を続け、四つ目の案でついに勧告にこぎ着けたのである。[2]この間、第三者機関の審査結果の法的効果を「裁定」から「勧告」にするなど、大幅な変更が行われている。しかも、第四次勧告以降、政府が分権計画(九八年五月)を作成する段階で、国からの第三者機関への申出や裁判への訴えをできなくしたように、再び制度の根幹に修正が加えられた。

紛争処理制度は、国と地方の関係を律するという意味で、基礎的条件の範疇に入るものである。それが分権計画段階で変わったために、国と地方の関係に関わる法律全体が法案作成の最終段階で再び調整された、と筆者は考えている。

紛争処理の実際の機能という意味では、分権委員会が勧告しなかった都道府県と市町村の紛争処理制度(法律上の名称は「自治紛争処理委員」)が重要である。なぜなら、国による画一的・統一的・効率的な施策は、住民にもっとも近い場で矛盾となって現れるからである。しかも、今回つくられた制度においては、国の関与は原則として都道府県を通じて行われる仕組みであるため、市町村は多くの場合、都道府県と争うことになると考えられる。[3]

本章では、はじめに第三者機関誕生の経過を踏まえ、そのうえで第三者機関の問題点を確認し、最後に実際に横浜市と総務省の間で起こった事案を検討する。

1　第三者機関誕生の経過

（1）国と地方の係争処理の仕組み

はじめに、創設された係争処理、第三者機関の仕組みの概要を見ておこう。

自治体は、国の関与のうち「処分その他公権力の行使に当たるもの」（許可など公権力の行使だけでなく、不作為や協議を含む）について不服があるとき、関与が行われてから三〇日以内に第三者機関に申し出ることができる。国の関与のうち、自治法に基づく技術的助言や勧告などは、非権力的関与であるため除外されている。さらに、自治体が民間事業者と同じような立場で行う事務への関与（いわゆる「固有の資格」において名あて人になるもの以外の場合）や、国や都道府県による補助金交付に関わる関与も、除外されている。

市町村や都道府県が国と直接争う場合は、総務省に設置された「国地方係争処理委員会」に申し出る（図4-1参照）。市町村が都道府県の関与について争う場合は、自治大臣に申し出て総務省に設置される「自治紛争処理委員」[4]が審査する（図4-2参照）。

それぞれの第三者機関は、国や都道府県の関与が違法でないか、もしくは自治体の「自主性及び自立性を尊重する観点」から不当でないかを審査し、九〇日以内に勧告を行う。国や都道府県には、この第三者機関の「勧告に即

図4–1　国地方係争処理委員会の仕組み

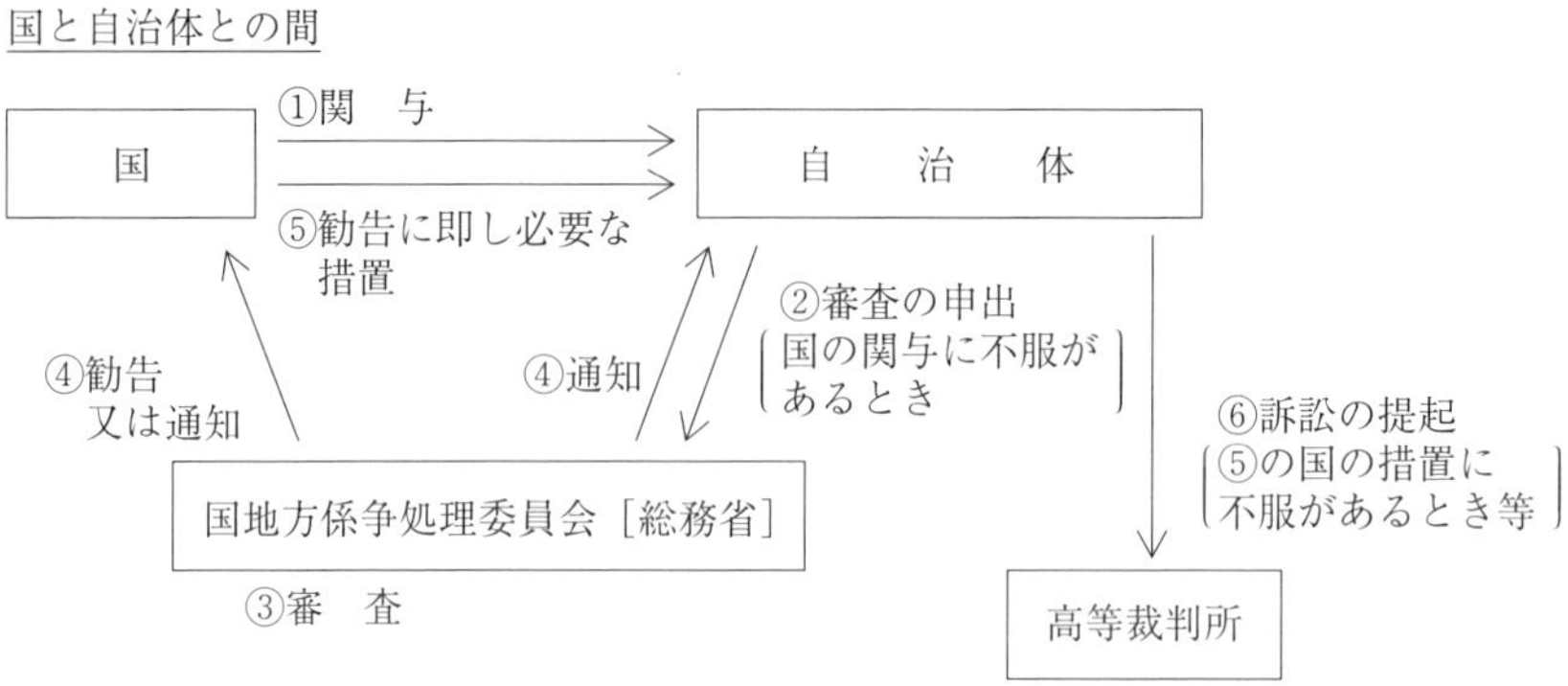

して必要な措置を講じ、講じたことを「委員会（自治紛争処理委員の場合は総務大臣）に通知する」義務が課せられている。自治体が第三者機関の審査結果に不服があるときは、三〇日以内に高等裁判所（以下「高裁」という）に訴えることができる。高裁は関与の「違法性」を審査し、判決をだす。国地方係争処理委員会は常設であり、国会の同意を経て総理大臣に任命された五人の委員で構成され、議事は多数決で決される（これに対して自治紛争処理委員では、事件ごとに総務大臣が関係大臣と協議して任命する三人の委員が、独任制にもかかわらず合議で決定する）。

このように、国と地方の紛争処理の仕組みは、第三者機関が裁判に前置され、期間が短いことが示すように、迅速を旨とした救済手続き的な意味あいの強いものとして構成されている。また、自治体は、第三者機関への申出、裁判への訴えができる一方で、国は、高裁で関与の取消判決が出た場合に最高裁判所（以下「最高裁」という）に上告できるだけである。さらに注意が必要なのは、国地方係争処理委員会と自治紛争処理委員は、まったく別の案件を審査する機関として構成され、自治紛争処理委員の後に国地方係争処理委員会が審査するような審級制をとっていないことである。自治紛争処理委員制度には問題が多く、後に詳細に論じる（一八七頁以下）。このほか、公正・中立かつ権威あるものという観点から組織の位置づけが重要であるが、国地方係争処理委員会は、各省に設置される審議会と同等の機関として国家行政組織

図 4-2　自治紛争処理委員の仕組み

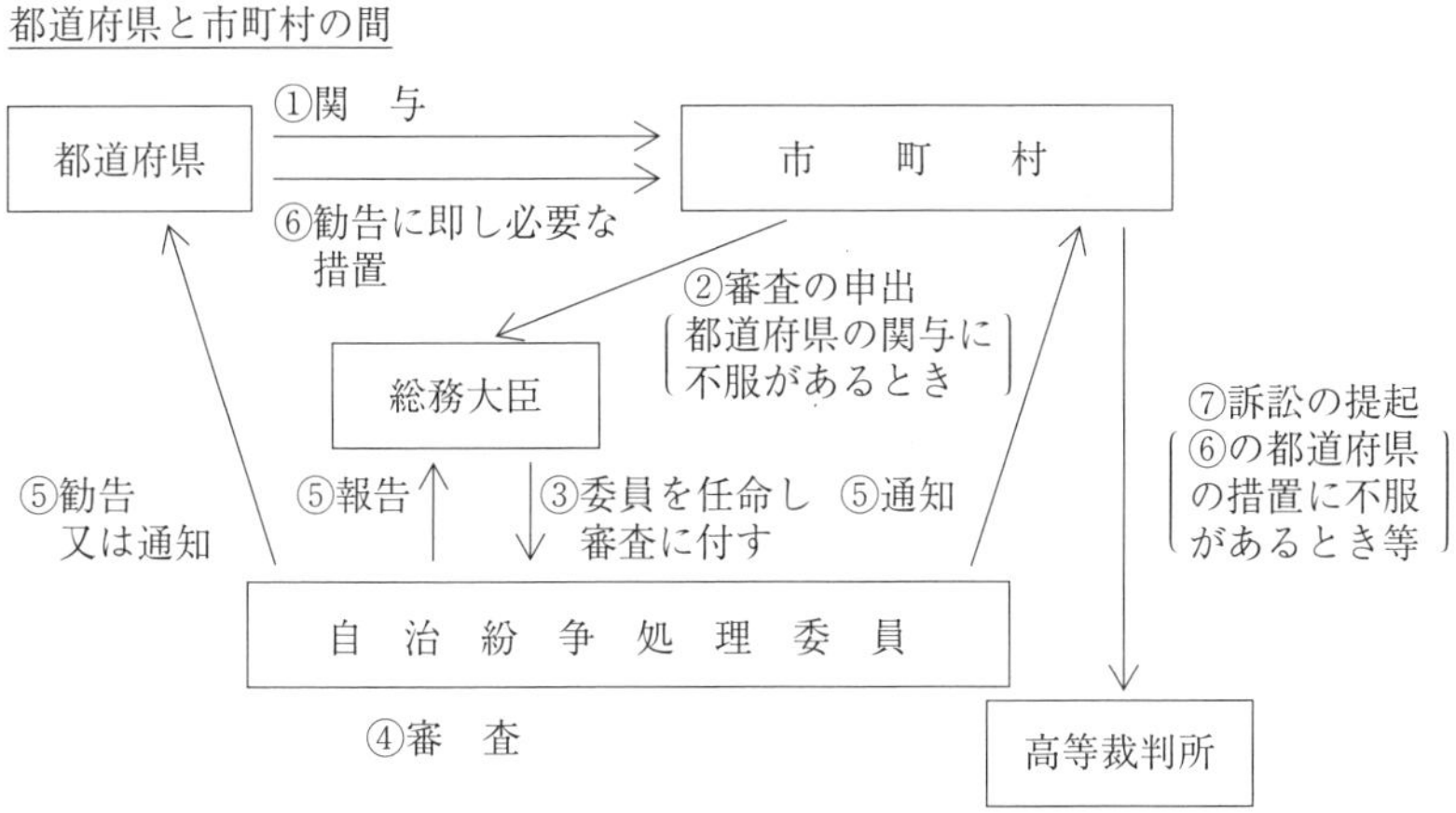

法の八条機関とされた（国に置かれる自治紛争処理委員も同様と考えられる）。

このような係争処理の仕組みは、分権委員会が当初目指したものから相当に変更されたものである。分権委員会の中で、どのような審議が行われたのか、公表された資料から議論の経過を追ってみよう。

（２）分権委員会の審議経過

係争処理をめぐる議論は、分権委員会の審議では中間報告以降のやや遅れた時期に始まり、地方分権一括法案が作成されるまで続いた。ただ、分権委員会が勧告した第四次勧告（一九九七年一〇月）までと、それ以降では、争点が異なっている。勧告が出されるまでは、係争処理手続きの創設そのものが議論され、内閣法や国家行政組織法との整合性、第三者機関の審査結果の法的効果（勧告機関か裁定機関か）、さらには条例違法審査のあり方などが争点となった。第四次勧告以降は、当然、係争処理手続きの創設は前提とされたものの、第三者機関の国家行政組織法上の位置づけ、対象事案の範囲（適用除外）、国から第三者機関・裁判への申出などが問題とされたと考えられる。したがって、勧告までとそれ以降を分けて、経過を見てみよう。

分権委員会は、中間報告(九六年三月)で第三者機関の仕組みが必要であることを指摘しているが、本格的に各省との協議を行ったのは、前述のとおり第一次勧告(九六年一二月)の少し前(「たたき台」九六年一一月)からであった。第一次勧告を含め、この段階で分権委員会が示したものが分権委員会の原案と考えられる。しかし、第一次勧告は骨格にすぎず、「たたき台」は公表されていないため、全体像は議事録などから推測するほかはない。それでも、第一次勧告と議事録をあわせて読むと、その概要は、①裁判の前に第三者機関を置くこととする、②それを裁定機関とする、③国が自治体の条例規則について違法確認できる、としていたことは明らかである。[5] 第三者機関の審査結果を受けた後の裁判所への出訴については、第一次勧告では白紙の状態になっている。

その後、第一次勧告をもとに九七年二月六日、分権委員会はまず法務省にヒアリングを行った。議事録によれば、意外にも、法務省の見解は好意的である。その場で、国と自治体の紛争を「本来、行政内部において処理し解決を図るべき性質のもの」とし、「裁判所で争えるのは違法性が問題となる場合に限定される」などと注文を付けながらも、「第三者機関前置主義」に立ち、そのことを前提にするならば、係争処理の創設そのものは容認するという見解を述べている。ただ、自治体がつくる条例・規則について、国からの申出によって第三者機関がその違法性を確認することについては、否定的見解であった。[6]

①裁定機関に対する省庁の反論

これを踏まえて分権委員会では、九七年四月末ごろ、試案が作成される(「試案その一」)。第一次勧告からの大きな違いは、検討課題とされていた裁判所における訴訟と判決について案を提示したことである。裁判の判断の対象は「第三者機関の裁定等の法律上の適否」とされた。そのほか、裁判の前に第三者機関を置く「裁定前置主義」を明確にし、相手方への再考期間や調停も導入して、できるだけ「行政内部における解決に手段を尽くす」仕組みになっている。代執行についても、いったん第三者機関の裁定を経る仕組みに変更された。また、第三者機関の手続きは、基本的に行政不服審査の手続きによるとされ、裁判では行政事件訴訟法の規定によることとされた。

「試案その二」は四月二五日に各省庁に説明され、五月一五日に分権委員会は法務省、厚生省、総務庁、自治省、農林水産省、建設省の六省庁から意見を聞いている。その場における各省庁の意見を議事録からまとめたものが表4-1である。(7)

法務省を除く四省庁の言い分は、係争処理制度の創設そのものに対する疑義であり、試案の全体にわたるものである。おもな主張は、第三者機関を置くこと自体(とくに法的効果のある裁定権をもつこと)が、所管省庁における法令の解釈権限に優越する組織をつくることになるというものであり、それが、内閣法と国家行政組織法が規定する分担管理論に反するというのである。法令の解釈権限については、「法律の主任の大臣から……第三者機関に委譲することには反対」(厚生省)、「第一次的な法令解釈権を有する法令所管庁が自らの行為の適法性を同じ行政府内の他の機関の判断に委ねることになるのではないか」(建設省)などの反論がなされている。

こうした省庁の見解はこれまで「有権解釈」と呼ばれ、「権限ある機関による法解釈」は「学理解釈と異なり、拘束力を有する」(法令用語研究会編、一九九九)とされてきた。しかし、国と自治体が対等の関係ならば、当然、関与をめぐって国と自治体が対立することは、想定されなければならない。また、それを解決するためには、国でも自治体でもない第三者の組織が必要であり、さらに、その中立・公正な第三者が紛争当事者より強力な権限をもつのは当たり前であろう。すでに存在する公害等調整委員会(鉱業等に係る土地利用の調整手続等に関する法律および公害等調整委員会設置法に基づく第三者機関)も、裁定権をもっているのである(鉱業等に係る土地利用の調整手続等に関する法律第四二条)。

表 4-1 「試案その一」に対する各省庁意見(97 年 5 月 15 日)

No.1

	法務省	厚生省	総務庁	農林水産省	建設省
第三者機関の必要性	○国と地方公共団体との間の紛争について裁判所による解決手続を導入するにしても、まず第一義的に行政内部において解決手続を設け、そこで解決がはかれない事案に限定してこれを認めるべき ○第三者機関に対する不服申立手続前置の建前は、訴訟手続による解決の必要不可欠な制度的前提		○最初から国と地方が対立するという具合に考えるのはいかがか ・国家行政組織法16条、自治紛争調停員制度はあまり使われていない ○国と地方の間で争いが起こることを想定するよりも、なぜ紛争が起こるのか、原因までさかのぼって十分議論すべき ○諸外国にも例がない ○機関委任事務制度の廃止後の状況を見てからでいいのではないか		○真摯な努力でどうしても合意できない場合に備え、最終的に結論を出す手続きは、司法制度によるべきではないか ○第三者機関制度は簡易性という面が、逆に国と地方公共団体との真摯な調整努力をある意味で阻害するおそれもあり、内閣にあるということから限界や問題点が大きい。結果として、デメリットが大きくならざるを得ないのではないか
第三者機関の実効性	○第三者機関における裁定手続は、…当事者間の自主的な解決が図られるような制度として構成すべき ・再考を促す期間、裁定手続中の調停を認めているのは、相当		○簡易・迅速な紛争処理を狙いとしているが、結局裁判までいくことで時間が掛る ○機関を行政府の中に置くのでは、厳密な意味での公平性・中立性の確保は難しい	○行政不服審査においては、処理にあたり 1 件につき 1 年くらいの期間を要しており迅速な処理に疑問 ○審査委員は､行政事務に慣れておらず迅速な行政判断が可能か	○第三者機関を設けたとしても、…国、地方公共団体とも組織として意志決定し争訟に及んだものについては、最終的には裁判所の結論を待つことになり…却って紛争処理に時間がかかる
行政改革の視点			○現実にどの程度の需要があり、機能するか検証･吟味の必要		
第三者機関の位置づけ・権(主任大臣の分担管理及び内		○法令の解釈権限を法律の主任の大臣から……第三者機関に委譲することには反対。法令の解釈をめぐる争いについては、直接裁判に委ねるべき ○内閣の統括の下におかれる同じ行政機関であ	○各省大臣の行政権限に優越する裁定権を非常に広範に認めることは、内閣法及び国家行政組織法の分担管理の考え方から、疑問 ○主任大臣から独立して職権を行使する組織は、慎重に考えるべき ・内閣の行政責任	○第三者機関の位置づけについて総理府を念頭に検討されていることについては適切なのではないか	○行政紛争処理委員会に国と地方の行政全般にわたる問題について主任の大臣の権限に優越する裁定権を認め、これを内閣に置くとすることは、内閣法 3 条、国家行政組織法 5 条の趣旨に反するのではないか ・第一次的な法令

No.2

	法務省	厚生省	総務庁	農林水産省	建設省
限閣行政責任と裁定との関係）		る第三者機関に国と地方との裁定権を認めることとすれば、主任の大臣よりも当該機関が法律の解釈、運用等において優越権をもつということとなる。…現行内閣制度において問題 ○第三者機関が「違法ではないが内容において適切ではない」という裁定を行った場合…裁判に持ち込めず…主任の大臣の意思、行為を拘束する。…現行内閣制度上適当なのかどうか疑問	がなかなか及びがたいという面からも疑問 ・審査委員に内閣が人事に関与できない。管理委員が関与しないで委員会の名前で裁定するのは問題 ○（裁定の対象となる国の関与の）「当・不当」は、行政裁量の範囲である上、裁判で争う道はない。上級行政庁でもない行政紛争処理委員会が最終判断を下す仕組みはなかなか難しい。 ○当該行政事務を分担管理する主任大臣が、自らの法律に関する適法性の判断を同じ行政府の別の機関に判断について申立をする制度は成り立ち得るのか		解釈権を有する法令所管庁が自らの行為の適法性を同じ行政府内の他の機関の判断に委ねることになるのではないか ・公害等調整委員会の例はあるものの限られた特殊な分野のもの…全般について制度をつくることは内閣制度に対する影響が非常に大きいと懸念 ○（裁定の効果）裁定の第三者効を否定されているが、当該事件に関し私人が地方公共団体の処分の相手方等として関係する場合に…一つの事件について行政紛争処理委員会の判断と…各省大臣の判断が、内閣の判断として並存することになる
第三者機関の構成		○地方公共団体が固有の資格において行う事務以外の事務への国の関与、…資金交付事務に係る国の関与は…対象とはしないこと	○事項は極めて広範にわたる…果たして適任の審査委員を迅速に選ぶことが可能か ○管理委員が審査委員を選ぶ場合に全員一致の指名が円滑に行えるか。円滑でない指名の場合、国・地方が納得するか ○臨時的な審査委員が、迅速・公正・的確に判断できるか疑問	○第三者機関の構成については中立、公正、適切な裁定が行われることが担保されるような組織とすることが不可欠 ○管理委員については、「国の立場を代表する者」が管理委員に含まれることを明確にしておく必要	
裁判	○法律上の争訟に属さない紛争についても、法政策的な見地から、裁判所法3条1項にいう「その他法律におい		○（行政紛争処理）委員会が被告となることが自然でないか ・紛争当事者を被	○国の関与についての最終判断を裁判所が十分におこないうるのか疑問	

No.3

	法務省	厚生省	総務庁	農林水産省	建設省
所における訴訟、判決	て特に定める権限」として、法律により裁判所に解決権能を付与することも可能ではあるが…必要最小限のものに限定されるべき ○訴訟対象とする事件の範囲は明確に定める必要 ・訴訟の対象となる範囲を当事者に不服のあるすべての裁定とするのではなく、裁定固有の違法事由があるもの及び裁定で示された認定判断のうち違法か適法かが問題となるものに限定する趣旨であると理解 ・訴訟の対象となる事件の範囲は、限定列挙すべき ○関与の裁定においては、適法か否か、適切か否かの区別を明記しなければならないとすべき		告とするなら、裁定を前置しない直接の訴訟と同じであり、第三者機関が裁定する意味がなくなるのではないか ○(国が裁定等の取消を提起すると)国と国とが裁判で争うこととなり、内閣の一体性、内閣の連帯責任の観点から例がなく問題が多い		
条例等の違法審査	○現行法制上、類似の制度が存在せず、憲法理論上も訴訟手続上も、なお検討すべき事項が多数残されている ・憲法理論上の問題 　法律により裁判所に権限を付与する場合…許容されるのは、具体的な行為を巡る紛争の解決 　現行法上、例外的に認められている訴訟は、…職務執行命令訴訟制度(機関訴訟)と住民訴訟(民衆訴訟)。…いずれも具体的な紛争解決手続 　条例等の違法性を巡る訴訟は、機関訴訟の一類型とされているが…行政事件訴訟法6条…の要件に該当するもの		・条例、規則について違法性の確認を行うのは地方自治の本旨に反するのではないか ○条例の違法性を具体的な総称ではなく、抽象的な違法性の判断を裁判に求めることは疑問		○憲法で認められている…地方公共団体の条例について、内閣の中の機関が違法性の審査を行うとすることは、地方自治の本旨との関係でどのように理解すればよいか疑問 ○条例の違法判定について…地方議会の議決によらなければ改正・廃止等が行えない。条例について、地方公共団体の長に対し「違法」の判定を行っても実質的には効力はなく、結局裁判所の判断を待つことになり、却って時間がかか

No.4

	法務省	厚生省	総務庁	農林水産省	建設省
	とすることは困難 ・訴訟手続上の問題点 　地方公共団体は、第三者機関…においては、法律が憲法違反である旨の主張をすることができないが、…訴訟においては…主張できることとなる。…瑕疵ある判定の取消を求める判定取消訴訟の構造と相いれない 　条例等の違法性を巡る訴えの訴訟物をどのようにとらえているのか明らかでない （判決の効果について、各判決の矛盾や実質判断なしの対世効などの問題をどうするか）				るのではないか

（注）下線部は筆者。
（出典）分権委員会『第130回（1997年5月15日開催）議事録詳細版』より作成。

その後、分権委員会は試案をつくり直す（「試案その二」）（表4－2参照）。

分権委員会はこの「試案その二」でも、裁定機関とすることは変更していない。しかし、分担管理論に関わる部分については変更を加えている。「試案その一」において、分担管理に関わる省庁の意見は、「一つの事件について行政紛争処理委員会（国地方係争処理委員会の変更前の名称、筆者注）の判断と……各省大臣の判断が、内閣の判断として並存することになる」（建設省）などというものであった。つまり、同じ内閣の中に二つの判断はありえないというのである。

そこで、この段階で前案を変え、国の行政機関が第三者機関の裁定に不服ある場合、裁判に訴えるのではなく閣議で調整し、内閣の判断を一つにまとめる仕組みを取り入れている。内閣法第七条に規定されている、主任大臣の権限の疑義について閣議で裁定する仕組みを利用したのであろう。

「試案その二」には、もう一つ大きな変更点がある。自治体の条例・規則について、国の申出で第三者機関がそ

表 4-2　第三者機関の内容の推移

No.1

	第一次勧告 (96 年 12 月 20 日)	「試案その一」 (97 年 4 月下旬)	「試案その二」 (97 年 6 月下旬)	第四次勧告 (97 年 10 月 9 日)
設置省庁		・地方公共団体に対する国の関与等に関する紛争を処理する機関として、○○○に行政紛争処理委員会を置く	・(左記より「行政紛争処理委員会」の名称を「国地方係争処理委員会」に変えた)	・内閣に直属する機関として置くことが望ましい。府又は省に置くこととしても差し支えない
機関の構成	・第三者機関は、国又は地方公共団体からの申出により、事案ごとに任命される国地方関係調整委員により構成される ・調整委員を任命するための委員会を置くものとする	・総理大臣に任命される管理委員(地方、中立、その他の三人)が、審査委員を任命し、審査委員が裁決する方式 ・審査委員は、管理委員全員一致のもとで会長が任命 ・専門調査委員は、会長が任命	・(ほぼ同左) ・(管理委員に国の立場を代表する者を加え、三人とした)	・総理大臣に任命される委員(三者構成とはしていない)が審査し、委員の多数決で決する(審査委員は置かない) ・専門調査委員は、会長が任命
対象事案	・地方公共団体に対する国の指示、是正措置要求(自治事務)、国の指示(法定受託事務)。事前協議及び合意	・地方公共団体に対する国の関与のうち、一般ルール法に基づく技術的助言・勧告及び報告・徴収を除くものに関する紛争	・(同左)	・地方公共団体に対する国の関与のうち、一般ルール法に基づく技術的助言・勧告及び報告・徴収を除くものとする
申立	・地方公共団体及び国の行政機関	・地方公共団体(固有の資格において相手方となるものでない場合を除く)、及び国の行政機関 ・申立期間の制限を置く	・(同左) ・(同左) ・申立は濫用してはならない	・(同左) ・(同左) ・(同左)
審査結果の法的効果	(記述なし)	・国又は地方公共団体の申立に対し、いずれも裁定を行う ・あらかじめ相手方に再考を促す ・地方公共団体の裁定の申立は国の関与の効力に影響を及ぼさない ・委員会の職権で調停案を提示できる	・(同左) ・(同左) ・(同左) ・(同左)	・国又は地方公共団体の申立に対し、勧告を行う ・(同左) ・(同左) ・(同左) ・勧告を受けた国の行政機関の長、又は地方公共団体の長は、勧告に即して措置を講じ、委員会に通知する義務がある

No.2

	第一次勧告（96年12月20日）	「試案その一」（97年4月下旬）	「試案その二」（97年6月下旬）	第四次勧告（97年10月9日）
判断の対象		・当該関与が要件を満たしているかどうか、内容において適切であるかどうか	・（同左）	・（同左）
			〈国の行政機関が裁定に不服ある場合〉 ・委員会の裁定に不服ある国の行政機関の長は、その旨内閣総理大臣に申し出る ・内閣総理大臣は、閣議にかけ、国の行政機関に裁定に従うよう命じるか、委員会に再度裁定することを命じる	
代執行	・省庁は、（一般の関与と同じ手続きを経つつ）…地方公共団体に対し、是正すべき旨の勧告及び指示を行ってもなお是正されない場合、裁判所又は第三者機関に対し…裁判又は裁定を求める ・地方公共団体が、…裁判又は裁定で示された期限までに是正しないとき代執行できる	・代執行については別類型 ・国は…地方公共団体に対し、是正すべき旨の具体的な指示を出す ・地方公共団体が従わない場合、委員会に裁定の申立 ・委員会は、一定期間内に指示に従う旨の裁定を行う ・地方公共団体が出訴期間内に出訴せず、かつ従わないとき、代執行できる	・代執行については別類型 ・ほぼ左記のとおり ・ただし、発動の要件を「以下の措置以外の方法によってその是正を図ることが困難であり、かつそれを放置することにより著しく公益を害することが明らかであるとき」に限定した ・また、代執行を行う際の国の地方公共団体への通知義務を課した	・現行の機関委任事務制度における代執行の手続きに準じた手続きとする
裁判所への出訴判決	・上記のうち違法性が問題となるようなものについては裁判所に訴えることができるとすることについて、なお検討	・事前協議以外の裁定について ・国および地方公共団体とも裁定に不服あるとき、その取消の訴えを提起できる ・訴訟における判断の対象は第三者機関による裁定等の法律上の適否	・（同左） ・地方公共団体は、その取消の訴えを提起できる（国の行政機関はできない） ・（同左）	・（同左） ・国及び地方公共団体とも裁定に不服あるとき、その取消の訴えを提起できる ・訴訟における判断の対象は、地方公共団体に対する国の関与の法律上の適否
条例・	―条例・規則の違法確認の申出― 国は、地方公共団体の条例・規則が法律に違反すると認めるときは、	―第三者機関の審査― ・国の行政機関の長は、地方公共団体の条例又は規則が違法であると認めるときは、…委員	―第三者機関の審査― ・国から訴えるのは左記と同じ ・委員会がするのは、「当該条例等の規定が文	（記述なし）

No.3

	第一次勧告（96年12月20日）	「試案その一」（97年4月下旬）	「試案その二」（97年6月下旬）	第四次勧告（97年10月9日）
規則違法審査	当該条例・規則が違法であることの確認の申出をすることができる	会に対して判定の申立をすることができる ・委員会は、当該条例が違法であるときは、当該条例が違法である旨の判定をし、当該条例が違法でないときは、当該条例等が適法である旨の判定をする ・なお、行政紛争処理委員会は法律の違憲性についての判断を行わない —裁判— ・判決により条例等が違法である旨の判定の取消の訴えが棄却又は却下された場合、又は条例等が適法である旨の判定の取消の訴えが認容された場合には、当該条例等は、将来に向かって効力を失う	言上明白に法令の規定に違反する」かどうかの判定 ・委員会の判定に不服ある国の行政機関の長は、内閣総理大臣に申し出ることができる ・条例等の規定が違法である旨宣言された場合—内閣総理大臣は、地方公共団体の長に対し、期限を定めて当該条例等の規定の改廃の措置を求める（改廃措置要求という） —裁判— ・当該地方公共団体の長は、内閣総理大臣を相手方として、改廃措置要求の取消の訴えを提起することができる ・内閣総理大臣は、地方公共団体の長を相手方として、当該条例等の規定の違法確認の訴えを提起することができる ・判決の効力は、判決において違法と宣言された限度による	

（注）下線部は筆者。
（出典）第一次勧告、および第四次勧告とその「別添」より作成。

の違法性を審査するという仕組みの問題である。違法審査について第三者機関が違法の裁定を下した場合、あえて総理大臣から自治体に対し当該条例等の改廃措置請求を行う仕組みを入れ、わざわざ紛争状態をつくるというのである。なぜ、いちいち総理大臣が行動を起こすことにしたのであろう。これはおそらく、法務省が「試案その一」で、裁判では抽象的に条例の違法性を判断するのは困難で、具体的な紛争を解決するものでなければならないと主張したことに答えたのではないか。法務省は、現行の客観訴訟は職務執行命令訴訟制度も住民訴訟も、いずれも具体的な紛争解決の手続きだというのである。

このような変更を加えたものの、分権委員会は「なお各省庁をはじめとする関係者の認識との間に大きな開きがあると判断せざるを得」（第二次勧告第二章Ⅲより）ず、第二次勧告での勧告を断念した。

②裁定機関から勧告機関への転換

分権委員会は第三次勧告直後の九七年九月一一日、この問題だけのために有識者のヒアリングを行っている。ここで分権委員会の原案に近い主張をしていた塩野宏成蹊大学教授が、第三者機関が裁定機関ではなく勧告機関になったとしても制度としては成り立つ旨を主張し、一方、元総務庁事務次官であった増島俊之中央大学教授が、第三者機関の創設の必要性を述べている。(8) 内閣法などの分担管理論から第三者機関の創設そのものに強固に反対していた総務庁に対し、増島氏は強い影響力をもっていたと想像され、大きくかけ離れていた二つの考えがここで交差する。

結局、分権委員会の最終案（第四次勧告）は、「裁定機関」ではなく「勧告機関」として構成された。審査結果は勧告であって法的効果がないとされたので、内閣で調整する仕組みは必要がなくなり、削除され、そのまま裁判に訴える仕組みが採用された。

試案と第四次勧告との二つ目の大きな違いは、第三者機関の組織構成である。審査を行う委員は、国会同意を経て総理大臣が任命するという、省庁の審議会と似た形式（委員の国会同意を採用した審議会は少ないが、分権委員会や行政改革委員会はこの方式だった）になっている。ただ、専門調査員の任命権を第三者機関の会長がもっているという特徴はあった。

じつは、これ以前の試案段階では、委員の人選を二段階にし、総理に任命された委員（三者構成）が、さらに実際に裁定する審査委員を任命する方式がとられていた。第三者機関の「第三者性」を明確にするために、形のうえでも、任命権者（総理大臣）の影響をできるだけ排除しようという形態である。(9) しかし、各省庁から審査委員の指名が管理委員会で紛糾する可能性、臨時的な審査委員の判断能力への疑問、総理大臣からは人事面での統制欠如などの批判が出され、結果として採用されなかった。こうした省庁による批判も、第三者機関という存在が各大臣の分担管理権限を侵すという観点からなされていたことを指摘しておきたい。

③条例・規則の違法審査

さらに、自治体の条例・規則について第三者機関がその違法性を審査する仕組みについても、勧告からはずされた。国だけが申し出る制度のため、学識者やマスコミから、この制度が自治立法に対する国の介入を招くのではないかとの危惧が出されたり、自治体や住民による規範統制訴訟（一般的・抽象的に法令の効力を審査対象とする訴訟）を導入しなければバランスを欠くという批判があったりしたためである（木佐、一九九七：五八頁）。同制度の導入を求める側は、まったく逆に「この制度は地域の条例政策に積極的に働くことが期待される」（塩野、一九九七：四六頁）と主張した。これまで、アンダーグラウンドで行われてきた国の行政指導が、第三者機関や裁判の場で公開されることにより、自治体の法務能力が高まるはずという見解であろう。

実際どうなるかは、条例制定が進められてみなければ分からないところがある。「国が自治体の条例をいちいち裁判で争うようなことをするわけがない（したがって、大きな変化はない）」という予測も成り立つし、「自治体は国に訴えられたら困るので、事前に省庁にチェックしてもらう慣習ができるだろう」という予測も成り立つ。筆者は、国はこれからも、あらかじめ条例化を許容する特定分野を除き、自治体の自由な条例制定を許さないだろうと考えている。法律環境についての主導権の確保は、中央省庁にとっての生命線だからである。したがって、このような制度ができれば省庁が条例抑制手段として利用する可能性が高く、自治にとってマイナスに働くと考えざるを得ない。

問題の核心はむしろ、「条例がつくられたらどうするか」ではなく、「どうしたら、自治体の条例制定範囲を広げられるか」である。当面、そのことに集中すべきであろう。[10]

④議論の焦点としての分担管理論

分権委員会がぶつかったもっとも大きな壁は、要するに各省庁の唱える「分担管理論」であった。第三者機関の創設によって、省庁の法令解釈権を侵害することになる、各省庁と行政機関の間で上下関係が生じる、内閣において異なる判断が並存することになるのがそれぞれ問題だという省庁の主張は、すべて「それぞれ行政事務を分担管理する主任の大臣」こそ「所管行政の最終責任者」であるという考えに基づいている。[11]

たしかに、内閣法第三条と国家行政組織法第五条は主任大臣がそれぞれ行政事務を分担管理すると規定し、行政各部に対する総理の指揮監督権も閣議で決定した方針に基づいてしか実施できない（内閣法第六条）。また、憲法（第六六条第3項）が「内閣は、行政権の行使について、国会に対して連帯して責任を負ふ」（傍点、筆者）としていて、内閣自体が合議体とされるために、憲法すらこれを擁護しているようにも考えられる。

仮に総理大臣と他の大臣の意見が異なった場合、総理大臣が指揮監督権を発動すればよいのだが、それは閣議を経た方針に基づかなければならない。しかも、その閣議は全員一致を習慣としているため、指揮監督権の発動はほとんど不可能である。結局、総理大臣はその大臣を罷免するしかない（憲法第六八条第2項）。行政各部についての主任大臣の権限は、非常に強大なのである。

主任大臣が最終責任者ということは、実質的にそれを支える「行政各部」の官僚が権限を掌握しているということにほかならない。官僚が数多くの失敗を犯したことを発端として、先の省庁再編論議が起こった。あまりに強大となった官僚権限を是正するためには、この分担管理論を崩す必要があった、と筆者は考えている。

地方分権改革から少しはずれるが、この時期、並行して審議が行われた省庁再編についての議論を確認しておくことにしたい。ここでも、分担管理論について議論があったはずだからである。

省庁再編議論を行っていた行政改革会議（会長、橋本龍太郎総理大臣）は、中間報告（九七年九月三日）で分担管理に関わって、「総理大臣権限の強化」と「府省間調整のあり方」という二つの側面から改革を提案した。総理大臣権限の強化について問題とされたのは、閣議決定しないと総理大臣が指揮監督できないとされている規定（内閣法第六条）である。この点、行政改革会議最終報告（九七年一二月三日、以下「最終報告」という）では、「内閣総理大臣の行政各部に対する指揮監督に関する内閣法の規定は、弾力的に運用する」とあったが、中央省庁等改革基本法（九八年六月一二日成立、以下「基本法」とする）で消え、中央省庁等改革関連法（九九年七月八日成立、以下「省庁改革法」という）でも、当該部分についての内閣法改正は行われなかった。

府省間調整については、最終報告で、①内閣官房による総合調整、②内閣府による総合調整、③各省庁による他の省庁との調整が提起され、とくに、②内閣府による総合調整では、特命担当大臣を置き、「指示を含む強力な調整権限を与える」となっている。基本法でもほぼこの方向が踏襲され、特命担当大臣の権限は「強力な調整のための権限」と表現されている（基本法第一一条）。省庁改革法では、内閣府設置法において総理大臣の調整機能を規定（内閣府設置法第四条）し、また特命担当大臣規定（同法第九〜一二条）と各省の調整権限を認める法改正（国家行政組織法・改正第一五条）も行われた。しかし、これらはいずれも他省庁に対する資料提出および説明要求と意見を述べる権限があるとされたにすぎない。特命担当大臣すら勧告権限があるだけで、基本的に各省による分担管理は維持されたのである[12]。

ただし、分権委員会は、各省庁が恐れるほど大それたことを主張していたわけではない。各省庁が行政各部を分担管理しているとしても、ほかの行政各部が限定された範囲で口を挟むことを一切排除しているわけではないはず、と主張した程度にすぎない。現に、公害等調整委員会は裁定権限をもっている。「国の自治体に対する関与」という特定分野の裁定権限を他の機関（国地方係争処理委員会）に与えるよう、主張したにすぎないのである。省庁の主張する分担管理論はあまりにも頑《かたく》な、というべきであろう。

第三者機関の権限範囲と実効性――第四次勧告から法案まで

第四次勧告によって第三者機関の設置が決まったことから、法案の作成に向かって、各省庁の関心事は第三者機関の権限の範囲や実効性に移っていった。この段階での記述の変遷のうち、特徴的な点を指摘しておきたい（表4-3）。

第一は、第三者機関（国地方係争処理委員会）の所管省庁、つまり、どこに置くかという問題である。

第四次勧告は、この組織をできるだけ国と地方の間に立つものとして中立・公正なものとするという観点から、「内閣に直属する機関として置くことが望ましい」が「府又は省に置くこととしても差し支えない」としていた[13]。しかし、九八年五月の分権計画で「総理府」とされ、さらに二〇〇一年の省庁再編後は、「内閣府」ではなく「総務省」に置くことになった。かつての省庁体制の中では「総理府」なのに、再編後は総務庁・自治省・郵政省の統合体である「総務省」になる（委員の任命も、分権一括法案では総理大臣となっていたが、省庁再編後は総務大臣となった[14]）。

この点についての政府の説明は、総理府の所掌であった「他の行政機関の所掌に属しない事務」が省庁再編後、内閣府と総務省に分けられ、内閣府が「各省の事務に広範に関係する企画立案及び総合調整」であるのに対し、総務省は「固有の行政目的の実現を任務とした特定の府省で行うことを適当としない特段の事務の遂行」とされたため総務省の所掌となったというものである[15]。しかし、所掌事務の規定はどちらの省であっても解釈可能であって、強引な説明というほかはない。省庁再編以前から総理府に置かれている地方制度調査会が内閣府に置かれることになっていることと比較しても、不可思議という印象を免れない。

表 4-3　第四次勧告後の第三者機関の記述内容の推移

No.1

	第四次勧告（97 年 10 月 9 日）	大綱（＊1）（97 年 12 月 24 日）	地方分権推進計画（98 年 5 月 29 日）	地方分権一括法（99 年 3 月 29 日）
設置省庁	・内閣に直属する機関として置くことが望ましい。府又は省に置くこととしても差し支えない	・組織のあり方については、地方分権推進委員会第四次勧告を踏まえて定める	・総理府に国地方係争処理委員会（仮称）を設置する	（設置及び権限）250 条の 7 ・総理府に、国地方係争処理委員会を置く
機関の構成	・委員会に会長及び一定数の委員を置く ・委員は総理大臣が両議院の同意を得て任命 ・会長は互選 ・会長は専門調査員の任免のほか、委員会を代表する ・委員は、…審査し勧告等を作成する ・勧告は委員の多数決 ・事案ごとに専門調査員を会長が任命 ・庶務担当職員を置く		・委員は内閣総理大臣が両議院の同意を得て任命する ・委員会には、専門調査員及び最小限の人数の庶務担当職員を置くことができる	・委員 5 人。2 人以内は常勤にできる（250 条の 8） ・優れた識見を有する者のうちから、両議院の同意を得て、内閣総理大臣が任命する。任期 3 年（250 条の 9） ・委員長は互選（250 条の 10） ・議事決定は過半数（250 条の 11） ・専門調査員は委員長推薦、総理大臣任命（施行令 174 条 2 項） ・庶務は自治省行政局行政課（施行令174条の2） 〈都道府県と市町村の紛争—自治紛争処理委員〉（251 条） ・委員は 3 人、事件ごとに、自治大臣又は知事が任命。あらかじめ当該事件に関係のある事務を担任する各大臣等と協議する（同条2項）
対象事案と審査手続	—対象事案— 地方公共団体に対する国の関与のうち、一般ルール法に基づく技術	・国の関与（地方公共団体がその固有の資格において当該関与の名あて人となるものに限る）に関する係争処理の手続については、別途法律に特別の定めがある場合を除くほか、以下…に定めるところによる —審査の対象となる国の関与— 権力的な又は処分性のある関与（ただし、代執	・国の関与（地方公共団体がその固有の資格において当該関与の名あて人となるものに限る）に関する係争処理の手続については、別途法律に特別の定めがある場合を除くほか、以下…に定めるところによる —審査の対象となる国の関与— 権力的な又は処分性のある関与（代執行を除	（関与の定義から「普通地方公共団体がその固有の資格において当該行為の名あて人となるものに限り、国又は都道府県の普通地方公共団体に対する支出金の交付及び返還に係るもの」を除いた−245 条 1 項） —対象と申出—250 条の 13 ・国の関与のうち是正の要求、許可の拒否そ

No.2

	第四次勧告 (97年10月9日)	大綱(＊1) (97年12月24日)	地方分権推進計画 (98年5月29日)	地方分権一括法 (99年3月29日)
対象事案と審査手続	的助言・勧告及び報告・徴収を除くものとする (ただし、審査請求に対する裁決等を除く) ―審査の申出― 〈地方公共団体の長又は行政委員会〉 ・国の関与に不服ある場合。ただし、法律に特別の定めのある場合、固有の資格において相手方となるものでない場合は、この限りでない 申出に、期間制限を設ける―ただし、協議・諾否の応答をしない場合を除く 〈国の審査の申出〉 ・国は、是正措置要求又は指示の相手方である地方公共団体の長が審査の申出をせず従わないとき、審査の申出をすることができる ―審査の手続― ・基本的には一般の行政不服審査の手続に準ずる	行を除く。)及び是正措置要求その他これに類する関与、…協議及び地方公共団体が行う届出の受理 (ただし、審査請求に対する裁決等を除く) ―審査の申出― 〈地方公共団体の長等の審査の申出〉 ・国の関与について不服があるとき ・審査の申出には、期間制限を設ける―ただし、協議等…同意等…に対し諾否の応答をしない場合…は、期間制限を設けない ・審査の申出は、国の関与の効力に影響を及ぼさない 〈国の行政機関の長による審査の申出及び訴訟の提起〉 ・是正措置要求等又は指示等については、…これを受けて地方公共団体が措置を講じなければ違法であることを踏まえ……今後法制的に整理する(＊2) ―審査の手続― ・基本的には一般の行政不服審査における手続に準ずる	く)、是正措置要求、その他これに類する関与、協議 (ただし、審査請求に対する裁決等を除く) ―審査の申出― 〈地方公共団体の長等による審査の申出〉 ・国の関与に不服あるとき ・申出に期間制限を設ける―ただし、協議・同意に対し諾否の応答をしない場合は設けない ・審査の申出は国の関与の効力に影響を及ぼさない (＊国は申出できないこととされた) ―審査の手続― ・基本的には一般の行政不服審査の手続に準ずる	の他の処分その他公権力の行使にあたるもの(代執行に係る指示(245条の8)などを除く) ・国の不作為 ・法令に基づく協議(地方公共団体が義務を果たしたにもかかわらず協議が整わないとき) ・国の関与があった日から30日以内
勧告及び通告	勧告及び通告 〈地方公共団体の長の申出の場合〉 ・自治事務に対する国の関与(事前協議等を除く)―要件を満たしてないとき、又は内容において適切でないとき－国の行政機関の長に対し、期間を示して勧告、申出人に通告、公表 要件を満たし、かつ	勧告及び通告 〈地方公共団体の長等による申出に対する勧告及び通告〉 ・自治事務に対する国の関与(協議等を除く)―当該関与が法令に違反し、又は著しく不当であるときは、…期間を示して必要な措置を講ずべきことを勧告するとともに、当該勧告	勧告及び通告 〈地方公共団体の長等の申出に対する勧告及び通告〉 国地方係争処理委員会は、審査の申出を不適法として却下する場合を除き、一定の期間内に、審査の結果に基づき、次のとおり勧告又は通告をしなければならない	〈審査及び勧告〉250条の14 ・自治事務―国の関与について…違法でなく、かつ、普通地方公共団体の自主性及び自立性…観点から不当であると認めるとき、…通知、…公表し、国の関与が違法又は普通地方公共団体の自主性及び自立性…観点から不当であると

No.3

	第四次勧告 (97年10月9日)	大綱(＊1) (97年12月24日)	地方分権推進計画 (98年5月29日)	地方分権一括法 (99年3月29日)
勧告及び通告	内容において適切であるときは、審査の申出に理由がない旨通告、公表 ・法定受託事務—違法であるとき—勧告、通告、公表 違法でないときは、申出に理由がない旨、通告、公表 ・事前協議等—義務を果たしたとき、果たしてないとき、それぞれその旨—通告、公表	の内容を審査申出人に通告し、かつ、これを公表する。法令に違反せず、かつ、著しく不当でないときは、当該国の行政機関の長及び審査申出人に対し、審査の申出には理由がない旨を通告するとともに、これを公表する ・法定受託事務に対する国の関与(協議等を除く)—違法であるとき…勧告…通告…公表する 違法でないときは、…申出には理由がない旨、通告、公表する ・協議等—審査申出人がその義務を果たしたときは、…その旨を通告、公表 また、義務を果たしていないときは、同	・自治事務に対する国の関与(協議を除く)—関与が法令に違反し、又は著しく不当であるとき…期間を示して必要な措置を講ずべきことを勧告、通告、公表。法令に違反せず、かつ著しく不当でないときは、申出に理由がない旨、通告、公表 ・法定受託事務に対する国の関与(協議を除く)—違法であるとき…勧告、通告、公表 違法でないときは、申出に理由がない旨、通告、公表 ・協議—義務を果たしたとき、果たしてないとき、それぞれその旨ー通告、公表	認めるとき、…期間を示して、必要な措置を講ずべきことを勧告…通知…公表。 ・法定受託事務—国の関与が違法でないと認めるとき…通知、…公表し、…違法であると認めるとき…期間を示して、必要な措置を講ずべきことを勧告…通知…公表 ・国の不作為—申出に理由があると認めるとき勧告 ・国の協議—義務を果たしているかどうか ・審査及び勧告は申出から90日以内 ・委員会の証拠調べの権限(250条の16)
	〈国の行政機関の長の申出の場合〉 ・是正措置要求又は指示に地方公共団体が従わないことが違法であるとき、地方公共団体の長に期間を示して勧告、通告、公表	〈国の行政機関の長の申出の場合〉(＊2)	(＊国の行政機関の長は申出できないこととした)	
	〈国の行政機関の長の措置〉 ・勧告を受けた国の行政機関の長又は地方公共団体の長等は、当該勧告に即して必要な措置を講ずるとともに、その旨委員会に通知しなければならない	〈国の行政機関の長の措置〉 ・勧告を受けた国の行政機関の長は、当該勧告に即して必要な措置を講ずるとともに、その旨を国地方係争処理委員会に通知しなければならない。委員会は、当該通知に係る事項を審査申出人に通知、公表。 ・委員会は国の行政機関の長に対し、説明を求めることができる	〈国の行政機関の長の措置〉 ・勧告を受けた国の行政機関の長は、当該勧告に即して必要な措置を講ずるとともに、その旨を国地方係争処理委員会に通知しなければならない。委員会は当該通知に係る事項を申出人に通知、公表。 ・委員会は、国の行政機関の長に説明を求めることができる	〈国の行政機関の長の措置〉 ・委員会の…勧告を受けた国の行政庁は、…期間内に…必要な措置を講ずるとともに、その旨を委員会に通知しなければならない(250条の18第1項) ・委員会は、…国の行政庁に対し説明を求めることができる
	〈調停〉 ・委員会は…職権で調	〈調停〉 ・委員会は、…職権で	〈調停〉 ・委員会は職権で調停	〈調停〉 ・委員会は…職権によ

No.4

	第四次勧告 (97年10月9日)	大綱(＊1) (97年12月24日)	地方分権推進計画 (98年5月29日)	地方分権一括法 (99年3月29日)
	停案を提示できる ＊代執行はこの手続の対象外	調停案を提示することができる	案を提示できる	り、調停案を…示すことができる(250条の19) 〈自治紛争処理委員は別記〉
裁判所における訴訟及び判決	〈地方公共団体の長の訴訟提起〉 ・地方公共団体の長等は、委員会に審査の申出をした場合、勧告に不服ある場合等一定の要件に該当するとき、関与(事前協議を除く)を行った国の行政機関の長を相手方として当該関与に係る不服の訴え(関与の取消の訴え及び関与の不作為の違法確認の訴え)を提起できる 〈国の行政機関の長の訴訟提起〉 ・国の行政機関の長は、一定の要件に該当するとき、是正措置要求又は指示の相手方である地方公共団体の長を相手方として、従わないことが違法であることの確認の訴えを提起できる(なお書きあり) 〈訴訟の類型と判断の対象〉 ・行政事件訴訟法における「機関訴訟」の一類型である ・判断の対象は、関与の法律上の適否 〈裁判手続〉 ・高等裁判所の専属管轄 ・原則として行政事件訴訟法の規定	〈地方公共団体の長等による訴訟の提起〉 ・地方公共団体の長等は、委員会に審査の申出をした場合、勧告に不服ある場合などにおいて国の関与(協議等を除く)を行った国の行政機関の長を相手方として、当該関与に係る不服の訴え(関与の取消の訴え及び関与の不作為の違法確認の訴え)を提起することができる 〈国の行政機関の長の訴訟提起〉(＊2) 〈訴訟の類型及び判断の対象〉 ・行政事件訴訟法における「機関訴訟」の一類型 ・判断の対象は、国の関与の法律上の適否 〈裁判手続〉 ・高等裁判所の専属管轄 ・機関訴訟の一類型として、原則的には行政事件訴訟法の規定による	〈地方公共団体の長等による訴訟の提起〉 ・地方公共団体の長等は、委員会に審査の申出をした場合、勧告に不服ある場合等一定の要件に該当するとき、関与(協議を除く)を行った国の行政機関の長を相手方として当該関与に係る不服の訴え(関与の取消の訴え及び関与の不作為の違法確認の訴え)を提起できる (＊国の行政機関の長の訴訟提起はできないこととされている) 〈訴訟の類型と判断の対象〉 ・行政事件訴訟法における「機関訴訟」の一類型 ・判断の対象は、関与の法律上の適否 〈裁判手続〉 ・高等裁判所の専属管轄 ・機関訴訟の一類型として原則として行政事件訴訟法の準用 ・手続の迅速性を確保	〈普通地方公共団体の長その他の執行機関による訴えの提起〉 ・「処分その他公権力の行使に当たるもの」(250条の13第1項)又は「国の不作為」(250条の13第2項)について審査の申出をした場合、勧告や国の行政庁に不服がある場合、「違法な国の関与の取消」又は「国の不作為の違法の確認」を求めることができる(251条の5) ・訴えは、勧告等から30日以内 (＊国の行政機関の長は訴訟提起できないこととされている) 〈裁判手続・判決の効果〉 ・地方公共団体の区域を管轄する高等裁判所(251条の5第3項) ・原告は被告に通知(同第4項) ・口頭弁論は15日以内

No.5

	第四次勧告（97.10.9）	大綱（＊1）（97.12.24）	地方分権推進計画（98.5.29）	地方分権一括法（99.3.29）
裁判所における訴訟及び判決	〈判決の効果〉 ・判決により関与が取り消された場合、関与が遡及的に消滅し、関係行政機関は、同一の状況下において同一の地方公共団体に対し同一の関与をすることができなくなる ・判決の効果は、当事者及び関係行政機関以外の行政機関並びに一般私人と各当事者との関係に及ばない ・以上のほか、…判決の効果は一般の訴訟の判決の効果と同様	・手続きの迅速性を確保するため、職務執行命令訴訟と同様…規定を設ける 〈判決の効果〉 ・判決により関与が取り消された場合には、関与が遡及的に消滅し、当事者及び関係行政機関は、同一の状況下において、同一の地方公共団体に対し、同一の関与をすることができない ・当事者及び関係行政機関以外の行政機関並びに一般私人と各当事者との関係には及ばない ・以上のほか、…判決の効果は、一般の訴訟の判決の効果と同様	するため原告の被告への出訴通知義務、15日以内の口頭弁論、上告期間一週間の規定を設ける 〈判決の効果〉 ・判決により関与が取り消された場合には、関与が遡及的に消滅し、当事者及び関係行政機関は、同一の状況下において、同一の地方公共団体に対し、同一の関与をすることができない ・当事者及び関係行政機関以外の行政機関並びに一般私人と各当事者との関係には及ばない ・以上のほか、…判決の効果は、一般の訴訟の判決の効果と同様	（同5項） ・上告期間1週間（同6項） ・国の関与を取り消す判決は、関係行政機関に対しても効力を有する（同第7項） ・行政事件訴訟法「第三者の訴訟参加」（22条）、「第三者効」（32条）、「第三者の再審の訴え」（34条）は適用除外（同第8項） ・その他は最高裁判所規則（同11項）

（＊1）正式名称は225頁注（23）参照。
（＊2）正確には、225頁注（24）のように記述された。
（注）下線部は筆者。
（出典）それぞれの文書より作成。

第二は、前述の課題と関係するが、第三者機関の独立性の問題である。分権委員会は、国家行政組織法上の三条機関として、はっきりと提案することに躊躇があったようである。[16]分権委員会は委員選任にあたって、司法試験管理委員会のような公正を担保するための二段階方式を主張していたのだが、三条機関でないとそうした構成がむずかしいことも影響したのか、最終的に二段階方式を断念している。

それでも、勧告には、第三者機関に独立性を確保するための工夫を織り込んでいる。実際の調査に当たる専門調査員の任命権を会長に与えたことと、独立の事務局を置くとしたことである。このため、分権委員会の勧告内容は、国家行政組織法上の三条機関に近い独立性のある機関と考えられた。しかし、創設された国地方係争処理委員会は八条機関で、専門調査員は委員長推薦、総務大臣任命とされ（前述のように省庁再編前は総理大臣任命だった）[17]、庶務は総務省自治行政局行政課が行うことになった[18]。

専門調査員や庶務については細かな話と思われる向きもあるかもしれないが、この点こそ第三者機関の勧告文案作成に関わる重大な問題である。分権委員会が機能し得たのは、（もちろん優れた委員、政治的背景などがあるが）地方分権推進法という法律に直接基づいてつくられたため任務が法的に保障されていたことと、実務を支えた独立した事務局を有していたことが大きいと、筆者は考えている。それでも、たえず特定の省庁が主導しているという批判に晒されていた[19]。国地方係争処理委員会は独立の事務局をもたず、庶務は総務省が行うことになっている。これは組織の性格にかなり明確な色づけを行ったことを意味しており、そのことが「第三者機関」の中立性・公正性にどのように働くか、懸念を抱くのは筆者だけではないはずである。

第三は、第三者機関の対象事案の除外項目である。分権一括法案において、明確に補助金に関わる関与が除外された[20]。補助金交付に関わる関与については、分権委員会でも問題とされながら、一部運用が改革され[21]、補助金等に係る予算の執行の適正化に関する法律（以下「補助金適正化法」という）について標準処理期間の努力義務の改正が行われただけで、抜本的な改革はできていない。

国と自治体の紛争という点では、補助金適正化法に関係大臣への不服申出の規定（同法第二五条）があるため、勧告の表現では、多くは第三者機関の対象とはならず、補助金適正化法の問題とされると考えられた。しかし、現実には補助金交付とは直接関わらない計画の策定など事前の関与などが行われており、そうしたものは第三者機関の対象になってもおかしくない。また、都道府県から市町村への補助金も対象になる予定であったが、この除外規定ではずされた[22]。

第四は、国からの第三者機関への申出と裁判所への訴訟提起について、「できない」としたことである。これは勧告以降、法案作成までのもっとも大きな変更である。

国からの訴えに関しては、第四次勧告のすぐ後、自治省が作成した大綱[23](正式名称は二二五頁注(23)。以下「大綱」という)において、すでに問題点が指摘されている。「国が自治体に対し是正措置要求や指示をした場合に、自治体が言われたとおりの措置をとらずに、しかも第三者機関への申出や裁判への出訴を行わなければ、自治体の行為は違法であって国の関与が適法であることが確定している[24]」ので、国からの申出はいらない(かもしれない)、というのである。

大綱では検討課題と表現されたが、分権計画でこの方針が確定し、第三者機関と裁判のいずれについても、国は「申出、もしくは訴えることはできない」とされ、法案でもその趣旨が踏襲された。筆者は、このことが直接の原因となって、法案段階で突然いくつもの個別法に国の直接執行が設けられたり、自治法上、是正の要求について是正改善義務が課せられたりすることになった、と考えている。この点は、後で詳述したい(一八二頁以下)。

第五は、自治紛争処理委員についてである。第三者機関のうち、都道府県と市町村の間の紛争処理については、第四次勧告では従来の「自治紛争調停制度」を見直して、国地方係争処理委員会に準じた制度とすることになっていて、詳細な勧告が行われていない。分権委員会は事実上、当時の自治省にゲタを預けたのである。

また、委員の選任手続きや組織のあり方などは、分権一括法案で初めて明らかにされたが、委員の選任にあたって関係省庁と協議することとされるなど、国に有利な制度となった。この点についても後で詳述したい(一八七頁以下)。

2　第三者機関の意義

国と自治体との間に位置する第三者機関をめぐっては、いろいろな問題点が浮かび上がる。ひとつは、そもそも自治体は国と裁判で争うことができるのか、という問題である。また、裁定機関から勧告機関に変更したわけだが、両者に違いはあるのだろうか。実際に、変更による影響があったのかもおさえておきたい。さらに、国と自治体だけでなく、都道府県と市町村の間の問題はどう考えるべきだろうか。以下、順に述べる。

(1)　自治体と国の裁判

自治体は国と裁判で争うことができるのであろうか。国の公権力の行使について自治体が不服ある場合に、争うことができるかどうか、という問題として考えてみたい。

自治体が一般私人や民間事業者と同じような活動を行っている場合、たとえば、バス事業者としてバスを運行させるような場合は、どうであろう。自治体の立場は民間事業者と同じであり、当然、国と争うことができる。この点は学説も一致している。

問題は、自治体が行政主体だけしか行えない事務を行っている場合、あるいは行政主体として一般私人とは異なった公の資格にある場合、どのように扱われるべきかである(これを「固有の資格」の自治体といい、一般私人と違う扱いをしたものに、行政不服審査法第五七条第4項、行政手続法第四条第1項がある)。

これまで裁判所は、こうした国と自治体の争いは行政内部の紛争であって、裁判所が権限をもつ「法律上の争訟」

（裁判所法第三条第1項）に当たらないので、裁判はできないとしていた（少なくとも、法務省はその立場にあったと考えられる）。ただ、「法律上の争訟」には当たらないものでも、個別法律でとくに裁判できるとしたもの（行政事件訴訟法第四二、四三条）がある。これを機関訴訟というが、これまでは旧職務執行命令訴訟制度や自治体議会と長の権限争議に関する訴訟（自治法第一七六条第7項）など、わずかしかなかった。

ここで、自治体が国を訴える意味を考えてみる。自治体は、憲法が保障する独立した法人格を有する組織である。にもかかわらず、国の公権力にただ服従するだけというのでは、あまりに理不尽というべきであろう。そこで、これまでの機関委任事務制度のもとでも、自治体に対する国の監督・関与処分については、抗告訴訟で争うことができるという学説が多数あった（職務執行命令訴訟を含め、実際の裁判事例については（島田、二〇〇三d）参照）。

今回の改革で、国の関与については独自の第三者機関が創設され、機関訴訟として訴訟の提起もできるようになったわけだが、これとは別に、自治体が直接、裁判に訴える抗告訴訟も可能であるという考え方もある（塩野、二〇〇一：一九三頁）。筆者も、原則として憲法によって保障された「地方自治の本旨」は、当然、裁判によって自治体自らが防御できるという立場から、国による自治権の侵害があれば、自治体は抗告訴訟を提起できると考える。[25]

しかし、分権委員会は、中間報告においてすでに第三者機関前置主義をとっているように、明らかに実現可能性を志向していた。裁判に直接訴える方法は、法務省から拒否されるため初めから困難が生じる。[26]そこで、第三者機関前置主義を採用し、審査結果を「裁定」とする方法を選択したのであろう。ところが、それも各省の反対で実現せず、消極的に「勧告」機関とすることを選択したのではないか。分権委員会としては、さまざまな制約の中でやむを得ぬ選択だったというべきであろう（座談会、一九九八：三一～三四頁）。

(2) 裁定機関から勧告機関への変更

つぎに、裁定機関から勧告機関への変更について考えてみよう。裁定機関とするのと勧告機関とするのでは、どのような違いがあるのであろう。一般的には、裁定には法的効果があるのに対し、勧告には法的効果がなく、また裁定機関の場合は裁判への出訴の途が開かれていることが多いようである。分権委員会が「試案その一」「試案その二」で提起したのは、第三者機関を裁定機関として法的効果のあるものとし、自治体も国も申し出ができて、裁判にも両者とも訴え出ることができる仕組みであった。第三者機関が裁定機関であれば、裁定に自治体を従わせる法的効果があるから国も第三者機関に申し出るし、裁判では第三者機関の裁定の瑕疵をめぐって争われるため、やはり国にも訴える価値があったと考えられる。

だが、勧告機関では法的効果はないので、国はわざわざ申し出る意味がないし、裁判でも、国の関与そのものを争う仕組みとなるため、判決の意味づけがむずかしくなってしまう。つまり、もともと法的効果のある関与に、判決によってどのような効果を付与できるかというのである。したがって、こうした国の第三者機関への申出、裁判所への出訴はいらないという意見が浮上したと思われる。

国からの第三者機関への申出、裁判所への出訴をしないということ

国からの第三者機関への申出、裁判所への出訴ができない制度にすることが、それほど大きな意味をもつとは思えない。国ができないだけなら、かえって自治体が相対的に有利になるようにも思える。しかし、本当にそうだろうか。

国が申出などをできないとした場合、国にとってどのようなデメリットがあるだろうか。

第一は、第三者機関、裁判のいずれにおいても、国の利害について主張する場がなくなる恐れがある。しかし、これは、関係行政庁として自らの中立で訴訟参加できる仕組みがあれば問題なく、実際そのように措置されている[27]。

第二は、自治体の主張を支持する勧告が出たとき、高裁に訴えられない。自治体が裁判に訴えれば、争いは継続するが、自治体が訴えなかったとき、勧告が確定してしまう。国が許認可や同意する権限をもっている場合は、許認可などしなければ法的な効果がないから、国としては許認可しないということになるのだろう。しかし、指示や是正の要求などの事後的関与はどうなるのだろう。指示などに法的効果があることをもって、そうした関与を続けるつもりなのかもしれない。

第三は、自治体の主張を支持する高裁判決が出たとき、最高裁に訴えられなくなる。この点は国からすでに、高裁で国の関与の取消判決が出た場合、国が最高裁に上告できるという解釈が示されている（地方自治制度研究会編、一九九九：一七二〜一七三頁。松本、二〇〇七：一一〇二頁）。ただ、都道府県と市町村（自治紛争処理委員）の争いのうち、大もとの関与が国であった場合は、微妙な問題がある。この種の紛争で、都道府県が高裁の判決を受け、最高裁に訴えないことにした場合、都道府県の市町村に対する関与が判決の趣旨に添って是正される。このとき国はどうするであろう。この点、現在のところ、国の解釈は明らかでないが、訴訟参加した場合、国が自ら上訴もできるとする可能性もないわけではない[28]。

第四は、自治体への事後関与の場合、判決という自治体への強制力が得られなくなる。この場合、国の関与にももともと強制力があるように制度を仕組むしかなく、とくに代執行ができない自治事務をどうするかという問題になる。この点こそ、まさに分権一括法案の作成の際、個別法に「直接執行」がたくさん創設されるようになった原因と筆者は考えている。

勧告機関としたことの影響

これまで述べてきたように、第三者機関が裁定機関から勧告機関になったことが原因で、国からの申出などがなくなったわけだが、そのことが決まったのは、一九九八年五月の分権計画であった。関与のルールや事務区分など他の問題はほぼ分類委員会の勧告どおりに確定していたために、国会論戦の的となるさまざまな問題が、地方分権一括法案の策定段階(法案の国会提案は九九年三月)になって初めて出てきた、というのが筆者の仮説である。以下、三つの点について詳述しよう。

第一は、法案段階で自治事務に国の「直接執行」が乱造されたことである。裁定機関となっていれば、自治事務に国が指示した後で、国から第三者機関に申し出、裁判所の判決によって自治体に事務の執行を命じることができたが、国から申し出ができなくなったので、それが不可能になった。かつて機関委任事務で、自治事務に振り分けられた建築確認事務が、その一例である。自治事務に対しては一般ルールでは指示はできないが、「国の利害に重大な関係がある建築物」(建築基準法・改正第一七条)については指示ができるとすることで、分権委員会と建設省の間で合意されていた。[29] ところが、法案段階で突然これに、国による直接執行の規定(同条第7項および第12項)が入れられる。このように、地方分権一括法案によって、国の直接執行が入れられた事務は、建築確認を含めて一五ある。[30]

第二に、同じように、国から訴えることができなくなったことが、自治事務の「是正の要求」[31] に「是正改善義務」(自治法第二四五条の五第5項)を創設する動機となったと考えられる。[32] 自治事務であっても、直接執行が可能なら個別法にその規定を入れればすむ。ところが、大半の自治事務は直接執行できるようなものではない。このため、国から「是正の要求」を行っても自治体が改善しない場合、国は裁判所の判決をもらう術もなく、放置するしかなくなってしまった。そこで、国の是正の要求に対し、自治体による是正改善義務を付けて、拘束力をもたせようとした、というわけである。

しかし、本来自治事務は自治体が「自己決定・自己責任」すべきものであり、事務処理の過ちは住民の訴訟などによって自ら是正されるのが筋である。その自治事務に、関与を受けると従う義務が生じるかのごとく受けとめられる条項を入れることがおかしい。ただ、分権一括法案の国会審議において、是正の要求の発動要件がきわめて限定され、ほとんど国が使う場面がなくなったのは救いであった[33]。

この点むしろ、問題は個別法にある。是正改善義務が自治法の一般ルールに創設されたために、個別法で似たような規定を置くケースが多く現れたのである(山口道昭、二〇〇〇)。その個別法を根拠に、省庁は自治体に「直ちに」是正することを求めてくるだろう。「是正の要求」を実質的に権力的なものにしようというわけである。

第三は、ほかと違って自治体にとって有利になった点である。第三者機関は、国の関与についての違法性だけでなく、「普通地方公共団体の自主性及び自立性の観点から」「不当性」も判断することになったのである。分権計画までの案では、第三者機関は「違法かどうか」あるいは「著しく不当かどうか」しか判断しないとされていた。第三者機関が違法性と「著しく不当かどうか」までしか審査できないとしたのは、仮に国が申し出た場合、自治体の事務処理が不当であるかどうかまで干渉できることになってしまうからである。国が自治体の事務処理の「不当性」まで裁判で争えるとなると、それは憲法が保障する「地方自治の本旨」に反する可能性があった。しかし、国からの申出がなくなり、自治体だけが申し出る仕組みになったので、自治体側から見て、国の関与の(違法性だけでなく)不当性についても争えるようになった。つまり、自治体にとって、審査対象が広がったのである。

このように、第三者機関が裁定機関から勧告機関になったことで生じた事態は、自治体にとってマイナス面、プラス面それぞれあった。また、第三者機関を経た後、裁判に持ち込めることは変わらなかったので、世論の反発は少なかったと言えるだろう。しかし、この仕組みでは、第三者機関の審査結果は「勧告」という法的効果のないものにすぎず、国は法的効果のある関与ができることになる。紛争の間に立つ権威ある機関の権限が、紛争当事者の一方である国の権限より弱いというのは、やはり奇妙な関係である。

また、省庁のなかには、指示や是正の要求は従来の行政法学のいう「公定力」に似たものであって、自治体が訴えないかぎり合法性が推定されるという考え方をとるところもあったという（西尾、一九九九：一九二頁）。中央省庁は分担管理論に立って所管する法律の解釈権限を独占し（有権解釈）、自治体はおろか、場合によっては司法にすら法解釈の能力がないと言わんばかりである。第三者機関の裁定方式に対する省庁の批判は、その一端にすぎないともいえるであろう。だが、自治体にも実際に事務を担う立場から法律を解釈する権限がある。それは、係争処理の仕組みが入ったことで、まちがいなく明確なものとなった。

都道府県の関与と自治紛争処理委員

係争処理のうち最大の問題点は、都道府県と市町村の紛争処理である。ところが、前述したように分権委員会の勧告や分権計画には、ただ「国と地方公共団体との間の係争処理手続に準じ」るとあるだけであった。分権委員会の議事録を見ても、ほとんど議論らしい議論がなされていない。それはおそらく、国地方係争処理委員会の設置だけで大議論になって余裕がなかったこと、自治紛争処理委員が国地方係争処理委員会に「準じた組織」なので国地方係争処理委員会の議論をすればすむという先入観が働いたこと、都道府県による市町村に対する関与の問題が非常に複雑であること、などに原因があると思われる。

具体的な内容はついに法案まで明らかにされず、問題点が明らかにならないうちに法案が成立してしまった。自治紛争処理委員は住民により近いという意味で、国地方係争処理委員会より重要な第三者機関でありながら、国に有利な人選ができるなどさまざまな問題を抱えている。

まず、自治紛争処理委員の特徴を見てみることにしよう。

第一は、市町村への国の直接関与はまれであって、市町村にとっては都道府県の関与を受ける場合が大半だということである。それは、市町村に対する国の関与が、原則として都道府県を通じて行われるということに起因している。たとえば、各大臣が市町村の自治事務に是正を求めるときは、都道府県に是正の要求を行うよう指示することになる（自治法第二四五条の五第2項）。市町村の法定受託事務に指示を出すときも、都道府県に（市町村に向かって指示するよう）指示ができる（同第二四五条の七第3項）（ただし、国の指示がなくとも都道府県の判断だけでも指示はできる（同第2項））。大もとの問題は国の関与にあるのに、紛争は「都道府県」対「市町村」という形をとるのである。

第二は、自治紛争処理委員の人選である。委員は三人で、事件ごとに総務大臣があらかじめ「当該事件に関係のある事務を担任する各大臣」と協議して決めることになっている（自治法第二五一条第2項）。自治事務の場合、少しでも関係することがあれば「その事務を担任する大臣」となるので、総務大臣が協議する大臣は複数になる（まさか、三人の委員に複数人数の省庁推薦者が入るわけはないと思うが）。

問題なのは、中立・公正性である。国地方係争処理委員会については中立・公平性の観点から「三者構成」とすることが議論されてきたほどなのに、委員の中立性・公正性がほとんど確保されていない。極めつけは、総務省が大もとの関与者になった場合である。争いの当事者なのに、総務大臣が自ら委員を選ぶ権限をもつことになってしまう。事件発生後に選任される仕組みにも問題がある。国はせめて、委員のリストを事前に作成して公表し、世論の審判を受けるべきである。

第三は、自治紛争処理委員の運営方法が省令に委任されており、調査員の任命や庶務を扱う部署、代表の選任方法など実際の運営が明らかでないことである。[34] また、自治紛争処理委員の決定方法は「合議」（自治法第二五一条の三第15項）とされているが、現在なお省令が出されていないため、全員一致か多数決かも不明である（松本、二〇〇七：一〇九五頁）。

自治紛争処理委員は国地方係争処理委員会に準じてつくられる約束であり、専門調査員の任命や決定にあたっての多数決を制度として規定しておく必要がある。仮に「合議」の意味が全員一致であるとすると、省庁と協議したうえで入る委員が当該省庁に不利な態度をとるとは考えられないので、国に不利な決定（勧告、調停）はまったくできないことになってしまう。運営方法は制度の根幹に関わる問題であり、本来は法律事項にすべきであったと考えられるが、できるだけ早く省令を自治体によるパブリックコメントを経て定めるべきである。

第四は、自治紛争処理委員と国地方係争処理委員会は審級制をとっておらず、また、自治紛争処理委員に国が必ず出てくるわけでもないため、市町村には国と争うことが必ずしも保障されていないことである。前述のように、市町村に対する都道府県の関与も、実際は発信源が国である場合が考えられる。市町村にしてみれば、国と争えなければ意味がないということもありうるだろう。自治紛争処理委員は、職権で国を訴訟参加させることができることになっている（自治法第二五一条の三で準用する第二五〇条の一五）が、自治紛争処理委員が必ずそうしてくれる保障はない。[35] 国地方係争処理委員会は、国会同意による五人の委員がいて、専門調査員もいる。しかし、市町村が国との争いで国地方係争処理委員会に行けるのは、国が直接、市町村に関与したときだけである。

第五は、自治紛争処理委員の問題ではないが、より根本的な問題として、都道府県の関与の性格が明らかでないことである。このため、自治紛争処理委員における係争では、なぜ都道府県が市町村に関与するのか、明らかにできない場合が出てくるだろう。

第二次勧告は、都道府県の関与の性格を市町村の自治事務と法定受託事務の場合に分けて明らかにしている。このうち、権力的関与が行われる法定受託事務の場合が重要である。

「市町村の法定受託事務に対する都道府県の関与については、法定受託事務は、事務の性質上、その実施が国の義務に属し国の行政機関が直接執行すべき性格のものであって、法定受託事務のメルクマールに該当するものであることに鑑み、その適正な処理を確保するための関与についても、都道府県が法定受託事務として行う関与とする」(第二次勧告第五章Ⅲ(三))

分かりにくい記述であるが、「法定受託事務」を「国の義務に属す事務」(第一次勧告の法定受託事務の定義の一部)として読むと、ある程度氷解する。(36) 要するに「市町村の法定受託事務(国の義務に属す事務)に対する都道府県の関与は、都道府県が国の義務に属す事務として関与する」ということである。ところが、地方分権一括法案では法定受託事務の定義が変わり、「自治体の(処理する)事務」となった。したがって、この意味は「都道府県は、市町村の(法定受託)事務に都道府県の(処理する)事務として関与する」ということになる。

自治体の事務として都道府県が市町村に関与するのに、なぜ、権力的関与が可能なのか。「広域、連絡調整、事務の規模又は性質」という新しい都道府県の性格(自治法第二条第5項)からも説明できない。したがって、都道府県の市町村に対する権力的関与は、説明のつかないものになってしまっている。

以上のように自治紛争処理委員にはたくさんの問題があり、事例が生じる中で、運用による解決が必要となるであろう。

問われる係争処理における都道府県の姿勢

係争処理におけるポイントは、都道府県の姿勢である。住民にもっとも近い政府である市町村に対する関与の多くは都道府県であり、都道府県の姿勢が決定的な役割を果たすからである。都道府県が国の出先機関として機能するのであれば、国に代わって市町村と争うことになるし、地元代表政府として機能するのであれば、市町村に代わって国と争うことになる。市町村の意向次第では、市町村自身が国と争うことを求める場合もありうる。いずれにせよ、都道府県の姿勢が問われる事態になる。

まず、都道府県の関与における国の出先機関としての機能は、機関委任事務制度が廃止されたことで喪失したというべきである。国の関与が都道府県を経由するのは、効率性など単に便宜的なものにすぎない。実際の係争の場面では、国が都道府県に対し、裁判への訴えや上告を要請することもありうるであろう。そのときこそ、都道府県の立場が問われるのである。

むしろ、都道府県にとっては今後、市町村に対する後見的機能を捨てることが大切である。[37] 関与を事務の一つと捉えれば、都道府県の関与は、「国の義務に属する事務」ではなく「自治体(都道府県)の事務」である。したがって、当然そこには都道府県として自ら判断する領域がある。決して、国の立場に立った一方的な運用はできない。むしろ、同じ地域の自治体として、関与にあたって当該市町村とよく話し合う作業が必要になるはずである。

都道府県を国に対する地元代表政府と捉えるならば、今後の係争は都道府県こそが市町村になり代わって、国と争うことが主流となるはずである。この場合、いくつか注意しなければならない。

一つは、都道府県に対する国の関与は、係争になるよう場合は「指示」が多いと予想されることである。したがって、市町村に関与する事務は都道府県の法定受託事務(自治法第三二〇条)になるので、執行停止できないといわれること(つまり、いったん市町村に関与するよう求められること)や国による代執行を想定しておく必要があることである(ただ、それも国と争うと考えればよいだけのことであるが)。

もう一つは、市町村自身が直接、国と争いたいと考える場合である。都道府県と国との争いであっても、市町村は訴訟参加できるが、それでも直接の決着のほうが、住民にとって分かりやすく、自治体としての説明責任も果たしやすいのではないか。また、市町村にとっては、少なくとも都道府県と争うよりは、第三者機関が国地方係争処理委員会となるメリットもある。国が直接市町村に関与する要件は「緊急を要するときその他特に必要があると認めるとき」(自治法第二四五条の五第4項、第二四五条の七第4項)となっており、都道府県がどうしても市町村に関与しないとなれば、国が直接関与するであろう。市町村の意向を尊重するのも都道府県としての役割である。

このような徹頭徹尾、市町村に味方する姿は、これまでの都道府県を見るかぎり、想像しにくい。しかし、地方分権によってもっとも期待されているのは、従来、国の執行機関的な存在であった都道府県が、地域住民に依拠した自立的・広域的自治政府として生まれ変わることである。

3 国地方係争の事例――横浜市の勝馬投票券発売税

多くの議論を経て設置された第三者機関であるが、現在(二〇〇七年九月末)のところ、事例はまだ一つしかない。以下、その事例について検討する。

〇一年七月二四日、国地方係争処理委員会(以下「委員会」という)は、横浜市の勝馬投票券発売税について、総務大臣に対し、不同意を撤回して再度協議を行うよう求める勧告を行った。横浜市が創設しようとしていた勝馬投票券発売税を総務大臣が認めなかったことから、横浜市はこれを不服として、〇一年四月二五日に委員会に審査を申し出たものである。

市町村税の創設・課税は、市町村の自治事務である。しかし、横浜市が行おうとした新税は法定外普通税であるため、地方税法第六六九条によって総務大臣との事前協議とその同意が必要とされており、その関与の違法性・不当性が争われたのである。

地方分権一括法の自治法改正によって規定された自治事務は、法律上の定義では、法定受託事務以外のもの(自治法第二条第8項)とされているように、概念が必ずしも定かでない。法定受託事務は、その定義で「国においてその適正な処理を特に確保する必要があるもの」(同条第9項第一号)とあるので、もともと国の関与がありうる規定ぶりになっている。だが、自治事務にはそのような規定はなく、法定受託事務に許される同意や許可・認可・承認、指示など権力的な関与は原則として許されていない(同法第二四五条の三第2項、4項、5項)。以上の外縁からたどれば、自治事務は、自治体が地域の特性を生かし、自らの裁量で行われるべき事務といえるはずであるが、条文上必ずしも明確なわけではない。

この案件は、市町村税の創設といういわば典型的自治事務ともいえる課題であった。そのような事務に国が関与できるのは、いかなる条件があるときと委員会は判断したのであろうか。係争の結果、自治事務に関する国の関与のもつ意味や自治事務の運営上の問題点は明らかになったのかどうか、見てみることにしよう。

(1) 係争に至る経過と横浜市の勝馬投票券発売税の概要

はじめに、経過と横浜市が同意を求めた税の概要を見ておきたい。

横浜市は、市内にある日本中央競馬会(以下「中央競馬会」とする)の場外馬券売場の馬券売り上げに課税するために、二〇〇〇年一二月一四日、法定外普通税として勝馬投票券発売税(以下「横浜新税」という)創設を内容とする市税条例の改正を可決した。横浜市は地方税法の規定にしたがって、その直後の二一日に総務大臣との協議を開始する。

ところが、総務大臣は、〇一年三月三〇日に、横浜新税について地方税法第六七一条第三号の不同意事由である「国の経済施策に照らして適当でないこと」に該当するとして、同意しなかった(この過程で、地方財政審議会は同法第六七〇条の二の規定にしたがって、この案件について横浜市や農林水産省のヒアリングを含め一二回にわたって審議を行い、三月三〇日に意見を出している。また、財務大臣も同法第六七〇条の規定にしたがって三月二八日、総務大臣に異議を申し

図4-3　勝馬投票券等収入額の支出の状況（平成11事業年度11/1/1～11/12/31）

分類		割合	項目	根拠 日本中央競馬会法	金額	（横浜市分）
勝馬投票券等収入額	経費	75%	①勝馬投票券払戻金 投票券収入額の約75%	〈競馬法第8条〉	2兆7,260億円	
	経費	10%	②国庫納付金 （第1国庫納付金） 投票券等収入額の10%	第27条第1項	3,657億円	（136億円）
	経費	15%	③競馬事業費等		5,246億円	国庫納付金合計（150億円）
	剰余金		④国庫納付金 （第2国庫納付金） 剰余金の50%	第27条第2項	372億円	（14億円）
	剰余金		⑤特別振興資金 畜産振興事業、競馬場等周辺整備剰余金×50%×25%	第29条の2第3項 政令第1条	93億円	
	剰余金		⑥特別給付資金 勝馬投票券支払金に加算 剰余金×50%×18%	附則第2条第4項 政令第2条	67億円	
	剰余金		⑦特別積立金 剰余金の残り	第29条第1項	212億円	
合計					3兆6,907億円	1,363億円

（勝馬投票券等収入額3兆6,740億円）

（注1）カッコ内は、全国の勝馬投票券等収入額と横浜場外発売所分の割合により按分して推計。
（注2）経費の国庫納付金及び剰余金の国庫納付金は、畜産振興事業に3／4、民間の社会福祉事業に1／4を充当。
（注3）「割合欄」の数値（%）は、勝馬投票券収入額に対する割合。
（注4）▢部分が課税標準となる。

税収見込み（H11事業年度ベース）

〔1,363億円－｛（27,260億円＋3,657億円＋67億円）×3.71%｝〕×5%＝約10億円

（収入額（本市分））（支払金）（国庫納付金）（特別給付資金）（本市の発売割合）（税率）

（出典）横浜市財政局。

出ている)[38]。このため、横浜市は、これを不服として地方自治法第二五〇条の一三に基づいて、委員会に四月二五日、申出を行ったものである。

横浜市が創設しようとした横浜新税の仕組みは、中央競馬会を納税義務者としている。具体的には、中央競馬会が横浜市内の場外馬券売場で発売する馬券の発売額から、①勝馬投票券払戻金(いわゆる当たり馬券の払い戻し金、収入額の七五%)、②第一国庫納付金(収入額等の一〇%)、③特別給付資金(当たり馬券への上乗せ、剰余金の五〇%×一八%)に「市内で発売される割合」を乗じた額を差し引き、さらに税率(一〇〇分の五)を掛ける。つまり、市内の馬券発売額を対象として五%の税率を掛けるのだが、対象の額から当たり馬券分(払戻金と特別給付資金)と国の取り分(第一国庫納付金)を引くというわけである(図4-3)。

横浜市は、一九九九年度ベースで税収を約一〇億円と見積もっている。ちなみに、中央競馬会の全国売上げは、この年約三兆六七四〇億円で、横浜市分は一三六三億円(全国売上げの三・七一%)であったという。

実際に課税の対象となるのは、「剰余金」のうち特別給付資金(前述③)を差し引いたものと、経費にあたる競馬事業費(競馬開催に必要な事務費用)である。「剰余金」とは、特別給付資金のほか、第二国庫納付金、特別振興資金、特別積立金である。第二国庫納付金とは、剰余金の五〇%にあたるが、国庫に納めるものであり、特別振興資金は国の畜産振興事業や競馬場周辺の整備に充てられている。特別積立金は、剰余金からそれらを引いた残りである。これらは、横浜市の課税によって減少することから、国から市にこれら資金が移ることが争われたともいえるだろう。

(2)国地方係争処理委員会における実際の審議

次に、実際の審議がどのように行われたのか、膨大な記録からたどってみよう(議事録は委員会ホームページで公開されている)。〇一年四月二五日から七月二四日まで、委員会における審議は全部で七回行われており、一度(六月八

表 4-4　地方税法の関連条文（2001 年当時）

（市町村法定外普通税の新設変更）
第六百六十九条　市町村は、市町村法定外普通税を新設し、又は変更しようとする場合においては、あらかじめ、総務大臣に協議し、その同意を得なければならない。

（総務大臣の同意）
第六百七十一条　総務大臣は、第六百六十九条の規定による協議の申出を受けた場合には、当該協議の申出に係る市町村法定外普通税について次に掲げる事由のいずれかがあると認める場合を除き、これに同意しなければならない。但し、左に掲げる事由があると認める場合においては、その許可をすることができない。
一　国税又は他の地方税と課税標準を同じくし、かつ、住民の負担が著しく過重となること。
二　地方団体間における物の流通に重大な障害を与えること。
三　前二号に掲げるものを除くほか、国の経済施策に照らして適当でないこと。

日）は総務省と横浜市、さらにもう一度（七月四日）は両者のほかに農林水産省と中央競馬会が出席した（いずれも、審議はマスコミに対して公開された）。そして、その間に文書が、横浜市から六点（申出書一点、反論書三点、証拠説明書二点）、総務大臣から五点（答弁書五点）提出され、その分量は全体でおよそ一〇〇〇頁に達する。

総務大臣と横浜市の当初の主張

総務大臣は、どのような理由で横浜市の新税に同意しなかったのか、また横浜市が審査申出を行った理由は何だったのか、から見てみることにしよう（地方税法の関連条文については**表4－4**参照）。

総務大臣は、不同意の通知書でその理由を地方税法第六七一条が掲げる三つの不同意事由のうちの第三号「国の経済施策に照らして適当でないこと」に当たるとしている。そして、「国の経済施策」に該当することと、国の経済施策に照らして「適当でない」に該当することの二点に分けて理由を述べている（**表4－5**）。

まず、「国の経済施策」に当たるかどうかについては、中央競馬は財政資金の確保を目的として、刑法の特例として独占的に行う特別な制度であることから、「国の経済施策」に当たるという。そして、国の経済施策に「照らして適当でない」かどうかについては、横浜新税の課税によって国庫納

表 4-5　総務省の不同意通知書と横浜市の審査申出書の内容

	総務省の不同意通知書	横浜市の審査申出書
不同意の根拠	・地方税法 671 条第 3 号の不同意の事由があると認められるため	
国の関与が違法・不当な理由		・地方分権型の新しい行政システムのもとでは…国の関与は必要な最小限度に制約され…普通地方公共団体の自主性及び自立性を尊重しなければならない…。これが…関与の基本原則 ―形式的な違法・不当― ・(自治法 250 条の 2 の規定によって、判断の基準を定め公表しなければならないとされているのに)(総務大臣の)旧通知には、…法 671 条の規定以上に具体的な処理基準を定めていない。 ・不同意を通知するにあたって…特に本件のように…不確定で曖昧な例外事由で不同意としている場合…まずその処理基準を明らかにすべき ―実体的な違法・不当― ・国の関与の仕組みは、原則は同意であり、例外的に 3 つの事由のいずれかがある場合だけ不同意とすることが許されるという仕組み ・国の専断的裁量を許すような解釈・運用は許されず、国の制度は絶対不可侵ではなく聖域ではない(として、以下の理由を挙げる)
国の経済施策に該当するか	・「国の経済施策」とは、経済活動に関して国の各省庁が行うべき特に重要な施策をいう ・「国の経済施策」には、…特定の仕組みで財政資金を確保し、これを一定の公益目的のために使用することも…含まれうる ・中央競馬は…法に基づき…財政資金を確保することを目的として、刑法の特例として独占的に行う特別な制度であることから、…「国の経済施策」に当たる	・国は、従来「国の経済施策」の意義について「国の経済施策のうちで他の経済施策に比して最優先し、最も重要にして強力な推進を必要とする施策」としていたが、今回これを変えた ・中央競馬会は、特殊法人であって国の省庁に当たらず、また中央競馬による畜産等を目的とする施策は誰が見ても国の経済施策のうち特に重要な施策や制度には当たらない
「適当でない」場合に該当するか	・課税により…国庫納付金への配分等に影響が生じる ・仮に…地方団体全てが…同様の課税を行った場合…基本的な仕組みを損なう ・したがって、勝ち馬投票券発売税は、特別な負担を求めるべき合理的な課税の理由がない限り、「国の経済施策に照らして適当でない」	・すべてが馬券売上税と同様の課税を行うかどうかは明らかになっていない ・(いわゆる第 1 国庫納付金は課税標準から除いているので)国庫納付金への配分や基本的な仕組みを損なうものではない ・いわゆる第 2 国庫納付金は…剰余が発生した場合に納付されるものであり、当初から予定されているものではない
特別な負担を求めるべき合理的な課税の理由があるか	・課税の理由として挙げられている「公共法人のうち、収益をあげて活動を行っており、かつ、市域内で行っている活動が、直接、地域住民の生活等の向上を図るものでない法人…」ということは…合理的な課税の理由とは認められない。	―――

(出典)それぞれの文書より作成。

付金への配分などに影響が出、仮に競馬会施設のある全国の自治体すべてが課税すると膨大な額となるので中央競馬の基本的な仕組みを損なうため、この内容に該当すると説明している。また、以上に該当するとしても「特別な負担を求めるべき合理的な理由」があれば新税を認めることができるが、その理由もないとした。

一方、横浜市は、第一次分権改革を前面に押し出した論理展開を行っている。委員会への審査申出書では、まず、分権一括法によって国の関与が「必要な最小限度」に制約され、自治体の自主性、自立性の尊重が基本原則になったと主張する。そして、今回の総務大臣の不同意は、形式的・実体的に違法・不当であるという。

形式的に違法・不当だというのは、第一次分権改革で創設された関与の手続きに関する問題である。自治法第二五〇条の二で、できるかぎり具体的な許認可等の基準を定めて公表しなければならないとされたのに、総務省から出されている「処理基準」は法律と同じ三つの不同意事由が記載されているだけで具体的な処理基準になっていない、と主張する（総務省は、旧自治省時代の二〇〇〇年四月一日に法定外税についての処理基準を出しており、〇一年四月一二日に新たな処理基準を出した）[39]。「処理基準を明らかにしない」「不公正・不透明でかつ場当たり的な通知」であるので、形式的に違法・不当だというのである。

実体的な違法・不当について（後の横浜市文書では、「実質的」と言い換えている）は、地方分権一括法に基づく地方税法改正によって、法定外普通税の新設についての国の関与が、これまでの「許可」から「同意」になり、「原則は同意」に変わったことをまず強調する。そのうえで、地方税法第六七一条の適用をめぐる総務大臣の解釈を真っ向から否定し、中央競馬は国の経済施策に当たらないし、横浜市が課税しても国の経済施策に影響はないと反論する。

さらに横浜市は、国の「国の経済施策」の解釈は、従来「国の経済施策のうちで他の経済施策に比して最優先し、最も重要にして強力な推進を必要とする施策として採択されているもの」（傍点、筆者）であったと指摘する。また、「適当でない」かどうかの判断根拠とされた「すべての自治体が課税するかどうか」についても横浜市しか協議の申出をしていないと反論し、「基本的な仕組みを損なう」という批判についても、課税標準から第一国庫納付金ははずしているし、第二国庫納付金は課税標準に入るが、この納付金はあくまで剰余が発生したときのもので当初から予定されていないので、損なうとはいえない、と述べている。

このように、総務大臣と横浜市の対立は、総務省がかつて出していた「許認可等の基準(処理基準)」の十分性と地方税法第六七一条第三号に規定されている不同意事由「国の経済施策に照らして適当でないこと」をめぐる解釈の議論から始まっているのである。

文書による本格論戦——総務大臣の答弁書と横浜市の反論書

総務大臣は、横浜市の申出書をもとに第一回目の答弁書を五月一四日に提出する。ここで総務大臣は、地方分権一括法によって関与の基本原則が変わったという横浜市に対し、法定外普通税の同意制は国の経済施策などと調和を図ろうとするもので、「法定外税も」「国と地方の間の適正な税源の配分を図り租税体系を構築するという地方税法の基本的枠組の中の制度として認められるもの」として、「地方分権一括法による新しい制度の下でも、この三要件に照らして総務大臣が判断するという点については従来とかわるところがない」と反論した。横浜市は第一次分権改革で変わったというのに対し、総務省のほうは、基本はこれまでと変わっていないという論理展開である。

横浜市が「形式的な違法・不当」と指摘した処理基準については、さまざまな法定外税の可能性があり、どんな申出があっても、そのまま対応できる具体的な処理基準をあらかじめ示すことは困難であるとして、処理基準は法律の三要件と同じにしかできないとした(ただ、今後は「より具体的な基準を定める」努力が必要なことは認めている)[40]。

また、「国の経済施策」に該当するかについては、「一定の租税施策が含まれることは、(第一号で同様のことを規定しているので)文理上明らか」だという(一九六頁表4-4参照)。つまり、第三号には「前二号に掲げるものを除くほか」となっているから、前の二つは例示であって、第三号は包括的な規定だというのであろう。

そして、総務省は、第一号で規定する租税施策は国が財政資金を確保する方法の一つなのだから、畜産振興などのために財政資金を確保する特別の制度を設けるのは国の経済施策に当たるという。また、中央競馬は、公営競技の観点からも国の重要な施策に当たるともいう。国の経済施策に照らして「適当でないか」どうかについても、横浜市は剰余金が発生しない場合もあるとしているのに対し、発生すれば納付義務が法定されていること、赤字でも課税することになるので第一国庫納付金にも影響を与える可能性があることを理由に挙げ、適当でないとした。

これに対して横浜市は、第一回目の反論書を五月二九日に提出する。まず、形式的違法・不当については、解釈の厳格化と処理基準の明確化を主張した。つまり、法定外普通税の不同意事由については、分権一括法による法改正で、従来の解釈に比べてより限定的に解釈すべきだというのである。そして、具体的に、同じ条文でも取り扱いが大きく変わっているはずだとして、「処理基準」で「国の経済施策」について「①経済活動に関して行う施策とはどの行政レベルで決定されているものをいうのか、②特に重要な、又は強力に推進を必要とする国の経済施策とはどのような基準の下でどのようなランクをつけて決めるのか」を示すべきで、それが「必要で不可欠な処理基準」だという。

実質的な問題点に関しては、申出書より大幅に変えられ、加筆された。まず、「国の経済施策」について過去の国の解釈と異なっていることを指摘し、学説が一般に狭く解釈していることとも併せ、総務大臣の今回の見解が広いことを批判する。過去の解釈とは、一九五八年二月五日の真珠区画漁場税における自治庁(当時)見解のことで、ここでは「国の経済政策のうちで他の経済政策に比して最優先し、最も重要にして強力な推進を必要とする施策として採択されている」ものとなっていたのに、今回の総務省の通知書では「経済活動に関して国の各省庁が行うべき特に重要な、又は強力に推進を必要とする施策をいう」(傍点、筆者)となっている点である。[41]

租税施策が国の経済施策に含まれるという総務省の「文理解釈」についても、地方税法第六七一条の第一号、第二号が、単に租税施策や流通施策を規定したものではなく、それらの一部に厳しく限定されていることから、一般に租税施策を含むような広い解釈では「立法意図が意味を持たなくなる」と批判する。また、分権一括法による地方税法改正で税源の存在と財政需要の存在という積極要件を削除したこととも矛盾するともいう。

さらに、中央競馬が国の経済施策に該当することについて、総務省は競馬が刑法の特例として独占的に行う特別な制度であるとしていることも、「違法性が阻却され実施できることを法律で定めたにすぎない」とし、「何故に中央競馬により財政資金を確保する仕組みが……特に重要な、又は強力に推進を必要とする施策であるのか……理由が示されていない」とも批判している。

横浜市がこの答弁書で新たに示したもっとも特徴的な主張は、「合理的な課税の理由を不同意の理由に含めることは他事考慮(考慮すべきでないことを考慮すること)」であって、違法であるという点である。つまり、地方税法の改正によって、合理的な課税理由(「税源の存在と財政需要の存在」いわゆる積極要件と言われた事由)は削除されたのに、今回、総務大臣が課税の目的などを総合的判断の中に加えたことは、「明らかに法規を逸脱した他事考慮」であって違法だというのである。そして、総務省が通知に記載された協議の手続きで添付書類として、歳入歳出予算現計表、税収入見積計算表などを要求したことも、「他事考慮のおそれがある」と指摘した。

委員会における直接対決――横浜市と総務省の議論

この後、総務省と横浜市が委員会で直接顔を合わせて対論する場面がやってくる。六月八日の第二回委員会に両者が呼ばれ、それぞれ意見表明したのである(なお、総務大臣は、六月七日に第二回目の答弁書を提出し、その内容は翌八日の議論にほぼ反映されている)。

はじめに、横浜市と総務省の双方から陳述が行われ、続いて委員から双方に質問が出された。[42] 陳述については、横浜市のそれはこれまでの内容にほぼ尽きている。追加は、総務大臣が「課税の合理性」を不同意事由に挙げたことの違法性・不当性について、「課税の合理性は横浜市や横浜市議会の判断に任されていること」という説明をしたことくらいであろう。

総務省の陳述も、基本的にこれまでの内容に沿ったものである。ただ、新たに争点となった「合理的な理由を考慮すること」については、とくに多くの陳述を行っている。国の経済施策に照らして適当であるかどうか判断するとき、「合理的な理由を考慮することは当然で、むしろ課税自主権を尊重する方向に」はたらくという。つまり、「国の経済施策」に影響があっても、合理的な理由があれば同意する場合があるというのである。

しかし、総務省の主張はむしろ、横浜新税はいかに合理性がないか、に力点がある。つまり、この税が「なぜ公共法人に対してのみ課税するのか」「なぜ相応の負担といえるのか」、中央競馬会が「直接地域住民の生活の向上を図るものでない法人」になぜ該当するのか、説得力ある説明がない、というのである。また、この税は「(中央競馬という)国の経済施策として公益目的のために財政資金を確保する仕組みから」「一部を市の方に強制的に移す」ものであって、「合理的な理由もなしに」このような課税をするのは「全体の租税体系の中で根本的な問題がある」と述べる。

さらに、公営競技の施行は国と地方で一種のすみ分けが法律で決められているが、この税はこれを「無理やり変えようとする試みで法の趣旨に反する」とも指摘している。総務省は、「合理的な理由もなしに」「実質的に国の財政資金をまず標的にするようなスタンスは」、「地方が自らの責任と負担で施策を進めるという本来の分権のあり方から見ると」「望ましいものとは言えない」とまで述べている。そして、委員会に対し、この横浜新税の内容についても、検討、審査して判断するよう求める。[43] 総務省においては、「合理的な理由」はこの税を評価するうえで決定的要因になっていることを窺わせているのである。

この後の委員からの発問・求釈明の内容は表4―6のとおりである。このうち、各項目から「他事考慮」に関わる部分に注目しておこう。

横浜市は、不同意事由に合理性が含まれていることを違法・不当と批判し、協議の際、添付書類を求められることも問題にしている（表4―6の〈処理基準に関わる問題について〉参照）。これについて塩野宏委員から、総務省はなぜ処理基準に明記しなかったのかがただされた。総務省からは、「①処理基準にないが、留意事項に書いたこと、②横浜市には合理的な理由が必要なことを以前から伝えてあること、③添付書類自体は法改正で見直しされ、財政需要費目などの書類が削除されたこと」が答弁されている。さらに、塩野委員から第三号の解釈において「課税の合理性」が入るのかが問われ、藤田宙靖委員からも「三号の要件の中に税の合理性が入っているのか。それとも三号に該当した場合でも同意するとき働くということか」との質問が出される（表4―6の〈「課税の合理性」が考慮事項に入るか〉参照）。しかし、この点は文書で回答されることになる。[44]

総務省は六月二二日付の文書回答で、「課税の合理性」について新たな解釈を示した。すなわち、「『課税の合理性』を考慮するということではなく、本件が第三号要件に該当するかどうかの判断において、『特別の負担を求めるべき合理的な課税の理由』を考慮要素にし、第三号に該当しないと判断できる場合がある」という。「課税の合理性」は、要件そのものではないが、同意にあたって考慮はするということである。つまり、三要件への該当性を判断する以上、目的や内容などの把握は必要であるというのである。また、本件・横浜市の場合は、遅くとも二〇〇〇年九月段階から伝えてきたとも述べている。

「課税の合理性」が三号要件との関係で議論になっていることについては、地方税法の改正で除外された要件は税源の存在と財政需要の存在の積極的許可要件であり、「課税の合理性」が改正前の許可要件であり改正で削除された

8日)における質疑応答(要旨)

質　問	総　務　省
いのではないかという議論。なぜ(合理性が考慮事項に)入っているのか(塩野)	
3号の要件に該当して適当でない場合でも、なお、同意する可能性もあり、そこで課税の合理性が働くということか(藤田)	書面で回答(6/22)

〈応益課税〉

質　問	総　務　省
総務省は、地方税はすべからく応益税であるべきと考えているのか。収益税は法定外普通税に入らないと考えているのか(塩野)	地方税は、応益税的なものが中心という議論が多いが、必ずしもそうではない
勝馬投票券税であっても地方によってはありうるということか(塩野)	中央競馬会に対する課税がまったく認める余地がないとは考えていない。たとえば、原因者負担金的な理論構成があった場合、十分議論してみなければいけない

〈合理性の判断〉

質　問	総　務　省
横浜市は、この税を条例で定めることで合理的なものと判断している。合理性の判断をもう一度総務省で行うのは問題でないか(塩野)	書面で回答(6/22)

〈横浜市民の反応〉

質　問	横　浜　市	総　務　省
市民は、こういった新しい税をどう受け止めているのか(伍代利矢子)	もっと財源を見出して福祉施策の充実を図るべきであるというのが今の市民の声	横浜市開催のシンポなどでの参加者の発言は大変傾聴すべきものが多い

〈昭和46年当時の競馬場開催地における税の経緯〉

横　浜　市	総　務　省
昭和46年当時自治省担当課が同様の税を許可しようとした経緯があり、その時は3号をクリアしていると判断したはずである(市長)	当時のものは、あくまで原因者負担金的な説明で理論構成されてできている。今回のものとは、質的に違う。

〈横浜市からの質問〉

横　浜　市	総　務　省
処理基準の制定・公表(自治法250条の2)について、総務大臣は、訓示規定とよんでいるか、義務規定とよんでいるか	書面で回答(6/22)
横浜市の新税は、地方税法671条1号、2号に該当しないか	該当しない
(総務省が平成13年4月12日に出した新たな処理基準について)留意事項とはどんな意味を持っているのか	書面で回答(6/22)
「合理的な理由」について、4/12の文書と再答弁書(6/7)で異なった書き方になっているのはなぜか	書面で回答(6/22)

(出典)第2回国地方係争処理委員会議事録より作成。

表4-6　第2回委員会(2001年6月

〈処理基準に関わる問題ついて〉

質　　問	横　浜　市	総　務　省
横浜市は、添付書類をつけることがなぜ他事考慮に当たると考えるのか(塩野宏)	改正地方税法で、課税の合理性という許可の積極要件が削除されており、実態法の同意要件からなくなっているのに、手続上添付書類を要求することは法定原則をはみ出していると考える	
総務省は、添付書類で要求しているものを処理基準に書き込む考えはなかったのか(塩野)		処理基準には書いていないが、留意事項には明確にした。横浜市の場合、昨年5,6月ごろ合理的な理由がいることことを担当者に何度も言っている。添付書類は見直して、財政需要の内容、見込額、調達方法などは新法になって落とした
横浜市は、(添付書類にある)内容にわたる審査事項が考慮事項になったことを知った時点はいつか(塩野)	課税の合理性については、処理基準には謳われておらず、新しい通知の留意事項にようやく示された。以前要求された時点では、何のためか理解できず、このたびの答弁書(5/14)と通知で初めて知った	

〈経済施策と租税施策〉

質　　問	総　務　省
総務省が、租税施策が経済施策に含まれることは文理上明らかだというのは、どのような意味か(上谷清)	純粋に法技術の話として、1号や2号も広い意味で国の経済施策に入る。特に注意喚起する意味で1号、2号を書いているが、3号で「前2号に掲げるものを除くほか」としているため、経済施策が1号、2号と無関係なわけではない
1号、2号とも条文の後ろのほうで重大要件を定めており、租税施策が直接浮かび上がるわけではない。わかりにくい。経済施策も重要なものだけということで、租税施策も重要なものだけという制約がかぶってくるのでないか(上谷)	どのような経済施策でも入るのではなく、特に重要なものということではないか
国の租税施策に、どの程度の影響を与えるか、判断の基準は持っているか(上谷)	なかなか定量的な説明は難しい。比較考量ではないか

〈「課税の合理性」が考慮事項に入るか〉

質　　問	総　務　省
3号の経済施策に租税施策、財政施策が入るとした場合、「課税の合理性」が考慮事項に入るか(塩野)	課税を正当とできる合理的な理由があれば、同意できる余地がある。合理的であるという材料を提供していただいて判断する
それは、あらかじめ要考慮事項の中に合理性が入っているということを前提にしての議論。横浜市はもともと合理性という判断は入っていな	書面で回答(6/22)

という横浜市の認識は、そもそも誤りであるという。そして、総務省は、「課税の合理性」概念に着目して三号要件に該当すると判断しているのではなく、「特別の負担を求めるべき合理的な理由」を考慮要素にして三号要件に該当しないと判断できる場合があるとしているだけで趣旨が異なる、と主張する。

第四回委員会と最終局面——中央競馬会の意見、および総務省と横浜市の文書

このような果てしない議論の中で、審議は最終場面を迎える。〇一年七月四日に第四回委員会が開催され、総務省と横浜市がともに出席し、金子宏参考人[45]に続いて、農林水産省と中央競馬会の審尋が行われる。[46]

農水省と中央競馬会からは、このときが初めての意見聴取である。農水省は中央競馬の制度説明を行ったうえで、「競馬法……日本中央競馬会法の趣旨は、競馬……を国の財政に寄与させ……畜産振興といった公益目的(があり)……仕組みの趣旨そのものと抵触する」という趣旨の見解を述べる。農水省によれば、横浜新税の影響は、競馬会施設のある全国の自治体が課税した場合、一九八億円の減収となるという。[47] また、特別給付金(当たり馬券への上乗せ)は、横浜新税の課税標準の対象ではないが、競馬開催費に課税されるため剰余金枠が四四億円から一六億円に減少するとのことである(数字はいずれも二〇〇〇年度決算ベース)。

続いて行われた中央競馬会の説明によれば、横浜市からの本税についての説明は「わずか二回だけ」であり、納税者として名指しをされているのに民主主義に基づく適正な手続きを欠いていて、「いかにも非道である」とまで述べている。また、中央競馬会の経営状況が悪化しており、課税による新たな負担増は、独立採算を旨としている本会の「運営そのものの危機」と主張する。[48] そして、横浜新税について「地方税法上の議論の前に、…そもそも憲法あるいは日本中央競馬会法の枠組みに抵触する」として、違法・不当である理由を四点上げている。

概略すると、第一は、課税趣旨がまったく不明瞭であり、中央競馬会が「直接住民の生活等の向上を図るのでは

ない」法人という意味が不明である。第二は、税の公平原則の問題であり、憲法に定める法の下の平等に反している。第三は、競馬法、日本中央競馬会法に反している。[49]第四は、税という性格から憲法が保障する適正な手続きが取られるべきなのに、取られていない。

第四回委員会の後、横浜市と総務省は最後の文書を提出する。[50]このうち、総務省は反論書と別に意見書を作成している。この意見書は、これまでの総務省の主張をいま一度組み立て直し、横浜新税への反論を試みようとするものである。

総務省がいうには、中央競馬は「法律に基づき公益目的のために財政資金を確保する仕組み」であって「国の経済施策」に当たるし、横浜新税はすみ分けを侵害するので「国の経済施策に照らして適当でない」という。ここで国が「すみ分け」というのは、競馬などの公営競技については、すでに施行権の配分や収益の帰属など国と地方の間の秩序が確立されている、という意味である。そして、仮に横浜新税が認められるとすれば、すみ分けが崩れ、国が「地方公営競技や宝くじ」に課税する可能性を示唆している。

中央競馬制度への影響については、第二国庫納付金や剰余金全体が減少すること、赤字の場合に課税されることから、それぞれ日本中央競馬会法の個別条文をあげて、[51]「明らかに違反する」と主張している。また、「数量的な観点」については予備的な主張と断りながら、「平成一二年度の剰余金の額は全国で三〇六億円であるが、売上額に応じた横浜市分の剰余金の額は約一一億円」で、勝馬投票券発売税の税負担額の一〇億円とほぼ同じであると指摘する。つまり、横浜新税は、中央競馬会に横浜市分の剰余金を放棄させるのと同じくらい多額だというのである。

また、税の合理性に関わって、総務省はここで重要な記述を行っている。すなわち、「地方税法第三七一条三号の適用に当たって……『特別の負担を求めるべき合理的な理由』の有無について総務大臣の裁量的判断によって認定し、そこで認められたものについてのみ同意するというような一般的な判断基準があって、それを本件にあてはめたというものではない」とし、他事考慮を否定する（この点は、六月二二日回答の繰り返し）。そのうえで、「国の経済施策に照らして適当でない」ものでも認められる場合というのは「原因者負担金的な税、すなわち、日本中央競馬会によって惹起されるような特別な財政需要に要する費用に充てるため特別の負担を求める税」を想定したものであって、「また、それ以外の理由を想定したものではない」と断言する。

これまでの主張でも「原因者負担金的な税」が合理的な理由に当たるという見解はあったものの、ほかの理由についても「合理的な理由」と総務大臣が判断する余地が否定されていなかった。この主張によって、要件そのものについては総務大臣の裁量がないことが初めて示されたのである。

加えて、この意見書の重要なところは、横浜新税の「税としての性格に関する問題点」として、具体的な指摘がなされていることである。すなわち、①中央競馬会について、法人税、法人住民税法人税割、法人事業税が非課税なのは、収益に相当する部分がすでに国庫納付金等に充てられ、課税の余地がないからであること（ただ、横浜新税は収益ではなく収入（売上）が基本なので、赤字でも課税されることも問題として指摘する）、②単独の納税義務者を対象とする税は通常認められないし、課税理由が合理的でないこと、③税負担水準がきわめて重いこと、の三点を指摘した（課税の余地がないという主張について、横浜市は七月九日付意見書で、中央競馬会は地方税法の非課税対象となっていないし、法人市民税や固定資産税は課税されていると反論している）。

「処理基準」から「税の合理性」へ

以上のように、総務省と横浜市の争いは、争点が移行していることに注目すべきであろう。当初は、地方税法第六七一条第三項の「国の経済施策に照らして適当でない」の文言の解釈と「処理基準」をめぐる争いであったが、横浜市は、徐々に国の関与の違法・不当を争おうとし、対する総務省は、税そのものを問題とする姿勢を明確にしていく。

その中で「税の合理性」もしくは「特別な負担を求めるべき合理的な課税の理由」は、両者の主張の一つの焦点となったということができる。「税の合理性」こそ、横浜市によれば、分権改革によって自治体自らが判断することになったはずの問題であり、総務省によれば、税であれば当然に備わっているもので、要件に照らすために協議事項とするのは当然だということになる。

（３）勧告内容

勧告内容と争点への委員会の見解

勧告の主文は、「総務大臣は、横浜市の勝馬投票券発売税新設に係る協議につき、一週間以内に横浜市との協議を再開することを勧告する」とした。すなわち、総務大臣が行った不同意をいったん取り消し、再度協議することを求めたのである。[52]

委員会は勧告において、両者の争点を四点にまとめている。①同意という国の関与の基本的性格、②総務大臣が行う同意の基準の必要性とあり方、③中央競馬は「国の経済施策」に当たるか、④国の経済施策に照らして「適当でない」と言えるかの四点である。①と②が横浜市のいう形式的違法・不当に関する問題であり、③と④が実質的違法・不当に関する問題である。

そして、委員会はこれらの争点について、すべて見解を明らかにしている。

①同意という国の関与の基本的性格について

横浜市は、同意が原則であり、基準を明らかにしなければならないと主張していた。結論から言えば、半分は横浜市の言い分を認めつつ、違法・不当とまでは認定しなかった。つまり、「単に、法文がそのまま維持されたという理由のみで……総務大臣の判断要素、判断過程が従前のままであるということでは、……改正の趣旨に合致しない」として、ほぼ横浜市の主張を認める。ただし、実際にそれを実現するためには審査基準の設定と公表が必要であり、その点は「行手法（行政手続法：筆者注）第五条の規定に基づく審査基準の設定及び公表に関する解釈運用がそのままなされなければならないものではない」として退けた。

なお、地方税法第六六九条、第六七一条の同意制度について、とくに自治法第二四五条の三第4項の条文を引いて、「この趣旨に従って整備されたもの」としたこと、地方税法の解釈・運用も自治法第二条第12項（法令の規定は、地方自治の本旨に基づいて、かつ、国と地方公共団体の適切な役割分担を踏まえて……解釈……運用……しなければならない）という基本原則に基づくものでなければならないとしたこと、さらに同意制度について、第二四五条の三第4項（関与の基本原則のうち、同意が必要とされる場合を限定している）にある規定は、立法だけでなく解釈運用でも留意すべきとされたことは、重要である。

②総務大臣が行う同意の基準の必要性とあり方

総務大臣が行う同意の基準の提示に不備があったかどうか、横浜市が考慮事項を知り得たかどうか、が問題であった。この点、勧告は、総務省が示す「同意の基準（処理基準）」について、厳しく批判する。「例えば、……『経済施策』とは国の経済施策のうち『重要な』ものをいうとか、『経済施策』とは、財政施策を含むものであるという基準を示すことは少なくとも可能であったはずである」として、「当委員会は、今後の同種の事案に備え、総務大臣がより具体的な同意の基準を速やかに作成すべきものであると考える」（傍点、筆者）と、再度、処理基準を出し直すことを勧告している。

しかし、勧告はそのことをもって総務大臣の不同意を違法・不当とまでは言っていない。総務大臣から横浜市に考慮事項が実際に伝えられたと認定し、「手続上の瑕疵はあるが、これによって直ちに本件不同意を取り消す旨の勧告をするほどの瑕疵を帯びるものとは解されない（傍点、筆者）とした。

③中央競馬は「国の経済施策」に当たるか

以上のように勧告は、横浜市のいう形式的な違法・不当については、そこまでには至らない旨を明らかにし、続いて地方税法第六七一条第三号の要件である「国の経済施策に照らして適当でない」に当たるかどうか、すなわち実質的な違法・不当についての判断を行う。

まず、中央競馬のシステムが「国の経済施策」に当たるかどうか。この点、委員会の見解は明確である。経済施策には財政施策と租税施策が含まれ、日本中央競馬会法の仕組みは国の財政施策であり、同法による国の財政資金の確保は、国の経済施策の中でもとくに重要なものであり、「国の経済施策」に該当する、という。結論としては、総務省の主張に沿った内容である。

ただし、結論に至る過程は独自の論理である。勧告は「国の経済施策」を限定的に解釈することは適切であるという立場に立ち、その内容について（一律的判断基準は困難としながら）「一般的に言って国民の経済生活に直接かつ重要な影響を及ぼす経済施策」という独自の解釈を示した。そして、実際の当てはめに際しては「経緯、現時点での評価、確保される資金の量」を重要性の判断基準とすべきだとして、前記の結論に至る。このように勧告は、総務省が主張した「競馬が刑法によって禁止されたものの特例である」とか、「公営競技における国と地方のすみ分けがある」というような形式的観点を認めなかったが、国の経済施策に当たらないという横浜市の主張はすべて排した。

④国の経済施策に照らして「適当でない」と言えるか

委員会は、国の経済施策に照らして「適当でない」かどうかの判断基準を提示している（勧告、第四、四、(三)）。まず、その及ぼす量的影響の程度を検討し、次に質的ないし制度的な影響の検討を行い、最後に総合判断を行うべきだというのである。

そして、第一に、量的影響について、横浜新税単独では「重要な負の影響を与えることにはならない」と認定したが、「すべての関係市町村が」課税した場合について「影響は少なくない」としつつ、すべての市町村が新設することを前提とするのは「適切ではない」としただけで、最終判断を避けた。第二の制度的影響については、この税が中央競馬会が赤字の場合でも課税する制度であることを指摘し、この場合「実質上第一国庫納付金にも影響が及ばざるを得」ないとして、「検討が必要」という間接的表現ながら、クロに近い見解を示している。最後に、第三の総合的判断として、これらの点について「総務大臣と横浜市との間には、地方税法六七一条が予定するかたちでの協議がこれまでなされてこなかった」と認定した。

協議が未成立に終わった原因と、その点についての委員会見解

さらに委員会は、両者で協議がなされてこなかった原因に言及し、横浜市は「本件同意制度につき原則同意すべきものという姿勢に終始し」、総務大臣は「『影響』があることを前提に、『特別の負担を求めるべき合理的理由』の有無に重点を置いていたことによる」と指摘した。そして、横浜市に対して、条例をすでに制定しているとしても「協議の過程において……内容を修正することもあり得る」と述べている。

総務大臣に対しては、重要な二点が指摘されている。一つは、公営競技についての「すみ分け」論である。委員会は、国と地方で財政上の仕切りがなされていることを認めつつ、「これにいささかでも変動を生じさせ」ると「直ちに重要な負の影響を及ぼす」という主張を実質的根拠・法的根拠が必ずしも明確でないとして退けている。結局は、量的・制度的検討を行うしかないというのである。もう一つは、総務大臣が「課税の目的、内容等を総合的に考慮して判断する必要がある」と解釈している点である。そして、とくに地方税法第六七一条第三号の文理解釈として、「国の経済施策」とは別に「特別の負担を求めるべき合理的理由」を読み込んでいることについて、「適切で

ない」と断じた（第四、四、(七)）。

総務大臣が考慮の対象としているのは、課税目的、内容以外に「方法、住民（納税者）の担税力、住民の受益の程度、課税を行う期間、税収入見込額……」であり、「これは制限列挙ではなく……軽重の度合いも明らかにされていない」。これは「総務大臣の裁量の幅が極めて広いことを前提」としているものであって、「現行地方税法第六七一条の趣旨」からも「自治法第二四五条の二（関与の法定主義）の法意」からも「適合するとは言えない」という。「特別の負担を求めるべき合理的理由」は、考慮事項から明確に排されたのである。ただ、これによって総務省が、要件に照らして判断するために、税の目的や趣旨など内容について聞くことまで否定しているかについては見解が分かれるだろう。この点は後述する（二一九頁以下）。

横浜新税そのものへの委員会の見解

勧告は、横浜新税自体が日本中央競馬会法に違反するかどうかという問題について、明確な回答を避けた[53]。つまり、この点について、「別の訴訟の前提問題として取り扱われるべき事柄」としたうえで、横浜新税の評価として「極めて特殊、例外的な税」であり、「果たして望ましいものであったか疑問である旨の総務大臣の指摘にはもっともな点を含むと考える」と述べただけである。最後に横浜市に対して、中央競馬会に「適切な説明」を求めていることにも注意しておきたい。

内容に踏み込んだ勧告

以上のように勧告は、内容に相当に踏み込んでいることが分かる。勧告についての当初の報道に明確な見解を避けたというものがあったが、誤りであろう[54]。両者の協議を振り出しに戻したようなかたちを取りながら、横浜市には赤字の場合でも課税することなど課税のあり方に注意を促し、総務省に対しては「合理的理由」を判断しないよう求め、もっぱら、この税の量的影響を中心に協議を再開することを求めているのである。

(4) 本勧告についての注目点

国の関与のあり方については、自治法を基本に据えたこと

この勧告には、注目すべき点がいくつかある。第一は、国の関与のあり方について自治法を基本に据えていることである。これまで、自治法を基本とすることについて、法同士に上下関係はないという理由から、自治法の基本原則的な規定も単なる宣言としてしか効果ない、という解釈もありえた。しかし、今回の勧告は、明確に「地方税法……の解釈・運用は、自治法第二条第12項で定める解釈・運用の基本原則に基づくものでなければならず」(傍点、筆者)として、自治法の基本法的性格を明確にした。

少なくとも委員会で審査される可能性のある分野においては、今後、基本法たる自治法の解釈が重要となることはまちがいない。自治法が基本法として機能し始めたと言ってよいだろう。とくに、これまで国も市町村も行政現場では分野ごとの法令しか視野になかった現実を考えると、自治法が基本法としての性格を確立することは、一大改革を意味すると思われる(北村、二〇〇四、山口道昭、二〇〇〇、参照)。

審査基準の設定、公表は必要だが、たとえ不十分でも違法・不当とはしないこと

第二は、とはいえ、自治法の定める「関与の手続」のうち、第二五〇条の二(許認可等の基準)が定める基準の設定と公表義務については、たとえ「瑕疵」を認めても不同意そのものを取り消すほどのものとはしなかったことである。勧告は、総務省の同意の基準（総務省のいう処理基準）の不備を強く批判する。しかし、同時に、国と地方の関係のルールは、対等な当事者間の協議を予定していない行政手続法と異なること、横浜市は今回の場合相当以前から考慮事項を知りえた状況にあったこと、を指摘している。手続きの不備だけでは、容易に違法・不当の判断をしないということなのであろうか。

国と地方の関係が対等であるというのは、「建前」である。法令をつくるのも金を配布するのも国であり、しかも地方がそれらの過程に関与できるルールが確立しているわけではない。また、許認可等の基準は長い間、発出されずにいたことに示されるように、自治体への対応は二の次に置かれがちである（二〇〇〇年四月に分権一括法が施行されているのに、許認可の基準が示されていたのは同年一〇月段階で七四のうち四一という状況であった。地方六団体地方分権推進本部調べ）。しかも、今回のように法律とまったく同じ内容であれば、わざわざ許認可の基準を発出する意味がない。それでも、許認可してくれないと困るので、自治体は国に聞きに行くしかない。ここで、事前協議（内協議）が行われ、必要以上に国の指導に従わされるという構造が生まれる。

関与の手続きが厳格に運用され、基準があらかじめ示されて初めて、国と地方は対等関係の一里塚に立つと言わねばならない。

国の裁量権をこれまでより狭め、他事考慮を退けたこと

第三は、今回の勧告は、国の裁量権をこれまでより狭める立場に立ったことである。勧告は、課税の目的、内容等を総合的に判断するという総務省の解釈をはっきりと否定し、「特別の負担を求めるべき合理的理由」を考慮することを「適切でない」とした。ただし、国の裁量そのものを否定した書きぶりにはなっていない。協議に際しての添付書類の提出を問題視する横浜市に対して、要件に照らす以上、関係書類の提出を不可欠とする総務省との間に

は対立が続く可能性が残されている。

それでも、どのような点で裁量があるのかは相当明らかになった。一般に、処分要件の認定における裁量を「要件裁量」といい、採用する処分の内容の選択について行政庁に裁量が認められている場合を「効果裁量」という(法務省訟務局内行政事件訴訟実務研究会編、一九九七：一六二頁)。問題とされた条文の場合、「許可しなければならない」(地方税法第六七一条)となっているので、効果裁量がないことは明らかである。[55] 要件裁量については、許可しない三事由(いわゆる消極事由)のほかに、許可することがある「特別な負担を求めるべき合理的な理由」があって、それを消極事由に読み込むか否かが問題となったというわけである。

前述のとおり総務省は、審査の中で明らかに主張を変え、当初「特別な……理由」はさまざまなケースがあるかのような主張であったが、最終的には「原因者負担金的な税」だけを想定しているとした。したがって、総務省の主張でも、要件についての曖昧な部分はなくなった(国の裁量権については、二一九頁参照)。

この「原因者負担金的な税」であるかどうか判断することは他事考慮でない、と総務省はいうかもしれない。あるいは、要件に該当するか判断するためには税の目的や趣旨などを知ることが必要である、と主張する可能性もある。資料提出も、税負担を求める特別な理由を聞くのであって考慮事項の範囲内であるから問題ない、というかもしれない。これらの点について勧告は、「適当でない」かどうか判断するにあたって照らすのは「国の経済施策」であって、それ以外の要件を加えることを否定している(勧告、第四、七、(七))。任意ならともかく、強制的な書類の提出もできないと解するべきだろう。

委員会は国の関与を審査するのであって、自治体の行為自体の違法性は判断しない

審査の過程を見ると、中央競馬会の意見聴取まで行っていることから、委員会は自治体の行為そのものの違法性についても審査したと思われる。しかし、勧告は前述のように、横浜新税の税としての性格については「極めて特殊、例外的な税」とし、「果たして望ましいものであったか疑問である旨の総務大臣の指摘にはもっともな点を含む」と述べただけである。総務省が最終場面で行った「横浜新税は日本中央競馬会法に違反する」という指摘については、勧告はそれを別の訴訟で扱う問題として整理した。

仮に違法だと委員会が認識した場合、自治体の事務そのものの違法性を勧告できたであろうか。自治体の行為自体の違法性について判断しなかったことが、注目点の第四である。

改めて、委員会の権限を確認しておきたい。委員会の権限は、自治法第二五〇条の七（設置及び権限）で定められており、「国又は都道府県の関与」のうち「国の行政機関が行うもの」に関する審査の申出があったものを対象とし、「この法律の規定により」権限とされた事項を処理することになっている（第2項）。実際の権限は、同法第二五〇条の一四（審査及び勧告）、第二五〇条の一六（証拠調べ）、第二五〇条の一九（調停）に規定されている。

このうち、審査と勧告がおもな権限といってよいだろう。審査を行ったうえで勧告か通知をするわけだが、法定受託事務については国の関与の「違法性」が審査されるのに対し、自治事務については「違法性」だけでなく、「普通地方公共団体の自主性及び自立性を尊重する観点から不当」であるかどうかも審査される（自治法第二五〇の一四）。いずれにしても委員会の権限は、「国の関与」そのものを審査することにある。

では、関与以外は見ないのかというと、そうとは言えない。たとえば、自治体の行為そのものの違法性が問題となる場合については、どのように考えるべきかという問題がある。理論上は、国の関与のもととなる自治体の行為自体が違法である場合は、国の関与の違法・不当を判断する以前の問題となると考えられる可能性がある。それゆえ、委員会としては、自治体の行為自体も審査せざるを得なかったと想像されるのである。結局、勧告は条例の違法性を別な訴訟の問題と整理したが、その理由は明らかにしていない。

筆者は、自治事務の場合、自治体自体の行為についての違法性の判断は委員会の仕事ではないと考えている。自治体の行為自体の違法性は自治法上、自治事務と法定受託事務で扱いが異なる。法定受託事務なら、国は代執行や指示などの権力的関与を行うだろう。代執行なら別制度(自治法第二四五条の八)がはたらくが、指示なら委員会で争われる。その場合は、自治体の行為の違法性について委員会が判断する可能性もある。

しかし、自治事務には代執行制度は適用されない。しかも、自治事務については、地域の特性に応じて自治体が処理できるよう国に「特に配慮」が求められているし(自治法第二条第13項)、国による権力的関与も原則的にはできないことになっている(同法第二四五条の三)。さらに、条文上の規定はないが、自治事務を自治体自身による自らの裁量による事務と捉えるならば、仮に自治体の行為が違法であっても自治体自身によって行為の是正を図るという考え方が成り立つだろう。

この考えに立てば、自治体が是正しないときは、住民によって争う仕組みを原則とすべきだということになる。九九年の地方分権一括法案の国会審議に際して、国による「自治事務への是正の要求」とその是正改善義務をめぐって、このことが問題となった[56]。前述したとおり、自治大臣はこのとき、当該自治体において混乱など著しい支障があった場合だけしか「是正の要求」を発動しないという国会答弁を行っている[57]。この答弁を自治事務への関与全般に敷衍し、今回の事案に当てはめるとすれば、国の関与による是正ではなく、住民(納税義務者)による訴訟提起を待つべきだということになる。

財政法の研究者などに、法秩序全体からみた法への抵触に対する国の関与は問題解決の迅速性の観点から是認されるべきだ、という意見もある[58]。法定要件以外の理由で国が不同意とすることが肯定される、というのである。こうした見解に対して、この勧告は明確に否定したわけだが、仮に法秩序全体からみた法への抵触について国が関与できるとすると、自治事務に対する関与という問題のほかに、他事考慮の問題も生じるだろう。勧告が否定したのは当然である。

横浜新税については、中央競馬会が反対のキャンペーンを行っており[59]、前述のとおり所管する農林水産省も強く反対している。実際に課税が行われれば、中央競馬会によって訴訟が起こる可能性は高い。その訴訟で課税が違法ということになれば、法定外普通税の協議当事者である総務省はどんな判断で同意したのか、が当然問題とされるだろう。総務省は、そうした場面を想定して対応したと考えられる。少なくとも、法定外普通税の同意権限を所管する省庁として、一歩も引けない立場にあったと言えるであろう。

国の裁量権と自治体の課税

最後に、ほかの課題にも影響が大きいと思われる、国の裁量権と自治体課税の違法性の問題について考えてみたい。

まず、自治事務における国の同意に「裁量権」が認められるか、という問題である。勧告は、国の裁量権を相当に限定したが、まったく裁量権が認められないとすると、同意とはそもそも「双方の意思の合致」を意味するはずなので、同意に達するのは偶然の結果ということになりかねない。しかし、逆に認められるとすると、自治事務についても国の裁量で制約されることになってしまう。この点、参考になるのは同意についての自治法の条文ぐらいである（（国と自治体の施策との）整合性を確保しなければ、これらの施策の実施に著しく支障が生ずると認められる場合（自治法第二四五条の三第4項））。つまり、著しく支障が出ない程度に整合性をつける裁量ということであろう。それは、どのような裁量なのであろう。

今回の場合は、地方税法では効果裁量がなく、要件裁量について裁量が認められるかどうかの問題があった。つまり、総務省は、当初条文にない要件を加え（「合理性があるかないか」の認定に裁量権があるかのように主張し）、最終的に特定の事項(原因者負担的な税であるかどうか)を要件に加えた。要件事項が特定されたことで裁量権はなくなったが、他事考慮が問題として残り、委員会は勧告で総務省の大幅な裁量と他事考慮をともに否定した。総務省に残されているのは、国の経済施策に「照らして適当でない」かどうか、おもに量的な影響を判断することだけというわけである。

総務省は、この係争において横浜新税は制度上問題があるので、量的な問題は「予備的な主張」にすぎないと断っているが、量的な問題を相当に重視していることは間違いない。実際、実現に至った神奈川県臨時特例企業税(同じ法定外普通税である)が量的な面で配慮をしている点を総務省が評価していることは、否めない。[60] そうなると、国の裁量にゆだねるのは「量的な影響」だけとしても、実質に関わる大きな問題となりうる。裁量に関わるブラックボックスの解明は、今後も必要な課題となるであろう。

ところで、同意に関わる裁量については、自治体にも問題がある。つまり、自治体の意思が確定するのは条例を議会が議決したときになるという問題である。議会が条例を議決すれば内容が確定してしまうので、どうしても事前協議(内協議)の問題が発生する。多くの場合、条例ができてから交渉するのでは妥協の余地がない。別の観点から言えば、変更すれば(議会に対して顔向けできないとして)首長の政治生命に傷がつくということになる。

だが、事前協議は、市民に見えにくいし、(国と自治体の)職員同士の話となって責任が不明確になる。[61] 今後、議員立法が増えていくと思われるが、その場合は自治体議員に国との交渉を求めるのか、など不合理な面が多い。やはり、条例制定後に交渉を始めるべきであろう。したがって、国との協議がある事案については、条例制定後施行までの間に修正がありうることを前提に議会審議を行うべきであろう。

勧告では判断の対象からはずされたが、市町村税の課税そのものが違法とされる可能性についても触れざるを得ない。

総務省が横浜新税を問題とする点をおさらいしてみよう。まず、赤字でも課税すること（このため、第一国庫納付金に影響が出る）、一〇億円という課税水準が相当に重いこと、納税義務者の中央競馬会と没交渉であること、市民の理解が乏しいこと、期限が付されていないこと、そのほか、剰余金への課税も法規定があるので違反となること、そもそも中央競馬会には課税の余地がないことや、単独の納税義務者は特異であることなどを問題としている。このうち、自治に直接関わる問題として、納税義務者である中央競馬会との交渉と市民の理解について触れておきたい。

総務省が中央競馬会の理解が得られていないとしていることや、中央競馬会が「いかにも非道」と批判することに対し、横浜市は七月九日付再反論書（その二）で、「延べ十数回にわたり、十分に理解いただけるよう努力した」と反論している。しかし、その表（提出資料甲第二六号証）を詳細にみると、全体一五回のうち電話が一回、郵便が九回、意見等提出二回で、意見交換らしきものは三回しかない（中央競馬会は、うち一回は「一方的に条例案を示していかれた」だけで、実質的な説明は二回と主張している）。横浜市が当該納税義務者には理解されないことを前提とし、中央競馬会が横浜市から撤退されることも辞さないというのならば（それだけで法違反の可能性もあるが）、それを含めて市民の賛同が必要であろう。横浜新税には期限が付されていないが、中央競馬会が赤字転落の可能性を主張していることからも、永久的な課税には問題があるようにも思える。

また、これまでにない新たな課税をするということは、新たな財政需要があるか、もしくはそれに匹敵する特別な理由があるはずで、それを市民に説明する必要がある。横浜新税の場合、それは何なのか。自治する組織として、避けて通れない課題である。

横浜新税以後、自治体においてさまざまな法定外税が創設され、〇四年に法定外税についての法改正が行われた。特定少数の納税者への課税を行う場合、納税者の意見を自治体議会で聴取することを義務づける内容である。(62)当事者の意見を議会が聞くこと自体は望ましい。しかし、自治事務にかかる条例制定にあたり、その方法を国が法律で義務づけてよいのであろうか。自治事務についての条例審議は、自治体(議会)が自ら律するのが筋である。

今後の行方いかんによっては、さらに地方税法の法定外普通税の条文改正が課題にのぼるかもしれない。少なくとも、関係省庁はそれを望んでいるはずである。改正の方向性としては、総務大臣が期限をつけることができるなど、条件を付与する権限を国に与えたり、他法に抵触する場合という不同意事由としたりする方法も考えられる。だが、そのような自治事務の制約は、許されるべきではない。

横浜新税についてのこの勧告は、自治についての新たな展望を示したと同時に、地方税のあり方の根本を問うている、と筆者には思えるのである。

(なお、総務大臣は〇一年八月七日付で横浜市長に対し、不同意を取り消して協議を再開する通知を送付し、いったん八月二四日から協議が再開された。しかし、その後、横浜市長が〇二年に変わり、新市長が〇四年二月二五日、本条例そのものを廃止したため、本案件は終結した。)

(1) 第八三回分権委員会(一九九六年一一月七日開催)で、各省庁に示す「たたき台」の検討を行っているが、「たたき台」そのものは公表されていない(分権委員会『第八三回(一九九六年一一月七日開催)議事要録詳細版』全四頁)。

(2) 分権委員会の作業経過については、『第四次勧告』(一九九七年一〇月九日)の別添において、「委員会では、第一次(平成九年四月下旬)、第二次(平成九年六月中旬)、第三次(平成九年六月下旬)の三回にわたり、国と地方公共団体との間の係争処理の仕組みに関する『試案』をとりまとめた」と説明されている。さらに、検討された試案が掲載されている。ここではそれにしたがい、第一次案を「試案その一」とし、第二次案と第三次案をまとめて「試案その二」とし、第一次勧告、第四次勧告とともに比較、検討する。

（3）分権一括法の国会審議においては、都道府県が国、とくに旧自治省の指示に基づいて市町村に関与した場合の紛争について、突っ込んだ議論が行われている（答弁者・野田毅自治大臣、質問者・中桐伸五衆議院議員、『衆議院行政改革に関する特別委員会（一九九九年六月一〇日）議事録第一四号』一三～一五頁）。
（4）自治紛争処理委員は、国地方係争処理委員会とは異なり、合議制ではなく、独任制の機関である。
（5）分権委員会の審議において西尾勝座長が「一一月段階で示したたたき台の考え方によれば、第三者機関による裁定というのは、一審制です。再審はない。第三者機関としての裁定は決着がつけられるので、もし、それに不服があればその後は訴訟にいくことになります」（傍点、筆者）と述べていることから、第一次勧告に記述がないが、原案は裁定機関であったと考えられる（分権委員会『第九一回（一九九六年一二月九日開催）議事要録詳細版』八頁）。
（6）法務省は、「いまだ議論が十分に尽くされているとはいえない」と見解を述べている（分権委員会『第一〇五回（一九九七年二月六日開催）議事概要速報版』）。
（7）分権委員会『第一三〇回（一九九七年五月一五日開催）議事要録詳細版』。
（8）分権委員会『第一五五回（一九九七年九月一一日開催）議事要録詳細版』。
（9）そのモデルは、司法試験法に基づく司法試験管理委員会、放送による人権侵害の救済手続として日本民間放送連盟とＮＨＫによって設立された「放送と人権等権利に関する委員会機構」とされている。
（10）勧告は、このほか代執行についても「試案その二」から多少変更している。試案では、第三者機関を経てから裁判に行く仕組みであったが、勧告では完全に別手続きとして従来どおりの手続きを裁判で行うものとした。
（11）総務庁（当時）は、「主任の大臣はそれぞれの行政事務につきまして、最終的な責任……を負って行政を担当しておる訳でございまして」（傍点、筆者）と述べる（前掲（7）二六頁）。
（12）中央省庁改革における府省間調整を論じたものとして、（牧原、一九九九）がある。総理大臣の指揮監督権の規定は内閣法制定時からあるが、その経過は、戦後改革の際、ＧＨＱ（民生局）が総理大臣の権限強化を要求したため、法制局が合議制内閣を維持したうえで、総理大臣による指揮監督権発動に至る手続きをわざわざ規定したものであるという（岡田、一九九四：一三八頁）。

（13）分権委員会と並行して審議が進められた行政改革会議では、中間報告（一九九七年九月）段階では、審判機能をもつ機関を統合し、法務省の外局として「行政審判庁」を置く案が提起されていた。しかし、最終報告（同年一二月）で立ち消えになる。行政審判庁は、公正取引委員会、公害等調整委員会などを所管することが想定されており、実現していればまた異なった展開になっていた可能性もある。
（14）中央省庁等改革のための国の行政組織関係法律の整備等に関する法律第三三条。
（15）（地方自治制度研究会編、一九九九：一四九～一五一頁）。設置省庁の変更は、一九九九年の分権一括法の国会審議で明らかになった。
（16）分権委員会議事録に次のような記録がある。参与「三条機関か八条機関かとの問題ですが、我々としては三条機関というのは御時世からして無理であろうという前提で議論をしてきてしまっている訳ですけれども、準司法機関としてきちっと重い機関として位置づけられる可能性があるんだったら話が大分変わるということはある訳なんです。……可能性というのは絶無なんでしょうか」。事務局「三条機関にするのは本当に大変なエネルギーが必要だろうと思いますし、非常に困難な話だと思うんです。……八条機関として構成したら……こういうことは出来ない……ということを明らかにする必要があります」（分権委員会『第一〇五回（一九九七年二月六日開催）議事要録詳細版』一七頁）。
（17）中央省庁等改革のための総務省関係政令等の整備に関する政令第二条（二〇〇〇年六月一七日公布政令三〇四号）。
（18）改正自治法施行令第一七四条第2項および第一七四条の二。
（19）「地方分権のこれまでの動きの背景には、常に自治省がいたのではないかというのが、各省庁側の認識であります」（西尾、一九九九：九四～九五頁）。
（20）正確には、改正自治法第二四五条第1項において「国の関与」の定義から「国又は都道府県の普通地方公共団体に対する支出金の交付及び返還に係るもの」が除外されたのであるが、これによって必然的に第三者機関の対象からはずれた。
（21）第一次分権改革で補助対象資産の他用途への転用が緩和され、長期にわたる公共事業についての補助金返還義務の免除などが行われている。
（22）分権一括法によっても「地方公共団体も、少なくとも「財産権の主体」として、「裁判を受ける権利」を有しているとみるべきである」とする説もある(碓井、二〇〇〇：一一～一二頁)。

(23) 正式な名称は、「機関委任事務制度の廃止後における地方公共団体の事務のあり方及び一連の関連する制度のあり方についての大綱」(一九九七年一二月二四日)。

(24) 自治省地方分権推進大綱の正確な記述は、次のとおり。「国の関与のうち是正措置要求等又は指示等については、当該関与が取り消されない限りこれを受けて地方公共団体が措置を講じなければ違法であることを踏まえると、国地方係争処理委員会や裁判所が『当該関与に従わないことが違法であること』を確認しても当該関与の法律上の効力に影響があるわけではなく、法的な意味においては、必ずしも違法であることを確認するための手続を設ける必要性はないとも考えられる。このような点を踏まえ、『国の行政機関の長による地方公共団体が関与に従わないことの違法確認の審査の申出及び訴訟の提起』については、今後法制的に整理するものとする」。

(25) 関連して、国の監督権との関係で、法定受託事務についての行政不服審査の問題がある。住民から行政不服審査法による審査請求が行われた場合、法定受託事務については、省庁が裁決する場合がある(第一章3(3)参照、改正自治法第二五五条の二)。機関委任事務制度の時代とは異なり、自治体の処分を変更させる裁決はできず、処分を取り消すだけである。だが、それでも自治体が国から関与を受けることに変わりはなく、上下関係がなくなったはずの国・自治体間にあってきわめて奇妙な制度である。省庁の裁決を係争処理の対象としなかったのは住民の利益を早く救済するためとされているが、住民については審査制度前置主義(旧自治法第二五〇条)が廃止され、直接裁判で争うことが可能になっている。この省庁の裁決については、自治体が出訴できる、と解釈すべきである。

(26) 参与の一人の藤田宙靖氏が、自治体は直接裁判に訴えることはできないとする説に立っていたことも多少影響があったと思われる(藤田、一九九八)。

(27) 改正自治法第二五〇条の一五、第二五一条の三第5項、行政事件訴訟法第二二条。

(28) 行政事件訴訟法第二三条においては、行政庁が訴訟参加した場合、「攻撃又は防御の方法のみならず異議申し立て、上訴の提起等の訴訟の行為ができる」(塩野、二〇〇四：一一九頁)とされている。

(29) 「国が重大な利害関係を有する建築物等に関して……議論となったが、最終的に……必要な指示を行うことができることとされた」(西村ほか、五九六号、一九九七：二二三頁)。

(30) 分権一括法によって入った建築基準法以外の大臣による直接執行規定は、以下のとおり(法律条文は一九九九年当時)。大気汚染防止法第二六条(報告及び検査)、水質汚濁防止法第二二条(報告及び検査)、瀬戸内海環境保全特別措置法第一二条の六(報告の徴収)、特定水道利水障害の防止のための水道水源水域の水質保全に関する特別措置法第一八条(報告及び検査)、医療法第七一条の三(病院等の施設の使用制限命令等)、身体障害者福祉法第四三条の三(報告の徴収等)、精神保健及び精神障害者福祉に関する法律第五一条の一三(緊急時における厚生大臣の事務執行)、水道法第四〇条(知事が執行不能の場合の大臣の事務執行)、知的障害者福祉法第三〇条の二(緊急時における厚生大臣の事務執行)、廃棄物の処理及び清掃に関する法律第二四条の三(緊急時における大臣の事務執行)、漁業法第六七条(漁業調整委員会に対する指示)、水産資源保護法第一五条(保護水面の指定)、飼料の安全性の確保及び品質の改善に関する法律第二条の七(廃棄等の命令等)、国際観光ホテル法第四四条(報告、検査)。

(31) 第四次勧告、分権計画までは「是正措置要求」という旧自治法第二四六条の二の用語を使用していたが、法案になって「是正の要求」という用語に変更した。

(32) 分権一括法案の国会審議にあたり一九九九年五月一〇日、「分権型システム確立のために地方分権一括法案の見直しを求める研究者の声明」が出され、「自治事務における是正改善義務の削除」などを求めている。

(33) 是正の要求が発動されるのは、当該自治体の「行財政の運営が混乱し、停滞をして、著しい支障が生じているような場合」に限定された。(答弁者・野田毅自治大臣、質問者・峰崎直樹参議院議員、『参議院本会議(一九九九年六月一四日)会議録二九号』四頁)。

(34) これまでの自治紛争調停「委員」は、委員のうち二人以上が同一政党に属さないこと(旧自治法施行令第一七四条の三)、委員長の互選(同第一七四条の四)、調停案の全員一致による作成(同第一七四条の九)などが旧政令で規定されていたが、分権一括法による自治法改正に伴い削除された。

(35) これに対し、省庁は自らの申し立てにより、審査の手続きに参加できる(自治法第二五一条の三第5項で準用する第二五〇条の一五)。

(36) 分権委員会の第一次勧告における法定受託事務の定義は「事務の性質上、その実施が国の義務に属し国の行政機関が直接執行すべき事務ではあるが、国民の利便性又は事務処理の効率性の観点から、法律又はこれに基づく政令の規定により地方公共団体が受託して行うこととされる事務」である。

(37) 都道府県の役割は旧自治法第二条6項が改正され、従来の四つの役割のうち統一的役割は削除された(改正自治法第二条第5項)。

(38) 地方財政審議会の意見の内容は、総務大臣の不同意通知書とほぼ同じで、「国の経済施策」について説明の記述がないこと、農水大臣に「環境整備交付金」の見直しを意見していることが違うだけである。財務大臣の異議内容は、①中央競馬は実質的に国の事業としての性格を有し、②剰余金が減少し国の歳入が減少するので、法的枠組みを実質的に変更し、③実質的に国の事業としての性格を有する事業には課税しないという現行課税体系の考え方に反し、④中央競馬会に限定して課税することに疑義がある、というものである。

(39) 旧通知は、「法定外普通税又は法定外目的税の新設又は変更に対する同意にかかる処理基準等について」(二〇〇〇年四月一日、自治省税務局府県税課長・自治省税務局市町村税課長名　自治府第三六号自治市第四三号)。新通知は、「法定外普通税又は法定外目的税の新設又は変更に対する同意に係る処理基準等及び留意事項について」(〇一年四月一二日、総務省自治税務局長名　総税企第六四号)。

(40) 法定外普通税の「処理基準」の通知は、前述のとおり、本件を不同意とした後、二〇〇一年四月一二日になって新たに出し直されており、そこで新たに「留意事項」として不同意事由について解釈が加わり、また課税を行う期間について「定めることが適当である」と記述された。これについて、総務大臣は、この答弁書で「技術的な助言」として示したと述べている。

(41) 総務省は、この点について二〇〇一年六月七日付け答弁書で反論し、「この昭和三三年の自治庁見解は、真珠区画漁場税について厳格な判断をしたものでないこと、遅くとも昭和四七年には今回同様の見解を示していること」(清野圭造「地方税逐条解説」『地方税』一九七二年九月)を理由として、横浜市の主張は事実に反する、としている。

(42) 委員会は総務省のある中央合同庁舎第二号館で行われ、横浜市側が高秀秀信市長と山田二郎弁護士(代理人)ほか九名、総務省側が石井隆一自治税務局長、橋本勇弁護士（代理人）ほか七名が出席して行われている。この項の内容については、総務省作成の「平成一三年国地第一号　第四回国地方係争処理委員会」の議事録を参照した。

（43）ほかに、横浜市が「納税者に十分な説明を行い理解を得るという地方団体が税を創設する場合に当然必要な配慮」が「欠けている」ことも指摘している。

（44）このほか、横浜市から総務省への質問として、処理基準の制定・公表（自治法第二五〇条の二）は訓示規定か義務規定かどちらと認識しているか、合理的な理由について新通知と第二回目の答弁書の書きぶりの相異などの質問があったが、すべて文書で回答されることになった。また、高秀横浜市長が、「昭和四六年当時、自治省が競馬開催税を新設しようとしており、その際には『国の経済施策』に違反しないと解していたはず」との旨の発言をしている。これに対し総務省は「原因者負担金的な論理構成だったので…質的に違う」と答えている。

（45）総務省から申し立てられ、委員会が認めたもの。金子宏参考人の見解は、「課税自主権の尊重という理念の問題は、実定法の解釈の問題とは直ちに結びつくものでない」というもので、総務省のそれとほぼ同じであった。

（46）この際、委員から両当事者に質問が出されるが、確認的なものに終わっている。

（47）中央競馬会の競馬場や場外馬券売場のある自治体は、横浜市を含めて三四市区町村。このうち、東京都文京区や大阪市など六自治体が総務省の不同意決定後も検討を続けていたという（山下、二〇〇一：五八頁）。

（48）中央競馬会の売り上げは一九九七年（四兆円）がピークで年々減少し、二〇〇〇年は三兆四〇〇〇億円。〇一年はさらに二〇〇〇億円減少し、剰余金はゼロになる予定であると述べた。

（49）質疑の中で、中央競馬について法律による制度改定が行われていることが明らかとなっている。畜産振興のため中央競馬会が行っている特別振興資金の交付は、補助金適正化法が準用されていること、特別振興資金制度が始められたのは一九九一年からであること、剰余金によってつくられる特別積立金については、中央競馬会自らのために取り崩す場合は政令で行うが、これまでしたことはなく、国の財政再建のために、過去に三、四回特別立法によって拠出されていること、さらに、一九五六年に中央競馬会に対する固定資産税課税が行われたとき、第一国庫納付金が一一％から一〇％に引き下げられたことも、付言された。

(50)二〇〇一年七月九日付、横浜市の最後の反論書は、金子宏参考人の陳述への反論という形をとり、これまでの見解をまとめ直したものである。
(51)特別給付資金は、日本中央競馬会法の一部を改正する法律附則第二条、特別振興基金は、日本中央競馬会法第二九条の二、特別積立金は、同法第二九条。
(52)委員会の事務局を担当する総務省自治行政局が作成した「概要」に「不同意を取り消す」という文言がなかったため、横浜市が不満を表明する記者会見を行った(『神奈川新聞』二〇〇一年七月二七日)。
(53)「国の経済施策に対する影響の問題とは別に、例えば、勝馬投票券発売税が日本中央競馬会法に違反する場合に、これを不同意要件の中に入れて総務大臣が判断することができるという意見もあるが、これは別の訴訟の前提問題として取り扱われるべき事柄であると考える」(勧告　第四、当委員会の判断　五その他)。
(54)たとえば、『毎日新聞(神奈川版)』は「妥当性判断回避に批判も」(二〇〇一年七月二五日)と見出しをつけた。
(55)塩野宏委員長の発言「本件同意制度の特色は……一定の要件があれば同意しなければならない……効果裁量が否定されていること……」(『第四回国地方係争処理委員会議事録』四一頁)。
(56)前掲(32)。
(57)前掲(33)。
(58)碓井光明氏の本案件についての見解はその一つであろう。「法の文言にもかかわらず、法定外税に関し明示されている法定の消極三要件以外にも、法秩序全体からみて不同意の肯定される場合を認めることができる」(碓井、二〇〇一c・八八頁)。
(59)「横浜市勝馬投票券発売税に関する本会のコメント」中央競馬会二〇〇〇年一二月一四日。「横浜市の新税構想に強く反対しています」と当時、中央競馬会のホームページで訴えていた。
(60)第四回委員会において総務省は、神奈川県臨時特例企業税を認めた理由として、法人事業税が本来九・六%なのを三%にしたことなどと説明した。これに対し塩野委員は、「量的な問題になりますと、多少裁量権の問題は入ってまいりますけれども、今のお話は裁量権のお話ではないというふうに理解をしております」と述べている(『第四回国地方係争処理委員会議事録』五一～五三頁)。なお、神奈川県臨時特例企業税は、二〇〇一年六月二三日に総務大臣の同意を得て、八月一日から施行されている。

(61) 今回の係争では、横浜市からは事前協議の過程は明らかにされず、総務省側から少しずつ過去に遡って論駁用に文書化されただけである。このような状態では、不明朗であるとの批判は免れない。

(62) 都道府県法定外普通税(地方税法第二五九条第2項)、市町村法定外普通税(同法第六六九条第2項)、法定外目的税(同法第七三一条第3項)に「当該……法定外税の課税標準の合計の十分の一を継続的に超えると見込まれる者として総務省令(五年間のうち三年以上継続して超えると見込まれる者：筆者注)で定めるもの……がある場合において……議会において、当該特定納税義務者の意見を聴くものとする」が加えられた(二〇〇四年四月一日施行)。ちなみに、このときまでの三八件の法定外税のうち、一四件(うち、一五が核燃料関連税、三が産業廃棄物税、六がその他)が該当するとのことである(答弁者・板倉敏和政府参考人、質問者・又市征治参議院議員、『参議院総務委員会(二〇〇四年三月一八日)議事録第三号』)。

第5章

「平成の大合併」と三位一体改革

西尾勝氏によれば、第一次分権改革とは、二〇〇〇年四月施行の分権一括法によって結実した地方分権改革のことであり、したがって「第二次分権改革」は、分権一括法の施行以降のことを指すという（西尾、二〇〇七：一二二頁）。分権一括法による新たな地平を踏まえて、自治体が次のステップを目指すという意味では、こうした時期区分にも首肯できる面がある。しかし、この用語法に従うと、「平成の大合併」と三位一体改革も、第二次分権改革の中で起こった事態ということになる。これらは、果たして新たな改革に向けた胎動なのだろうか。

1　何のための「平成の大合併」か

（1）「平成の大合併」の結果と経過

ほぼ半減した市町村数

はじめに、「平成の大合併」の結果を見ておこう（表5-1。ただし、まだ多少進行中であり、途中経過である）。

市町村合併の特例に関する法律が抜本改正された年にあたる一九九九年三月三一日から二〇〇八年一月一日（〇七年四月一六日官報告示を終えたもの）までの間、市町村の数は、三二三二から一七九九へと一四三三、率にして四四・三％も減少した。(1) 減少率の上位一〇県と下位一〇都道府県は（表5-2）のとおりである。このうち、広島県など上位五県は、市町村数が以前の三分の一以下になる。逆に、大阪府、東京都、神奈川県などは、ほとんど市町村合併と無縁だった。大都市部周辺には狭域の都市自治体があり、自治体が異なることによる交通網整備の不整合など問題にされることが多いが、今回ほとんど合併していない。

日本の都市は合併の結果生まれることが多く、「昭和の大合併」のときも多くの市が誕生した。今回も多くの市ができており、六七〇だった市の数は、七八二と一〇〇以上増えている。全国の市町村の四割以上が市になり（これまで約二割）、市の比率が市町村の半分以上の都府県は二四と全国の過半数に及ぶ。反対に、町村は二五六二から一〇一七と激減した。とくに、村は五六八から一九五になり、村がまったくない県はこれまでの二県から一三県と大幅に増えている。

しかし、合併の標的となっていた人口一万未満の町村は四九一（二七・三％）も残り、全市町村の四分の一を超えている。とはいうものの、それは一部の県に集中していて、北海道、福島、長野、高知、沖縄、奈良の六道県で二四二と、約半分に達する。昭和の大合併のときと同様に、市町村は大小それぞれに二極化し、また都道府県によって市町村の姿は大きく異なることとなった(2)。

もうひとつ、平成の大合併には重要な特徴がある。合併規模が比較的、小さかったことである。表5-3は、平成の大合併の合併規模を調べたものである(3)。平均は三・四自治体であるが、極端に多数の自治体と合併した新潟県上越市（一四）、新潟市（一三）、静岡県浜松市・愛媛県今治市（一二）を除くと、比較的規模の小さな二～四市町村による合併が四八三（八〇・六％）と八割以上を占めている。この点、今後の広域連合のあり方（広域行政課題）との関係で重要である(4)。

政府施策の展開とその効果

平成の大合併は、どのような経過で進められたのだろう。政府の関係施策を時間を追って確認しておこう。

理論的にいうと、合併は市町村にとって不利である。合併すれば、地方交付税は合併以前のそれぞれを足し合わせた額より減り、議員数も削減される。当然、首長など三役も減るし、総務部局や議会事務局などの職員数も減少

市町村の状況

	1999 年と 2008 年の比較				人口 1 万未満町村		08 年 1 月 1 日状況	
	計・増減	市・増減	町・増減	村・増減	1999年3月31日(95年国勢調査)	2008年1月1日(05年国勢調査)	市の比率	1 万未満の比率
北海道	−15.1%	2.9%	−15.6%	−37.5%	144	114	19.4%	63.3%
青森	−40.3%	25.0%	−35.3%	−68.0%	36	12	25.0%	30.0%
岩手	−40.7%	0.0%	−46.7%	−62.5%	24	10	37.1%	28.6%
宮城	−49.3%	30.0%	−62.7%	−50.0%	27	4	36.1%	11.1%
秋田	−63.8%	44.4%	−82.0%	−70.0%	41	8	52.0%	32.0%
山形	−20.5%	0.0%	−29.6%	−25.0%	17	12	37.1%	34.3%
福島	−33.3%	30.0%	−38.5%	−46.4%	51	29	21.7%	48.3%
茨城	−48.2%	60.0%	−79.2%	−88.2%	15	1	72.7%	2.3%
栃木	−36.7%	16.7%	−51.4%	−100.0%	7	1	45.2%	3.2%
群馬	−45.7%	9.1%	−51.5%	−61.5%	24	10	31.6%	26.3%
埼玉	−23.9%	−7.0%	−23.7%	−90.9%	13	3	57.1%	4.3%
千葉	−30.0%	16.1%	−61.4%	−40.0%	18	8	64.3%	14.3%
東京	−2.5%	−3.7%	0.0%	0.0%	11	11	66.7%	28.2%
神奈川	−10.8%	0.0%	−23.5%	0.0%	2	2	57.6%	6.1%
新潟	−68.8%	0.0%	−84.2%	−82.9%	57	8	57.1%	22.9%
富山	−57.1%	11.1%	−77.8%	−87.5%	11	1	66.7%	6.7%
石川	−53.7%	25.0%	−66.7%	−100.0%	17	1	52.6%	5.3%
福井	−51.4%	28.6%	−63.6%	−100.0%	18	2	52.9%	11.8%
山梨	−56.3%	85.7%	−75.7%	−70.0%	41	9	46.4%	32.1%
長野	−32.5%	11.8%	−30.6%	−44.8%	77	43	23.5%	53.1%
岐阜	−57.6%	50.0%	−65.5%	−93.3%	56	7	50.0%	16.7%
静岡	−43.2%	9.5%	−61.2%	−100.0%	15	6	54.8%	14.3%
愛知	−28.4%	12.9%	−44.7%	−80.0%	18	6	55.6%	9.5%
三重	−58.0%	7.7%	−68.1%	−100.0%	31	4	48.3%	13.8%
滋賀	−48.0%	85.7%	−69.0%	−100.0%	20	8	50.0%	30.8%
京都	−40.9%	25.0%	−67.7%	0.0%	21	5	57.7%	19.2%
大阪	−2.3%	0.0%	−10.0%	0.0%	2	2	76.7%	4.7%
兵庫	−54.9%	38.1%	−82.9%	—	35	0	70.7%	0.0%
奈良	−17.0%	20.0%	−25.0%	−29.4%	24	18	30.8%	46.2%
和歌山	−40.0%	28.6%	−44.4%	−85.7%	28	11	30.0%	36.7%
鳥取	−51.3%	0.0%	−54.8%	−75.0%	30	7	21.1%	36.8%
島根	−64.4%	0.0%	−70.7%	−90.0%	45	8	38.1%	38.1%
岡山	−65.4%	50.0%	−82.1%	−83.3%	50	4	55.6%	14.8%
広島	−73.3%	7.7%	−86.6%	−100.0%	52	2	60.9%	8.7%
山口	−60.7%	−7.1%	−75.7%	−100.0%	33	6	59.1%	27.3%
徳島	−52.0%	100.0%	−60.5%	−87.5%	32	6	33.3%	25.0%
香川	−60.5%	60.0%	−76.3%	—	17	1	47.1%	5.9%
愛媛	−71.4%	−8.3%	−79.5%	−100.0%	42	2	55.0%	10.0%
高知	−35.8%	22.2%	−32.0%	−68.4%	37	19	32.4%	55.9%
福岡	−32.0%	16.7%	−47.7%	−50.0%	22	9	42.4%	13.6%
佐賀	−59.2%	42.9%	−73.0%	−100.0%	25	4	50.0%	20.0%
長崎	−70.9%	62.5%	−85.7%	−100.0%	55	4	56.5%	17.4%
熊本	−48.9%	27.3%	−58.1%	−61.9%	58	16	29.2%	33.3%
大分	−69.0%	27.3%	−91.7%	−90.9%	38	1	77.8%	5.6%
宮崎	−31.8%	0.0%	−35.7%	−57.1%	19	10	30.0%	33.3%
鹿児島	−50.0%	21.4%	−63.0%	−55.6%	54	17	35.4%	35.4%
沖縄	−22.6%	10.0%	−31.3%	−29.6%	27	19	26.8%	46.3%
合計	−44.3%	16.7%	−58.8%	−65.7%	1,537	491	43.5%	27.3%

終えたものについて、集計している。

表 5-2　合併が進んだ県と進まなかった都道府県

〈合併が進んだ県〉

	合併前	合併後	減少率
広島	86	23	－73.3%
愛媛	70	20	－71.4%
長崎	79	23	－70.9%
大分	58	18	－69.0%
新潟	112	35	－68.8%
岡山	78	27	－65.4%
島根	59	21	－64.4%
秋田	69	25	－63.8%
山口	56	22	－60.7%
香川	43	17	－60.5%

〈合併が進まなかった都道府県〉

	合併前	合併後	減少率
大阪	44	43	－2.3%
東京	40	39	－2.5%
神奈川	37	33	－10.8%
北海道	212	180	－15.1%
奈良	47	39	－17.0%
山形	44	35	－20.5%
沖縄	53	41	－22.6%
埼玉	92	70	－23.9%
愛知	88	63	－28.4%
千葉	80	56	－30.0%

(出典)表 5-1 に同じ。

表 5-1　平成の大合併後の都道府県別

	1999 年 3 月 31 日				2008 年 1 月 1 日			
	計	市	町	村	計	市	町	村
北海道	212	34	154	24	180	35	130	15
青森	67	8	34	25	40	10	22	8
岩手	59	13	30	16	35	13	16	6
宮城	71	10	59	2	36	13	22	1
秋田	69	9	50	10	25	13	9	3
山形	44	13	27	4	35	13	19	3
福島	90	10	52	28	60	13	32	15
茨城	85	20	48	17	44	32	10	2
栃木	49	12	35	2	31	14	17	0
群馬	70	11	33	26	38	12	16	10
埼玉	92	43	38	11	70	40	29	1
千葉	80	31	44	5	56	36	17	3
東京	40	27	5	8	39	26	5	8
神奈川	37	19	17	1	33	19	13	1
新潟	112	20	57	35	35	20	9	6
富山	35	9	18	8	15	10	4	1
石川	41	8	27	6	19	10	9	0
福井	35	7	22	6	17	9	8	0
山梨	64	7	37	20	28	13	9	6
長野	120	17	36	67	81	19	25	37
岐阜	99	14	55	30	42	21	19	2
静岡	74	21	49	4	42	23	19	0
愛知	88	31	47	10	63	35	26	2
三重	69	13	47	9	29	14	15	0
滋賀	50	7	42	1	26	13	13	0
京都	44	12	31	1	26	15	10	1
大阪	44	33	10	1	43	33	9	1
兵庫	91	21	70	0	41	29	12	0
奈良	47	10	20	17	39	12	15	12
和歌山	50	7	36	7	30	9	20	1
鳥取	39	4	31	4	19	4	14	1
島根	59	8	41	10	21	8	12	1
岡山	78	10	56	12	27	15	10	2
広島	86	13	67	6	23	14	9	0
山口	56	14	37	5	22	13	9	0
徳島	50	4	38	8	24	8	15	1
香川	43	5	38	0	17	8	9	0
愛媛	70	12	44	14	20	11	9	0
高知	53	9	25	19	34	11	17	6
福岡	97	24	65	8	66	28	34	4
佐賀	49	7	37	5	20	10	10	0
長崎	79	8	70	1	23	13	10	0
熊本	94	11	62	21	48	14	26	8
大分	58	11	36	11	18	14	3	1
宮崎	44	9	28	7	30	9	18	3
鹿児島	96	14	73	9	48	17	27	4
沖縄	53	10	16	27	41	11	11	19
合計	3,232	670	1,994	568	1,799	782	822	195

(注) 1999 年 3 月 31 日より 2007 年 4 月 16 日官報告示を
(出典)総務省発表データにより作成。

表5-3 「平成の大合併」における合併規模

関係市町村の数	14	13	12	10	9	8	7	6	5	4	3	2	計	平均
新自治体の数	1	1	2	5	5	11	15	27	49	80	165	238	599	3.4

(注)1999年3月31日から2007年4月16日までに官報告示を終えた599の合併について集計した。
(出典)総務省発表データより作成。

し、必然的に住民一人あたりのサービスも減る、と考えられる。ところが、自治法は、合併の際の手続きを決めているだけ(第七条)で、合併の際のこうした問題について何も規定していない。そこで、そうしたいわば合併の障害を除くために、市町村の合併の特例に関する法律(以下「合併特例法」という)があり、一九六五年から一〇年ごとに更新されてきた(時限立法)。

九五年に三度目の更新を行う際、自治省(当時)はすでに、それまでとは異なる措置を施していた。すなわち、法の趣旨(第一条)をそれまでの「市町村の合併の円滑化を図る」ことから「自主的な市町村の合併を推進」すること(傍点、筆者)に変え、合併算定替制度[5]を延長(五年から一〇年に)し、住民発議制度を導入するなど、合併の障害を除去するだけの法から合併を推進する法へと転換を図ったのである。「自主的合併」を前提としながらも、政府として合併を進める姿勢をこのとき明確にしたといえるだろう。

その後、政権与党からの合併推進の要請[6]を受けるかたちで、九七年七月に分権委員会の第二次勧告に新たな推進策が組み込まれる(第2章2(3)参照)。そして、第二次勧告に合わせた内容で、九八年四月、第二五次地制調答申が行われている。ただし、このときまで自治省の基本的姿勢は大きく変わることはなかった、と筆者は考えている。

これが九八年五月の「第一次地方分権推進計画」の策定を機に、急転する[7]。それまでとはグレードの異なる強力な合併推進策を打ち出すべく、九八年八月、自治省内部に市町村合併研究会(座長・森田朗東大教授)を設置し、国による合併施策変更のための準備を開始するのである。そして、市町村合併研究会の報告(九九年五月)を経て、地方分権一括法の一部を構成した合併特例法改正(九九年七月)で、都道府県知事による法定合併協議会設置勧告権の付与、合併算定替制度の再延長(一〇年から一五年に)、合併特例債制度の創設[8]、住民発議制度の拡充強化、地域審議会の設置などを行い、制度面における合併促進策をほぼ整えた(市の人口要件は、議員立法により九八年に四万、二〇〇〇年に三万に引き下げられている)。

その後、九九年八月と〇一年三月の二度にわたり、自治省(〇一年一月より総務省)から都道府県に対し通知が発せられ、都道府県を主体とした合併推進体制がつくりあげられていく。とくに、九九年八月の事務次官通知は重要である。知事に「市町村の合併の推進についての要綱」の作成を要請するとともに、「合併後の人口規模等に着目した市町村合併の類型」が添付され、これを参考に市町村の合併のパターンを具体的に示すよう求めた[9]。このため、各都道府県の要綱策定をめぐって、当該市町村住民を巻き込んだ動きへと発展していく。

また、〇一年六月に閣議決定された経済財政諮問会議の最初の「骨太の方針二〇〇一」では、「自立し得る自治体」が掲げられ、「市町村合併や広域行政をより強力に促進し、目途を立ててすみやかな市町村の再編を促す」と記述された。抽象的ではあるが、国全体の方針として市町村合併が位置づけられていったのである。

こうした政府の施策にもかかわらず、〇二年春の段階になっても市町村合併は容易に進展しない。〇二年四月一日時点で法定合併協議会を設置していたのは二四九自治体(任意協議会参加自治体四一九)、合併協議会数はわずか六五(任意協議会数一〇二)にすぎなかった。九九年の合併特例法改正後、国は都道府県を通じて促進策を講じていたわけだが、当時の主軸は、あくまで合併特例債と合併算定替などの大規模な財政支援策である。しかし、市町村は、これらに食指を動かさなかった。

再び政権与党に押され、さらなる合併促進策をつくる必要が浮上し、〇一年に設置されていた第二七次地制調が、翌〇二年七月から合併促進策の審議を開始する。どのように市町村を合併に向かわせるかが課題であり、ようするにムチ(合併強要策)の発動とアメ(財政支援策)の打ち切りが焦点であった。こうして〇二年一一月、西尾勝副会長に

図5-1　市町村の法定合併協議会への参加と合併の推移

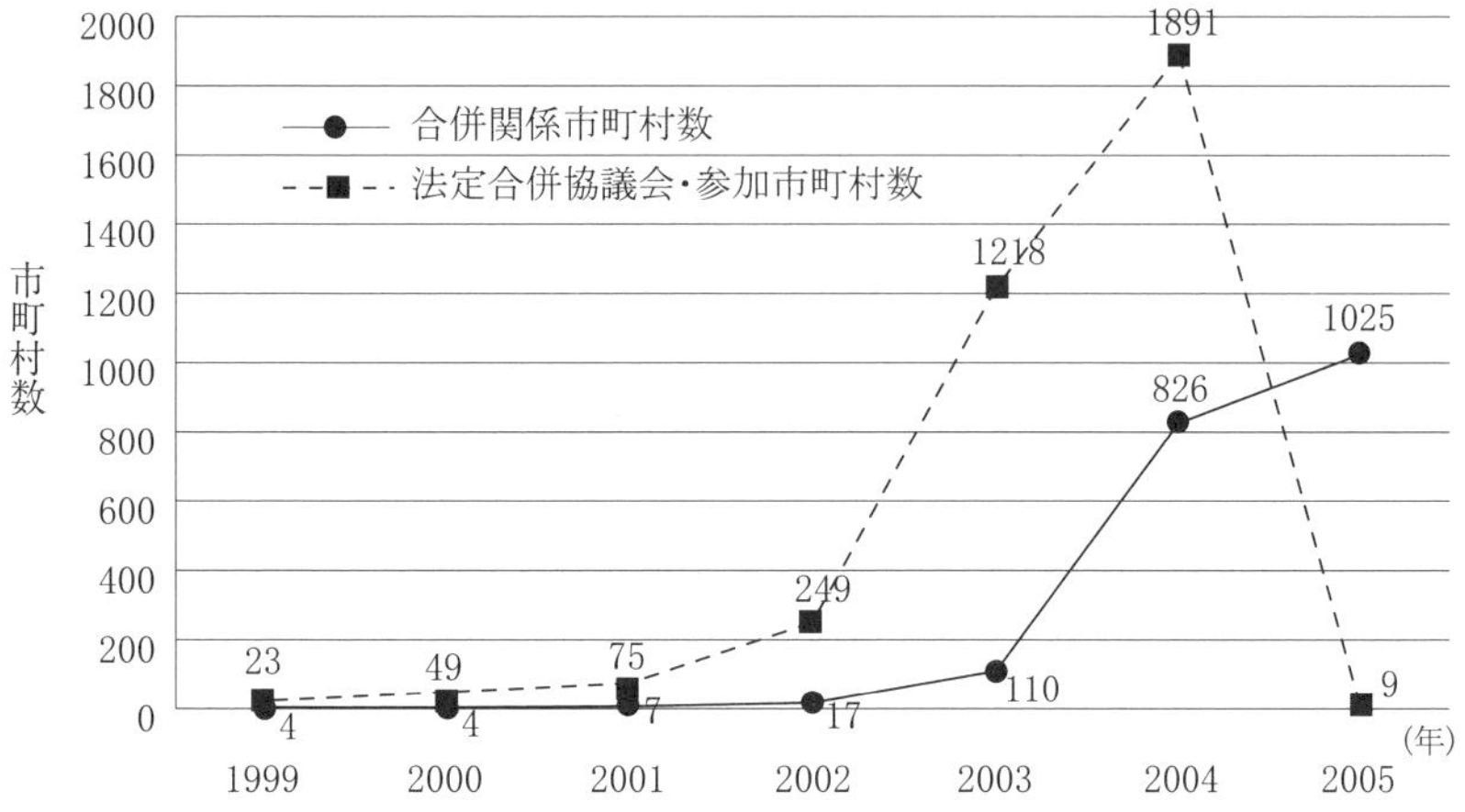

（出典）総務省発表データより作成。

よる私案（いわゆる「西尾私案」）、正式名称は「今後の基礎的自治体のあり方について（私案）」）がたたき台として提案され、中間報告（〇三年四月）を経て、答申（〇三年一一月）としてまとめられる。

答申に基づいて〇四年三月、新しい市町村合併特例法案（以下「合併新法」という）と自治法改正案が国会に提案される（〇五年四月施行、五年の時限立法）。その内容は、西尾私案の衝撃的内容に比べるとやや微温的ではあった。それでも、総務大臣が合併の基本指針をつくり、これにあわせて知事が合併構想を策定し、市町村に合併協議会の設置を勧告できるとする、一歩踏み込んだ施策を導入する。それ以外は、合併特例債の廃止と合併算定替の縮小など財政支援策の削減、さらに合併特例区など地域自治組織の法定化が、おもな内容となっている。まさに、ムチの導入とアメの削減である。

また、同時に旧合併特例法も延長措置が施され、〇五年三月末までに合併申請し、〇六年三月末までに合併すれば、旧法が適用された。大規模財政支援措置は、わずかだが延長されたのである。しかも、この一方で、〇四年度に三位一体改革として、地方交付税が大幅に削減される。前年度の二四兆円から二一・九兆円（一二％）もカットされていた。

アメとムチをみごとに使い分け、それが功を奏したことは、実際の合併推移からも見て取ることができる。

図5-1は、法定合併協議会に参加した市町村数と実際に合併した市町村数の推移を対比したものである。〇三年に入って、いきなり二四九市町村から一二一八市町村と、一〇〇〇近い市町村が新たに法定合併協議会に参加している。つまり、直接の契機は、〇二年一一月の西尾私案だったのである。西尾私案は小規模町村の事実上の廃止を提案するという衝撃的な内容であり、これがムチとして機能した[10]。さらに、追い討ちを掛けたのが〇四年度の地方交付税削減である。〇四年には、法定合併協議会参加市町村数は一八九一に達する。そして、これらのムチがあったがゆえに、アメとしての財政支援措置がさらに効力を発揮する。〇六年三月末という支援措置の最終的な期限を目指して、各市町村は合併へと突き進んでいった。

〇七年九月現在、総務省は合併新法に基づき、引き続き合併を推進している。これにあわせ、合併構想の策定のために審議会設置条例を制定した都道府県は三七、すでに構想を策定した県が二七あるという(〇七年三月二二日現在、総務省発表)。しかし、合併はその後ほとんど進んでおらず、新法が適用されたのは一八件にすぎない(〇七年四月一六日官報告示まで)。

(2)「平成の大合併」における論点

地制調の答申

なぜ、市町村合併が必要なのか、推進する根拠はどこにあったのであろう。また、どうして小規模自治体を追いつめる方策がとられたのか。それは、西尾私案が提起したといって過言ではない。最終的に、第二七次地制調答申(〇三年一一月一三日)には、おおよそ次のような論旨が書かれている[11](「　」内が、実際に地制調答申に使用された文言)。

「我が国の地方自治制度は」「地方分権一括法により」「新たなステージを迎えようとしている」。この「地方分権時代」にあって、「基礎自治体[12]」は「総合的な行政主体」「となることが必要である」。総合的な行政主体とは、「十分な権限と財政基盤を有し、高度化する行政事務に的確に対処できる専門的な職員集団を有するもの」である。「少なくとも、福祉や教育、まちづくりなど住民に身近な事務については、原則として基礎自治体で処理できる体制を構築する必要がある」。「経済社会の変貌、著しい少子高齢化の進行等の状況も踏まえ」「地方分権改革により明らかにされた」「地域において包括的な役割を担うにふさわしい行財政基盤を有する基礎自治体を形成するために」「市町村を再編する」。

合併によって、「規模が大きくなる基礎自治体において、住民自治を強化する観点」から「地域自治組織制度を活用する」。合併しない基礎自治体に対しては、新たに法を制定して、都道府県が合併を支援（構想策定、勧告、あっせんなど）する。それでも合併しない基礎自治体については、「通常の基礎自治体に法令上義務付けられた事務については窓口サービス等その一部のみを処理し、都道府県にそれ以外の事務の処理を義務付ける特例的団体の制度（西尾私案では事務配分特例方式と書かれていた：筆者注）の導入」を「引き続き検討」する[13]。

これに基づいて、前述のとおり、合併新法の制定と自治法の改正が行われ、新たな市町村合併策が実行される。そして、合併特例区など地域自治組織が新設され、さらに、都道府県の条例で事務を市町村に委任する「条例による事務処理の特例」制度が一部拡充された[14]。

ようするに答申の内容は、こういうことである。地方分権時代になれば、市町村は総合行政の主体になる必要があり、権限がたくさん増えるので、専門的な職員を抱える必要がある。自治体規模が拡大することによる弊害は、地域自治組織で補う。第一次分権改革ではほとんどできなかった権限移譲については、「条例による事務処理の特例」制度を使って都道府県から市町村に移譲することで推進する。

総合行政主体という幻想

平成の大合併では、「地方分権を担う自治体」、すなわち市町村で「総合行政」を可能とすることが錦の御旗とされ、合併を進める根拠として挙げられた。もともと、地方分権を推進する理由として、国の縦割行政と異なり、自治体では総合行政が可能であることが挙げられ[15]、地方分権一括法による自治法改正で地方公共団体の役割に「総合的に実施する役割」（自治法第一条の二第1項）が加わり、総合的行政主体論は勢いを強めていく（山崎、二〇〇四）。

しかし、市町村における「総合行政」は、言葉が本当に意味するようなものとはなっていない。それは、現状の事務配分から見ても明らかである。

たとえば、道路行政を見てみよう。高速道路は各高速道路株式会社（旧道路公団）が設置・管理し、国道は都府県管理と国管理の二種類ある。さらに都道府県道と市町村道に分かれ、農道（土地改良法）と林道（森林法）も管理は市町村に委託されているものが多いが、根拠法はバラバラであり、総合的に対応できるわけではない。道路設置・管理の仕組みは行政主体を越えて分かれている。

食品安全に関わる行政も、食中毒の防止や添加物を規制する食品衛生法は保健所が担当するが、保健所は都道府県と政令指定都市、中核市、保健所政令市と特別区だけしか置かれていない。食品全般の品質表示を義務づけているＪＡＳ法（農林物資の規格化及び品質表示の適正化に関する法律）については、都道府県と農林水産省地方農政局や地方農政事務所がその事務を担っている。最近、問題になっている児童虐待については、虐待情報は、保育所、教育委員会、保健所、福祉事務所などをバラバラに通過して、都道府県と政令指定都市と一部の中核市に置かれる児童相談所に集まる仕組みである。国は市町村にネットワーク組織を設けよというが、一時保護や立入検査などの権限は児童相談所にある[16]。

さらにもっと根深い問題が、「事務処理」の実態にある。自治体は、たしかに事務を処理しているが、実質的な判断権限、さらに、その事務をめぐる企画立案権限まで委ねられているわけではない。とくに、生活保護や外国人登録などの法定受託事務は国の出す処理基準によってしばられている。また、自治事務であっても法令のしばりのきつい住民基本台帳法(いわゆる住基ネットを含む)も、ほとんど全国一律の事務である。建築許可や、営業許可、法人格の付与についても、同様のことが言えるであろう。(17)

この観点から見ると、都道府県から市町村に事務が委任される「条例による事務処理の特例」は問題が多い。ごく一部の、実質的に窓口事務だけの事務委託であることが多いからである。こうした中で岩手県は、県から市町村への権限移譲にあたり、①市町村の実情に応じた権限移譲、②市町村の意向に応じた権限移譲(市町村との同意)を前提に、権限移譲に際して③事務処理経費の県措置、④人的支援の実施、を条件にしている。(18)これらは、事務移譲にあたって最低限保障すべき内容であろう。だが、他の都道府県の多くは、市町村による「総合行政」化が可能な権限移譲にはほど遠く、都道府県側の都合による権限移譲という状況にあるはずである。

本来ならば、国が市町村合併を推進する以上、国が法制度上で基礎自治体への権限移譲と財源措置を行うべきである。しかし、それは現実にはできない。

かつて分権委員会は、第四次勧告(九七年一〇月)のとき、市町村への規模に応じた権限移譲を盛り込むため各省庁と交渉した。分権委員会は、移譲できる権限を提示させるため、一〇万、二〇万、三〇万、五〇万人以上の四段階に区分して各省庁の意向調査を行ったが、調査の結果、移譲できる事務をあげたのは環境庁(当時)だけだったのである。それも、近隣公害(騒音、悪臭、振動)関係の事務のみで、人口二〇万人以上の自治体に対してである。これだけで新たな自治体制度をつくるわけにはいかず、分権委員会は各省庁と交渉し、都市計画法の開発行為の許可を人口二〇万人以上の市に権限移譲することになったという顛末がある。中央省庁は、二〇万人未満の自治体は受け皿と考えていないのである。

実際に、人口一〇〇万人未満の県が七ある。[19] この基準で合併しなければ総合行政ができないとなると、これらの県は三もしくは四の自治体にならなければ地方分権はできないことになってしまう。

このように市町村の「総合行政」には、現状では限界があるといわざるを得ない。これまで自治体の総合行政の重要性が強調されていたのは、むしろ国から都道府県、さらに都道府県から市町村への権限移譲や条例制定権の拡大が重要だからであろう。それらがほとんど進んでいない中で、総合行政論を逆手にとって合併を求めるのは、議論のすり替えである。

小規模自治体は、基礎自治体にふさわしくないか

第二七次地制調答申は、平成の大合併の目的を「地域において包括的な役割を担うにふさわしい行財政基盤を有する基礎自治体を形成するため」だという。西尾私案では「今後の基礎的自治体のあるべき姿として、自治体経営の観点から、一定の規模・能力が必要である」とした。そこでは、包括的な役割を担える規模・能力が市町村に求められている。さらに、総務省は実際に人口規模別の事務の処理状況を調査し、小規模町村がいかに職員が少ないか、専門職が少ないか、事務を共同処理しているか、財政力が乏しいかを論証しようとしている（山崎、二〇〇四：五一～六六頁）。そして、〇五年以降、知事に「おおむね人口一万未満を目安」として市町村合併の構想をつくれというのである。

では、小規模町村には、本当に能力がないのであろうか。事務の民間委託については、たしかに小規模町村は多いかもしれない。だが、大きな市であっても、それに負けないほど委託している（分権一括法施行時、条例の制定改廃に関する作業を委託した市があった。第3章参照）。もっといえば、民間の能力の利用は、国でも都道府県でも、いまや常識である（金井、二〇〇七：四一頁）。基礎自治体として、どこまでは包括的な役割を担うに「ふさわしく」、どこ

からは「ふさわしくない」というのだろうか。

また、消防、し尿処理、ごみ処理の三事務について、人口一万未満町村の約九割が共同処理していることなどから、小規模自治体が事務を他の自治体と共同処理することが、非難される（山崎、二〇〇三：五二～五三頁）。しかし、事務の効率上、それはむしろ望ましいことではないか。今後、公共事業などを広域連合などで共同処理する道が開け、都道府県の事業を受けることができるならば、それも地方分権のひとつの選択肢と考えてよいはずである（島田、二〇〇七：一九五頁）。同じように、広域連合が十分に活用できるようになれば、都道府県が行うとされる事務は広域連合でできるので、「事務配分特例方式」は必要ない[20]。

広域的行政課題の本質

これまでの広域的行政課題は、広域といいつつ、じつは面的な広がりが課題になったというより、むしろ財政力の問題だった、と筆者は考えている。たとえば、合併の必要性として例示されることが多い「人やモノの広域移動の拡大」についても、人やモノが動くことによる行政ニーズは、鉄道や道路建設のように、より財政力のある広域的行政主体、つまり市町村よりは都道府県、都道府県よりは国が行うことで解決されてきた。そこでは、近隣の自治体同士で調整が必要となる問題はあまりなかったと思われる。ただし、自治体間の調整がまったく行われていなかったのかといえば、そうではない。本当に必要な場合は、閉鎖水域における水質汚濁防止などのように調整が行われてきた[21]。

右肩上がりの時代は、広域的行政課題は財政力による解決でよかったかもしれない。ところが、いま問題なのは、財政力を背景とした行政ニーズへの対応ではない。逆に、財政危機の中で、公共事業など社会資本投資の効率化と、医療保険や介護保険のような運営主体の安定化が求められているのである。本格的な公共事業の見直しが必至の状況となり、そのために自治体間調整、とくに近隣自治体との調整が必要となっている。

市町村合併が行われれば、選挙で勝利した地域、つまり人口の多い都市部に公共事業が集中投資され、効率化が図られる。しかし、それは多数の横暴となる場合もある。たとえ人口が少なくても、事業の必要性が高い地域は存在しうるだろう。しかし、それは都道府県でも同じである。本来なら自治体間の調整が行われるべきであり、合併が必ずよい結果を生むとは思えない。じつは、これは都道府県でも同じである。やがて、空港や港湾の統廃合も必要な時代がやってくる。都道府県合併や道州制によって解決するか、それともいまから効率的な投資について調整を始めるか、という問題である。

たしかに、小規模町村において、地域の行政サービスを維持できるかという問題は深刻である。実際、少子高齢化の進行に伴って、近い将来人口が半減し、高齢者人口が生産人口をはるかに上回る（可能性の高い）地域が多い。したがって、市町村として自ら権限を放棄できる場合を制度上、用意しておく必要はあろう。

しかし、それは国や都道府県が強制することではないし、まして合併と引き換えに期限を区切って判断を迫ることでもない。合併推進策として「事務配分特例方式」を制度化すれば、「合併するか」「都道府県に法定事務を返上するか」、二者択一でしか判断できないことになる。本当は、それぞれの事務には直営以外にも、共同処理や民間委託など、さまざまな選択がありうる。合併推進策とは切り離して考えるべきである。

地域自治組織は活用されるか

むしろ問題なのは、自治体が合併によって大規模化した場合、地域がどうなるかである。たとえ合併しても、当該地域に住民が住まなくなるというわけではない。その意味で、合併自治体に地域自治組織を用意したことは評価できる（ただし、これもまた、合併推進のための言い訳の一手段として使われた側面も否定できない）。

果たして、地域自治組織はどれだけ誕生したのであろうか。合併新法による新たな制度によって、地域自治組織は、法人格のある合併特例区、法人格のない地域自治区二種類（一般制度と合併時特例制度）、単なる審議機関である地域審議会の四種類できた。総務省の調査によると、合併した五五八自治体中、地域審議会を設置したのは二一六であるが、地域自治区は一般制度が一五、合併時特例制度が三八、合併特例区は六にすぎない[22]。法人格のある合併特例区を設置したのは、北海道せたな町・士別市・名寄市、福島県喜多方市、岡山市、宮崎市であり、合併が困難視された地区が多い。設置数そのものが少なかったのは、設置期間が五年以下とされたことも影響しているのであろう。

上越市（地域自治区（合併時特例制度））のように活発な活動が報告されている自治体もある。しかし、規模拡大に対応した施策とはなりえなかったといわざるを得ない。財政悪化を背景とした合併協議の中では、どうしても財政効率化論に押し切られるのであろう。合併時における地域自治組織の設置は、「必置」規制にでもしなければ進まないということである。

（3）合併が進んだ影響

分権委員会も当初は、「受け皿論」に与せず、勧告があった後も多くの慎重論があった。にもかかわらず、市町村合併は進んだ。これが今後どのような影響をもたらすであろうか。

将来の政策上の影響としては、次期分権改革への効果であろう。各省庁は地方分権を進めることへの反論として、たえず「受け皿論」を展開してきた。地方分権を進めようとしても、自治体にはその力がない。したがって、市町村合併や道州制を進めてから、地方分権を考えるべきだというのである（小原編著、二〇〇三：一四頁）[23]。その論理からすれば、市町村の受け皿が整った以上、次は本当に地方分権を進める番である。総務省や西尾私案の論理は、この「受け皿」論に答えるものとしてつくられていたと考えられる。人口一万未満自治体の解消や「事務配分特例方式」にこだわるのも、そう考えると納得がいく。

けれども、次期分権改革の課題は、新たなる権限移譲ではない可能性が高い。とくに、新たな支出を伴うような権限移譲については、自治体のほうが慎重にならざるを得ない。そのような財政状況である。したがって、すでにある権限についての企画立案権の移譲であり、条例制定権の拡大が次期分権改革のターゲットになるだろう。

その場合、事務はすでに市町村で行われているため、条例立案を含め、企画立案機能だけが問題となる。果たして人口の少ないこと、小規模町村であることが、どれほどの障害になるのであろう。都道府県や町村会などの支援があればよいのであって、主体はあくまで基礎自治体でよいのではないか[24]。小規模でもいっこうにかまわないはずである。企画立案の策定過程に住民参加を保障するシステムを導入するという意味でも、都道府県より基礎自治体がよいだろう。

むしろ筆者の懸念は、いつまでも続く国による合併推進策である。今回の合併推進は、地方分権のためだと言われた。国や都道府県の関係者によって異口同音に繰り返し言われたために、市町村側には、逆に地方分権＝市町村合併（分権すれば、必ず市町村合併がくる）という意識が染み込んでしまった。今度、地方分権をすると、また合併しなければならなくなる。そう多くの人が感じ取っている。事実、国は分権についての新委員会をつくりながら、さらなる市町村合併を進めている状況にある。

平成の大合併について、数量上の合併効果を総務省が試算している[25]。自治体議員は、六・六万人から四・五万人になり、一般職員は四四・九万人から三七・四〜三七・八万人になり、財政上一・八兆円の削減が見込まれるという。実際には、合併以外にも財政圧縮のインパクトが大きいため、たしかな予想とはいえないが、これまでにない議員や職員の減少が起こったことはまちがいない。

だが、合併すれば、住民サービスはなんとかなっても、役場の中は当分、大混乱である。新たに企画立案するとか、権限を取ろうとかという雰囲気や状況をつくるのは、相当に困難である（初めから政令市を目指しているなら、別だが）。合併推進策を続けるかぎり、分権を求めるエネルギーは、地域からは起こってこないだろう。

2　三位一体改革は何をもたらしたか

（1）分権委員会における税財源議論

平成の大合併と並行して進められたのが、三位一体改革である。分権委員会の議論では、当初は本格的に取り組む課題と受けとめられず、分権委員会の議論を受けたのち進められた点も、合併と共通している。分権委員会における三位一体改革の前史から話を始めよう。

分権委員会においては中間報告後、一九九六年四月に神野直彦氏を座長とする補助金・税財源検討グループが設置され、検討が始まった。しかし、税財源については、最終報告まで総じてまともな提案ができていない。それは、あまりにも中央省庁と政治の壁が厚かったためである。

分権委員会が税財源について取り組んだのは、おもに国庫補助負担金（以下「補助金」という）の整理合理化である。地方六団体の主張も、補助金の弊害を指摘する内容が中心だった。国の補助金は法律上、地方財政法によって、国庫委託金（専ら国の利害に関係のあるもの：第一〇条の四）、国庫負担金（第一〇条、一〇条の二、一〇条の三）、奨励的補助金（第一六条）に分けられている。しかし、各省庁は、この区分は自治省が勝手に行ったもので見解が違うと当初から主張した。廃止対象となりがちな奨励的補助金については、定義から争うという態度である。各省庁から提出される資料も全補助金の一部にすぎず、総額、件数とも大蔵省が公表しているものとまったく異なるという状態であった。

入口からこのようなことでは、税源移譲はおろか、補助金廃止までの道のりすら遠い。第一次勧告で中間とりまとめを出した後[26]、第二次勧告(九七年七月)で補助金の整理合理化に手を付けるが、具体的改革を提案したのは一〇〇件だけであった。一般財源化した金額は、総額一〇〇億円にもなっていない。二〇兆円あまりの補助金総額のごくごく一部だったというわけである。もっとも、分権委員会は第二次勧告で、中長期的な地方税の充実強化の方法を記述する予定であった。原案には、「地方消費税や個人住民税」の強化が記述されていたにもかかわらず、この部分は官邸から拒否されてしまう[27]。

一連の議論の中で特筆すべきは、第一次勧告後の九七年二月、地方六団体が二兆円分の補助金廃止を提案したことである[28]。廃止分を地方税と地方交付税で措置するというものであった。地方側は一一六件もの補助金の支障事例を集めて分権委員会に提出し、いかに補助金が自治を侵害し、無駄であるかを論証したが、最後まで廃止すべき二兆円分の具体的な補助金項目をあげることはできなかった。

この後、分権委員会は、改めて補助金全体を負担金と補助金に分けて区分の明確化に取り組んでいる。負担金は国が補償すべき性格の強いものだが、補助金のほうは整理する対象となるということである。ところが、本来廃止すべき公共事業関連の補助金まで負担金になだれ込まれ、うまくいかない(二〇〇〇年八月)[29]。

この段階で、方向転換が必要となっていたといえるだろう(西尾、二〇〇七：一一〇～一一三頁)。補助金改革をしようとすれば、当該省庁は必ず反対する。絶対と言っていい。それに政治家が動員される。さらに、補助金全体を所管する大蔵省も同調する。加えて、漁夫の利を得ようと同調する自治体まで現れる始末であった。補助金廃止から税財源改革を進める手法には、限界があったのである。では、税源移譲はよいかといえば、これも積もり積もった債務と財政赤字の中、大蔵省が絶対反対を言い続けていた。ただ、考えようによっては、それを強烈に主張するのは大蔵省だけであって、補助金廃止よりは抵抗勢力は少ない。

自治体にとっての悪夢は、第二臨調のときに行われた補助率削減であった。第二臨調第一次答申(八一年七月)において「各省庁ごとに総枠(例えば一割削減)を設定して整理合理化を進める」と書かれたことから、八四年度と八五年度の国家予算において軒並み、自治体に対する補助金の補助率削減が行われた。八五年度になって自治体側も参加した補助金問題検討会が設置されたものの、結局、補助率は引き下げられたまま、固定化する[30]。

補助率を引き下げられても事業にかかる経費は同じなので、実質、国から自治体への負担転嫁にほかならない。補助金は、一件まるごと完全に廃止しないと、補助率削減に議論がまわり、自治体にツケがまわされる。このときの国から自治体へのツケまわしのため、自治体は長期間、多額の財源不足に悩まされることになる(今井、一九九三：一三三〜一四一頁)。二度とこの轍だけは、踏めなかった。かといって、個別に補助金項目の廃止を議論するには限界がある。これから脱するには、税源移譲を先行させるしかないということなのだろう。

分権委員会は最後の最後、「最終報告」(〇一年六月)で、第二次分権改革の主眼として地方税財源充実確保方策の項を設け、そこで「地方税源の充実策」を具体的に提言する。第一次分権改革で達成できなかった最大の課題が税財源問題であり、次の改革はこれだというのである。地方の歳出規模と地方税収との乖離の縮小が最初に謳われ、地方税への税源移譲、それに対応する補助金の廃止、さらに地方交付税改革まで述べられ、税源移譲項目として個人所得税から個人住民税に移行する方法も具体的に提案されている。この後、三位一体改革として議論される基本的方向は、このときすでに出されているといってよいであろう。

この提案は、政府に計画策定義務のある勧告ではなく、最終「報告」であった。それまでの官邸の意向は「実現可能で、現実的な勧告」であり、事前の省庁間調整を求めていたが、このときは調整を拒否したということである。

最後は本音を言いたかったということだろうか。たしかに、最終報告がこのような内容で出なければ、分権の流れは途切れたかもしれない。ちなみに、当時の官邸は、できたばかりの小泉純一郎内閣であった(〇一年四月から)。

(2) 経済財政諮問会議における三位一体改革議論

この後、分権委員会を引き継いだ地方分権改革推進会議(西室泰三議長、〇一年七月～〇四年七月)が設置されるが、三位一体改革の主要な議論の場は経済財政諮問会議であったといってよいであろう。

三位一体改革とは、国の補助金(国庫補助負担金)の廃止と国から地方への税源移譲、さらに関連して地方交付税改革を行うことを意味する。それぞれ利害が関係する省庁が異なり、補助金については各省庁が抵抗し、税源移譲には財務省が抵抗する。さらに、地方交付税改革には総務省が抵抗する。そこで、これを三位一体で改革する、と説明された。

議論が始まるのは、〇二年である。片山虎之助総務大臣が、経済財政諮問会議において「①国税五・五兆円の地方移譲、②五・五兆円の補助金廃止、③地方交付税の算定方法の見直し」という内容のいわゆる「片山プラン」を発表する[31]。見出しに「国庫支出金の地方税への振替えを先行実施」(傍点、筆者)とある。補助金廃止というと過敏に反応する層があるので、それを避けたのであろう。とはいえ、国から地方への税源移譲を先に行うという意味にほかならない。

税源移譲には、大きな問題がある。ふさわしい税目が限定されていて、徴税上の技術的な問題が壁になることが多いからである。多くの税目は全国不均一であり、都市に集中している。都市に集中している国税を地方税に移譲すれば、地域間格差は拡大する。比較的均一なのは、消費税と所得税の低率部分くらいである。そのため、この二つの税目から地方への移譲を考えるしかない(神野・金子・池上編著、一九九八)。しかも、こうした基幹的な税を変えるのに、年度をまたいで徐々に行うことも考えにくい。税源移譲そのものは、一時期に一気にやるしかない。とすれば、当然、補助金改革との時間差が生じる可能性も出てくる。

その後、〇二年六月の経済財政諮問会議の「骨太の方針二〇〇二」において、正式に三位一体改革が位置づけられる。そして、秋に地方分権改革推進会議が、小泉首相から諮問を受けていた補助金の廃止をまとめる。しかし、これには財源保障がなかったことから、地方から批判が起こる（〇三年度予算で、補助金を約五六〇〇億円削減）。

当時は総じて、地方財政に対する批判が強かった。とくに、地方交付税には、「額が多すぎる」「手厚すぎる」「複雑すぎる」との批判が集中していた（岡本、二〇〇二：四七～六二頁）。その急先鋒が経済界であり、経済財政諮問会議でもそうした空気が強かったといってよいであろう。こうして、自治体にとって不利な地方交付税改革が次々と行われていく。段階補正の見直し（九八～〇一年度、〇二～〇四年度の二段階）、事業費補正の見直し（地域総合整備事業債の廃止を含む）（〇二年度）、都道府県の留保財源率見直し（〇三年度）、行革インセンティブ算定（〇五年度）。さらに、〇四年には地方交付税の無駄遣いキャンペーンが行われ、過疎・小規模町村における結婚仲介実施や出産祝い金も槍玉にあげられた[32]。

さて、三位一体改革の続きである。〇三年の経済財政諮問会議では片山総務大臣と塩川正十郎財務大臣の大議論を経て、「骨太の方針二〇〇三」において三位一体改革の基本方針が確定する。

その内容は、「（平成一八年度までに）国庫補助負担金については、……概ね四兆円を目処に廃止・縮減」（税源移譲にあたっては）「八割程度を目安として移譲し、義務的な事業については……全額を移譲する」というものであった。補助金廃止は約四兆円で、廃止した補助金額の八割程度が、税源として移譲される。義務的な事業は全額、税源移譲ということである。税源移譲総額は示されていないが、かなりの金額になると考えられた。

そして、この年の年末には、実際に〇四年度予算として、約一兆円の補助金削減と六五〇〇億円余の税源移譲が実施されることになる。このとき、問題の地方交付税削減が実施される。すなわち、〇四年度予算に向けての地方財政計画は、地方交付税と臨時財政対策債[33]の合計額が〇三年度の二四・〇兆円から〇四年度の二一・一兆円と、二・八兆円（一二・〇％）もの減となったのであった。地方からは非難の嵐が巻き起こり、実際、自治体財政は危機に陥った。総務省は、なぜこのような対応をとったのであろう。

「地方歳出の抑制と交付税総額の抑制は、『骨太の方針二〇〇三』で示された改革の方向」というのが、総務省の説明である（佐藤、二〇〇六：二五頁）。交付税措置や補助金といった単年度の措置に比べ、恒久的な税の移譲は重みがまったく違うという考えはあるだろう。しかし、いくら総務省念願の「基幹税による税源移譲」が決まったからといっても、自治体の存続が立ち行かなくなるのでは元も子もない。実際、角を矯めて牛を殺すという格言どおりの状況が生まれた。明確な理由は不明であるが、〇一年に自治省から総務省に変わり、自治体の利益を代表する省から中央政府における「政策調整」を担う省へと変貌したことと、無関係ではあるまい（今村、二〇〇二）。

その後、〇四年に入って、「概ね三兆円規模」の税源移譲がついに決定される（「骨太の方針二〇〇四」）。そして、それに見合った三兆円程度の補助金の廃止を〇五年度と〇六年度に実施することになる。問題の補助金削減案は、国が地方六団体に作成を要請する（「地方公共団体に対して……具体案を取りまとめるよう要請」（「骨太の方針二〇〇四」））という前代未聞の状況となった。省庁には、地方六団体ではつくりえないだろう、という見方もあったようである。だが、〇四年八月、全国知事会は新潟市で二日間にわたる会議を開催。激論の末、原案を作成して、他の五団体がこれを承認し、地方六団体の統一案が決定された。

焦点のひとつは、義務教育費国庫負担金の扱いである。義務教育はナショナルミニマムとの主張があり、「九番バッター」という意見もあった。もっと優先して廃止すべき補助金があるという意味である。しかし、全国知事会は多数決をもって、義務教育費のうち中学校分の廃止を決定する。そして、一一月末の政府・与党合意により「三位一体改革について」が決定され、最終的に〇五年度予算においては、補助金削減は約一・八兆円、税源移譲は約一・一兆円とされた。このとき、地方六団体の提示した補助金削減案は無視されてしまう。義務費教育国庫負担金（八五〇〇億円）の扱いについても、あくまで暫定措置とされ、〇六年度に向け中央教育審議会にゲタを預けることになる。

〇五年度は、残り六〇〇〇億円の補助金削減が課題となった。地方六団体は、再び一兆円の補助金削減案をつくるが、またもや省庁に無視される。このときの焦点は、生活保護と児童扶養手当であった。厚労省に国と地方が協議する機関（生活保護費及び児童扶養手当に関する関係者協議会）が設置され、四月から激しい議論が闘わされている（第6章2（1）参照）。最終場面で、厚労省側は補助率の削減と一定の権限移譲を提案するが、地方側はこれを拒否し、最終的に政治決着に持ち込まれる。生活保護についての補助率は維持されたものの、児童扶養手当は四分の三から三分の一に、児童手当は三分の二から三分の一に削減されてしまう。

さらに、義務教育費国庫負担金についても、中央教育審議会の結論は制度の維持となり、やはり政治決着で、補助率が二分の一から三分の一に引き下げられる。最後は、八〇年代行革と同様の、補助率引き下げによる国から地方への負担のツケまわしであった。

三位一体改革には、もうひとつ重要な点がある。決定過程において、国と自治体代表が継続して協議を行ったことである。〇四年九月、地方六団体が廃止すべき補助金のリストを提出した後、内閣府に「国と地方の協議の場」が置かれ、会議のたびに提出された資料と概要がインターネットで公表された。闇の中で協議され、議論内容もまったく分からなかったこれまでと異なり、一般人でも状況を知ることができるようになったのは前進である。それでも、最後は結局、「政治決着」という闇の中で決まった。

自治体の国政参加については、地方六団体による内閣と国会に対する意見提出権が九三年に議員立法によって法制化（自治法第二六三条の三第2項）された。この条文に基づいて九四年と〇六年に、地方六団体から国に対して意見が提出されている。また、分権委員会の第二次勧告に基づき、九九年に国の応答義務が追加され（一般的には努力義務（第3項）だが、自治体に義務づけがあるときは応答義務（第4項））、さらに、義務づけが行われる場合の情報提供措置の規定（第5項）が〇六年に追加されている。ただ、地方六団体からの二回の意見提出に対しては、初回は関係機関に配布されただけ、二回目も木で鼻をくくったような回答が行われただけで、本格的な参加・参画というレベルからはほど遠い。

仮に、国の施策について案の段階から自治体が関与するとなると、法令だけでなく予算や計画についても必要となり、それぞれの成立過程に正式に地方代表者が関われるよう制度を仕組むしかない。このため、ドイツの連邦参議院やアメリカの上院のように国会を地方政府代表（いずれも連邦国家であり、州代表）構成に改革する提案がある（西尾、二〇〇七：二四四頁など）。こうなると国の基本的な統治システムを抜本的に変える話であって、当然、憲法に関わる。

当面は法律を制定し、常設の協議機関の設置を追求すべきなのであろう。実際、地方六団体は、〇六年に提出した二回目の意見書で「（仮）地方行財政会議」の設置を提言している。それでも、所管する省庁をどこにするか、決定内容の実現をどのように保障するかなど、むずかしい課題が想定される。新たに設置された新分権委員会とのすみわけも問題となるだろう。こうした機関は事務局機能が重要であり、最低限、国と地方が両者同数・対等の関係で運営する事務局が置かれる必要がある。

表5–4　三位一体改革の成果（2004〜06年）

国庫補助負担金改革	△約4.7兆円
税源移譲	約3兆円
地方交付税改革（地方交付税及び臨時財政対策債）	△約5.1兆円

（出典）総務省ホームページ「平成18年度地方財政計画のポイント」より。

（3）三位一体改革の全体像と自治体への影響

三位一体改革の全体像は、どのようなものなのであろう。表5–4は、三位一体改革をまとめたものである。補助金改革で自治体財源は四・七兆円削減され、地方交付税も五・一兆円減っている。これに対し、税源移譲で地方に来たのは三兆円にすぎない。差し引き、じつに六・八兆円もの削減である。しかも、この表の国庫補助負担金改革には、〇三年度分の公共事業関係や奨励的補助金などの廃止による三二八一億円の削減が抜けている。地方財政のマイナスは、七・一兆円に達するのである。〇三年の「骨太の方針二〇〇三」に書かれた「削減補助金の八割程度を目安として移譲し、義務的な事業については全額」という約束は、みごとに反故にされた。

改革の対象となった補助金を見てみよう(図5-2)。義務教育費国庫負担金や児童扶養手当の補助率引き下げは前述のとおりである。義務教育費国庫負担金は、少子化が進むとはいうものの少人数教育への要請は強く、今後、給与に関わるこれら費用が減ることはないであろう。母子家庭に給付される児童扶養手当も、おそらく減らない。国民健康保険については、都道府県が新たに費用負担する。厚労省の意向のまま、ほとんど議論のない中、決まってしまった。また、公立保育所運営費補助金の廃止は、全国に大きな波紋を呼んでいる。保育所のうち、公立の補助金だけを廃止したので、全国の自治体で公立保育所の民営化、民営化できない地域では保育料の値上げが起こっている。

三位一体改革では、地方の廃止要望には多くの公共事業関連補助金が含まれていたが、結果として、ほとんど廃止されていない。これは、公共事業関係の費用が国債であって税でないことを理由に、税源移譲の際の補助金廃止の対象にはならないと、財務省が主張したためである。与党自民党もこれを支援した。いうまでもなく、公共事業はこの間、無駄遣いの象徴であり、受益と負担の関係を明確にした効率化がもっとも必要な分野である。その意味で、今回、廃止することがもっともふさわしい分野であった。

では、こうした三位一体改革が自治体にどのような影響を及ぼしたのかを見ておこう。とくに、自立を選択した

図5-2　税源移譲に結びつく補助金改革のイメージ〈2005年12月22日時点〉

（単位：億円）

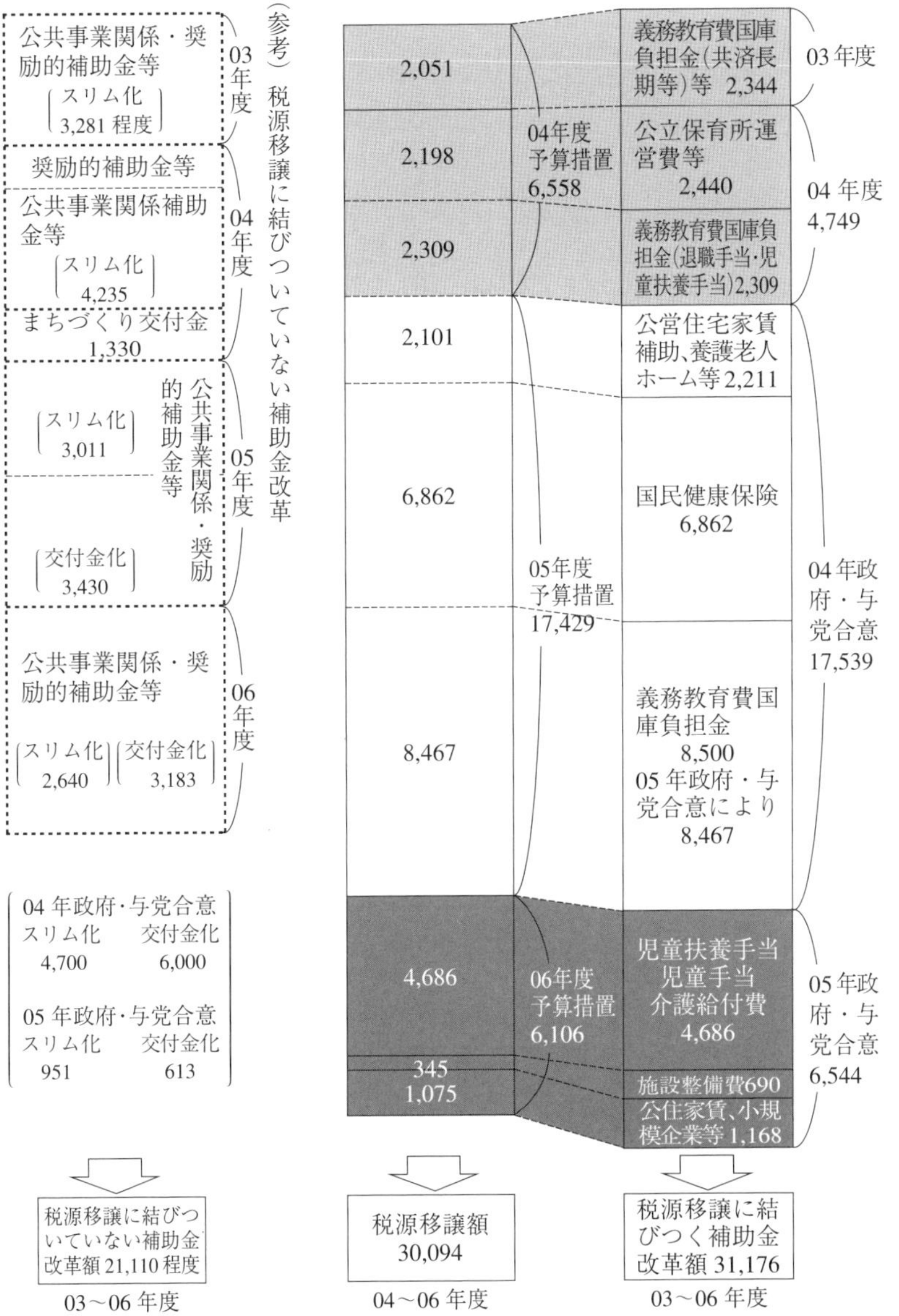

（注1）総務省資料をもとに全国知事会で作成（端数処理のため、合計値が一致しない場合もある）。
（注2）上記のほか、2003年度に、高速自動車国道の新直轄方式導入等により930億円が自動車重量譲与税に税源移譲されている。
（出典）地方六団体・新地方分権構想検討委員会第1回会議（2006年1月13日開催）資料4より作成。

表5‐5　長野県清内路村の決算状況(2001～05年度)　(単位：1000円)

	2001年度(a)	2002年度(b)	2003年度(c)	2004年度(d)	2005年度(e)	e‐a差額	同左割合
〈歳入〉							
地方税	37,748	35,189	32,293	32,335	36,081	－1,667	－4.4％
地方交付税	727,354	655,874	619,145	562,202	614,088	－113,266	－15.6％
一般財源計	793,129	714,993	677,411	623,418	679,015	－114,114	－14.4％
国庫支出金	34,829	10,563	146,134	36,705	25,458	－9,371	－26.9％
歳入合計	1,386,050	1,090,700	1,451,874	898,680	861,511	－524,539	－37.8％
〈歳出(性質)〉							
人件費	229,206	210,770	217,028	191,296	154,621	－74,585	－32.5％
公債費	403,793	261,806	252,499	260,031	254,068	－149,725	－37.1％
投資的経費	248,447	78,171	412,244	51,924	17,038	－231,409	－93.1％
うち普通建設事業費	204,135	78,171	411,166	23,291	3,622	－200,513	－98.2％
〈歳出(目的)〉							
議会費	25,931	23,578	25,607	21,197	15,813	－10,118	－39.0％
総務費	156,983	143,783	143,711	125,835	136,484	－20,499	－13.1％
民生費	143,047	159,031	144,910	126,551	117,233	－25,814	－18.0％
土木費	175,709	55,163	63,400	14,280	13,894	－161,815	－92.1％
総支出計	1,290,201	1,023,773	1,389,413	864,237	767,151	－523,050	－40.5％
経常収支比率	80.3％	86.0％	88.3％	103.1％	87.4％	7.1％	8.8％
財政調整基金	170,384	170,386	131,966	132,180	142,256	－28,128	－16.5％

(出典)総務省ホームページ財政状況分析の「決算カード」から作成。

小規模町村に着目する。

長野県清内路《せいないじ》村は、人口八〇〇人余の小さな村である。〇四年度の地方交付税削減は、この村にどのような影響を与えているだろう。表5‐5は、その〇一～〇五年度の決算である。

こうした小規模町村の税収は少なく、歳入に占める地方交付税の割合は半分以上(五二・五％(〇一年度))である。この交付税が、問題の〇四年度には約五億六〇〇〇万円と、〇一年度の約七億三〇〇〇万円から二二・七％、〇五年度も一五・六％減少している。このため、驚異的な歳出削減を行った。財政調整基金を一六・五％取り崩し、人件費を三二・五％削り、投資的経費については実に九三・一％も削減している。学校の耐震化のような切羽詰まった問題については、どう対応しているのだろうか。

福島県飯舘《いいたて》村も自立を選んだ村である(表5‐6)。人口約七〇〇〇人、歳入に占める地方交付税の割合は四八・七％(〇一年度)に達している。〇一～〇

表5-6　福島県飯舘村の決算状況(2001〜05年度)

(単位：1000円)

	2001年度(a)	2002年度(b)	2003年度(c)	2004年度(d)	2005年度(e)	e–a 差額	同左割合
〈歳入〉							
地方税	454,371	438,878	417,408	484,746	483,078	28,707	6.3%
地方交付税	2,416,038	2,218,403	2,047,130	1,946,506	1,916,643	−499,395	−20.7%
一般財源計	3,072,626	2,834,152	2,653,603	2,642,394	2,618,264	−454,362	−14.8%
国庫支出金	237,958	222,052	465,570	174,519	69,794	−168,164	−70.7%
歳入合計	4,958,916	4,964,762	5,810,001	4,710,615	3,732,382	−1,226,534	−24.7%
〈歳出(性質)〉							
人件費	875,292	822,287	843,025	831,532	788,298	−86,994	−9.9%
公債費	616,268	609,618	612,141	650,678	560,012	−56,256	−9.1%
投資的経費	1,350,456	1,340,576	2,190,248	1,240,514	463,602	−886,854	−65.7%
うち普通建設事業費	1,215,674	1,236,316	2,189,986	1,225,134	390,465	−825,209	−67.9%
〈歳出(目的)〉							
議会費	91,258	91,165	89,652	87,536	78,319	−12,939	−14.2%
総務費	753,247	747,175	615,556	636,053	600,482	−152,765	−20.3%
民生費	544,166	530,936	987,166	554,461	580,265	36,099	6.6%
土木費	501,883	627,598	453,758	334,923	165,276	−336,607	−67.1%
総支出計	4,718,445	4,658,779	5,409,560	4,508,896	3,581,591	−1,136,854	−24.1%
経常収支比率	79.2%	84.1%	91.2%	94.3%	91.7%	12.5%	15.8%
財政調整基金	759,218	588,839	588,934	741,021	841,055	81,837	10.8%

(出典)表5-5に同じ。

五年度の五年間の交付税削減率は二〇・七%、やはり五分の一が削られている。このため、投資的経費を六五・七%減らした。なかでも、〇四年度に約一二億四〇〇〇万円あったものを、〇五年度には約四億六〇〇〇万円に、単年度で六割、じつに約七億八〇〇〇万円も減らしている。

最後は、秋田県上小阿仁《かみこあに》村である(表5-7)。人口約三三〇〇人で、周辺四町は北秋田市として合併したが、自立を選んだ。地方交付税は〇一年度に約一七億六〇〇〇万円で、歳入に占める割合は五八・一%であった。この交付税が五年間で約三億二〇〇〇万円と、一八・四%削減されている。このため、人件費を一五・〇%削減し、投資的経費は四八・〇%も削った。

上小阿仁村は「自立計画」を策定している。それによると、地方交付税は一三年度には約一〇億九〇〇〇万円まで減少する予定だという。このため、行政サービスの基本的維持を前提に、職員数をさらに二〇%削減し、村の補助金の大半を廃止

表 5-7　秋田県上小阿仁村の決算状況（2001〜05 年度）　（単位：1000 円）

	2001年度(a)	2002年度(b)	2003年度(c)	2004年度(d)	2005年度(e)	e–a 差額	同左割合
〈歳入〉							
地方税	193,209	186,417	182,343	180,264	183,347	−9,862	−5.1%
地方交付税	1,757,455	1,626,417	1,556,745	1,467,944	1,433,930	−323,525	−18.4%
一般財源計	2,029,360	1,879,801	1,811,691	1,729,806	1,702,289	−327,071	−16.1%
国庫支出金	103,229	94,719	119,267	153,543	85,601	−17,628	−17.1%
歳入合計	3,023,856	3,012,857	2,908,164	2,843,343	2,662,836	−361,020	−11.9%
〈歳出（性質）〉							
人件費	602,642	570,718	535,544	532,926	512,435	−90,207	−15.0%
公債費	425,512	503,955	521,167	499,510	485,537	60,025	14.1%
投資的経費	654,954	652,401	586,232	486,161	340,454	−314,500	−48.0%
うち普通建設事業費	633,742	651,660	547,827	371,181	319,308	−314,434	−49.6%
〈歳出（目的）〉							
議会費	74,895	75,111	66,309	66,599	65,999	−8,896	−11.9%
総務費	576,766	455,649	408,090	431,736	432,098	−144,668	−25.1%
民生費	373,650	426,098	392,636	417,480	405,737	32,087	8.6%
土木費	240,387	318,529	334,722	217,392	232,802	−7,585	−3.2%
総支出計	2,932,653	2,928,376	2,807,484	2,775,386	2,594,492	−338,161	−11.5%
経常収支比率	85.1%	95.2%	98.2%	104.2%	102.1%	17.0%	20.0%
財政調整基金	514,856	566,856	651,113	691,327	653,583	138,727	26.9%

（出典）表 5-5 に同じ。

する。自立計画そのものは、過疎地域自立促進特別措置法（いわゆる過疎法）第六条に定められたものであり、過疎法の適用を受ける自治体に義務づけられている。それに、自立計画を立てること自体は必要であろう。しかし、なぜ、今後八年程度で二〇％以上もの地方交付税削減が行われることを前提に、計画を策定したのであろう。

じつは、秋田県は、合併しない市町村に対して、こうした自立計画の策定を要請し、県のホームページで公表している。事実上の義務づけである[34]。

このように厳しい財政状況に陥ったのは、決して一部ではない。表5-8は、総務省が作成する地方財政白書から、一人あたりの地方交付税の減額状況を見たものである。中小都市と比べても、小規模町村の削減が著しいことがわかる。率もさることながら、額が軒並み三万〜六万円に達している。小規模町村は税収が少なく、地方交付税への依存度が高い（歳入の半分近く。表の「歳入構成比」参照）。そこにこれだけの削減である。

　こうした中で高知県は〇四年五月、異例の企画振興部長コメントを発した。それによると、〇四年度予算は、「多額の基金取り崩しによってなんとか予算を編成するという、非常事態」だという。しかも、仮に今後、〇四年度の地方交付税水準が維持されるとしても、「(財源調整的な基金は)〇六年度中に二九市町村で底をつき」、〇六年度まで引き続き地方交付税などが圧縮されると「〇五年度中に二七の町村、〇七年度中にすべての市町村(当時五三市町村)・

表5-8　地方交付税(人口一人あたり額)の減額状況 (単位：円)

小規模町村(人口1万3000人未満)

類似団体	2001年度(a)	歳入構成比	2004年度(b)	b−a(c)	a/c
0—0	611,107	47.8%	544,131	−66,976	−11.0%
0—1	617,359	48.9%	614,180	−3,179	−0.5%
0—2	595,048	47.7%	547,832	−47,216	−7.9%
0—3	519,331	42.4%	470,141	−49,190	−9.5%
0—4	568,105	42.0%	473,856	−94,249	−16.6%
Ⅰ—0	451,997	46.5%	410,610	−41,387	−9.2%
Ⅰ—1	414,798	48.0%	366,070	−48,728	−11.7%
Ⅰ—2	392,094	46.2%	356,321	−35,773	−9.1%
Ⅰ—3	324,545	45.5%	259,843	−64,702	−19.9%
Ⅰ—4	340,094	43.3%	293,045	−47,049	−13.8%
Ⅱ—0	366,378	44.9%	327,620	−38,758	−10.6%
Ⅱ—1	341,329	47.9%	285,241	−56,088	−16.4%
Ⅱ—2	296,319	44.7%	263,583	−32,736	−11.0%
Ⅱ—3	249,780	40.8%	210,772	−39,008	−15.6%
Ⅱ—4	250,259	39.1%	188,432	−61,827	−24.7%
Ⅲ—0	219,098	40.6%	213,720	−5,378	−2.5%
Ⅲ—1	264,323	43.0%	241,290	−23,033	−8.7%
Ⅲ—2	227,498	41.8%	192,138	−35,360	−15.5%
Ⅲ—3	164,456	35.7%	137,802	−26,654	−16.2%
Ⅲ—4	169,779	34.7%	133,055	−36,724	−21.6%

中小都市(人口5万5000人未満)

類似団体	2001年度(a)	歳入構成比	2004年度(b)	b−a(c)	a/c
0—0	199,434	38.0%	183,234	−16,200	−8.1%
0—1	201,936	38.7%	193,109	−8,827	−4.4%
0—2	137,026	30.0%	143,694	6,668	4.9%
0—3	164,508	32.9%	152,159	−12,349	−7.5%
0—4	92,203	20.3%	93,894	1,691	1.8%
0—5	199,859	32.8%	178,488	−21,371	−10.7%
Ⅰ—0	132,428	31.8%	165,201	32,773	24.7%
Ⅰ—1	140,768	35.4%	192,404	51,636	36.7%
Ⅰ—2	97,933	25.0%	111,238	13,305	13.6%
Ⅰ—3	105,983	26.3%	98,685	−7,298	−6.9%
Ⅰ—4	66,507	17.8%	59,230	−7,277	−10.9%
Ⅰ—5	110,654	25.5%	85,815	−24,839	−22.4%

(注1)小規模町村の類似団体は、0は人口3500人未満、Ⅰが3500〜5500人未満、Ⅱが5500〜8000人未満、Ⅲが8000〜1万3000人未満を示す。アラビア数字は第三次・第二次産業比を5段階で示し、数字が多いほどその割合比率が高い。
(注2)中小都市の類似団体は、0が人口3万5000人未満、Ⅰが3万5000〜5万5000人を示す。アラビア数字は第三次産業・第二次産業比を5段階で示し、数字が多いほどその割合比率が多い。
(注3)2005年度から小規模町村の類似団体の人口規定が5000人未満、5000〜1万人未満、1万人〜に変更され、比較できない。
(出典)地方財政白書より作成。

筆者注)で底」をつくという。[35]

全国の自治体、とくに地方交付税への依存度の高い自治体が強い衝撃を受けたことが、よく分かるであろう。

(4) 第一次分権改革からの揺り戻し

第一次分権改革による機関委任事務制度の廃止は、おそらく中央省庁にとって大きな打撃であったのだろう。それまでは、国会で法律を通しさえすれば、どんな政省令をつくっても、どんな通達を出しても、文句を言ってくる自治体はまずなかった。それが、対等の関係として自治体を見なければならなくなったのである。通知を出しても、いうことを聞くとは限らない。少なくとも、法的には担保されなくなってしまった。

第一次分権改革を支持してきた自治省に対する各省庁の反発は、想像にかたくない。そうした中で、次の改革として、ある意味さらにハードルの高い税財源改革が設定されたのである。自治体に対する非難、地方交付税に対する中傷は、そうした中で起こった(しかも、一部でそれは当たっていた)。さらに、操縦桿を握っていた自治省は、総務庁、郵政省と統合して、総務省になってしまった。もはや、自治省は、自治体の利益代表というだけで霞が関に存在しているわけではない。加えて、政治の世界は、一部を除き与野党を挙げて合併推進であった。こうした状況が重なって、差し出すべきは「受け皿論」となったのではないか。少なくとも、それによって総務省の腹が痛むわけではなかったはずである。

平成の大合併と三位一体改革は、両者密接不可分であった。そして、両者とも、第一次分権改革の道筋にありながら、大きな揺り戻しの賜物であったというのが、筆者の評価である。

(1) 二〇〇七年一〇月五日現在の総務省ホームページによると、〇八年三月二一日には一七九五になるという。

(2) 昭和の大合併の際、都道府県によって大きく対応が異なったことについては(島田、二〇〇六)参照。
(3) 山梨県上九一色村《かみくいしき》が二つに分裂合併し、ダブルカウントされているため、表5-3の自治体数を計算すると総数二〇三七となり、合併総件数二〇三六件より一件多い。ちなみに、新潟市は一三市町村による合併と本文に記述したが、これとは別に黒埼町、巻町とも合併しており、実質一五自治体合併である。
(4) 平成の大合併後も、広域連合の役割が重要であることを分析したものとして(島田、二〇〇七)参照。
(5) 合併算定替は、合併前にそれぞれの自治体に交付されるはずの交付税を引き続き交付する仕組み(最大時、一五年の経過措置がとられた)。
(6) 分権委員会は、第一次勧告後の一九九六年一二月、自民党行政改革推進本部から要請を受けて、市町村合併の審議を始める。その際、分権委員会と国会議員との激しい議論のやり取りがあったという(西尾、二〇〇七：三八頁)。
(7) その背景は必ずしも明らかでないが、第一次地方分権推進計画の閣議決定に向け、自民党から合併施策の強化を求められたといわれる。また、市町村合併に慎重な姿勢をとってきた社民党が一九九八年五月末に連立政権から離脱したことも、一因となっているようである。なお、自治省の施策転換について、自治省関係者には、九九年の自治法改正とその直後の事務次官通知とする論稿がある(山崎、二〇〇三：一九頁、久元・井上、二〇〇四：八五頁)が、対外的に明確にした時期ということであろう。
(8) 合併特例債は、合併に際して行われる事業について債券を発行し、後年度、元利償還金について地方交付税を措置してもらう仕組みで、総額、数百億円規模になる場合もあった。
(9) 都道府県知事宛「市町村の合併の推進についての指針の策定について」(一九九九年八月六日、自治振第九五号)。
(10) 西尾私案が提案される過程、私案の問題点については、(島田、二〇〇三a)参照。なお、二〇〇二年一一月一六日の日本地方自治学会の報告の場で、筆者が西尾私案を「空砲効果」と言ったのは、その実現性とは無関係に、公表されたことだけで自治体関係者に財政支援効果を超える合併促進効果があることを指摘したかったからである。西尾私案は、一個所の合併あたり数百億円にのぼる国の財政支援より効果があったということである。
(11) 第二七次地制調答申「『今後の地方自治制度のあり方に関する答申』について」二〇〇三年一一月一三日、総理大臣提出。なお、西尾私案についての分析は(島田、二〇〇三a：一二四〜一四五頁)参照。

(12)第二七次地制調答申は、市町村のことを自治法にある「基礎的な地方公共団体」(自治法第二条第3項)ではなく、初めて「基礎自治体」と呼んだ。また、都道府県のことも「広域の地方公共団体」(同条第5項)ではなく「広域自治体」と呼んでいる。

(13)西尾私案には、合併しない市町村への対応策として、もうひとつ「内部団体移行方式」が提案されていた。「人口××未満の団体は他の基礎的自治体へ編入され内部団体とする」というものだが、答申時にはなくなっていた。

(14)条例による事務処理の特例制度の「拡充」とは、市町村長から都道府県知事に要請できることとし、知事に速やかに協議することを義務づける、というものである(自治法第二五二条の一七の二第3項、4項)。

(15)分権委員会の中間報告(一九九六年三月)でも、「地方分権型行政システムに期待される効果―分権型社会の姿」の項で、「地方公共団体による行政サービスが、地域住民の多様なニーズに即応する迅速かつ総合的なものになる」(傍点、筆者)と述べている。

(16)二〇〇七年の児童虐待の防止等に関する法律改正で新たに導入された臨検、捜査も、都道府県知事の権限である。なお、児童虐待については、情報を得る主体が異なるため、厚労省がネットワーク組織をつくるよう、市町村に毎年、強く要請している。しかし、市町村は、市町村合併や通常業務で対応可能などを理由として、設置は進んでいない(四六・四％の市町村で設置。厚労省〇六年一〇月三一日発表「市町村域での要保護児童対策協議会及び児童虐待防止を目的とするネットワークの設置状況調査の結果について」)。

(17)ただし、北村喜宣氏は、法定受託事務についても手続条例などの条例制定が可能であり、総合的に対応することも可能であるとする(北村、二〇〇六：一七九頁)。筆者は、自治体の努力も重要であるが、自治体の責務が住民にも明確であることが重要だと考えている。

(18)岩手県地域振興部ホームページ参照。

(19)人口の少ない県は、少ない順に、鳥取六〇・七万人、島根七四・二万人、高知七九・六万人、徳島八一・〇万人、福井八二・二万人、佐賀八六・六万人、山梨八八・四万人である(数値は二〇〇五年国勢調査)。

(20) 二〇〇七年七月から始まった第二九次地制調において、再び「市町村合併を含めた基礎自治体のあり方」が安倍晋三首相より諮問され、市町村合併策や事務処理特例方式がまた議論される可能性がある。
(21) 伊勢湾や東京湾では関係都県市によって連絡会がつくられ、富栄養化対策が行われている。
(22) 総務省市町村の合併に関する研究会による合併市町村の調査報告(「新しいまちづくりをめざして～合併市町村の取組の実態～」二〇〇七年三月)より。
(23) もっとも、シャウプ勧告や神戸勧告の例のように、昭和の大合併が進んでも分権は進まなかった。自治体の仕事はその後たしかに増えたが、国の統制はそのまま維持され、集権的分散システムが形成された。
(24) 北海道町村会法務支援室など、全国の町村会にも徐々に問題意識が広がりつつあるようである。
(25) 一九九九年四月から二〇〇六年三月までに合併した五五七自治体について調査分析したものだという。市町村の合併に関する研究会(小西砂千夫座長)「市町村合併による効果について」二〇〇五年三月。
(26) 「国庫補助負担金・税財源に関する中間とりまとめ」一九九六年一二月二〇日。
(27) 『朝日新聞』一九九七年七月一日など。
(28) 「当面、地方公共団体向けの国庫補助負担金約一七兆円のうち、例えば約二兆円程度を目途に一般財源化するなど、国庫補助負担金の一般財源化を積極的に推進する。一般財源化相当額は地方税及び地方交付税によって確保」(分権委員会第一〇八回(一九九七年二月二〇日開催)・地方六団体提出・資料1「国庫補助負担金及び地方税財源について」)。
(29) 分権委員会意見「国庫補助負担金の整理合理化と当面の地方税源の充実確保策について」。
(30) 加藤・兵藤、一九八八：九四～一一六頁。
(31) このとき、本間正明議員が「三方一両損的な考え方できちんと合意することが必要」と言い、片山大臣が「本間議員が言われるとおり、税と補助金と交付税は三位一体で、三元連立方程式だ。一つだけでは答えは出ない」と言ったという(竹中、二〇〇六：二九〇頁)。これが三位一体改革の語源のようである。以下、三位一体改革の経過については、(神野編著、二〇〇六)を参照している。
(32) 「地方交付税改革『使い回し、七―八兆』財務省　削減主張」(『読売新聞』二〇〇四年一一月三日)など。

(33) いわゆる赤字地方債であり、後年度、元利償還金相当額が地方交付税措置される。
(34) 秋田県「合併しない市町村への対応について」「市町村自立計画策定にあたっての参考資料」(秋田県市町村課ホームページ)参照。筆者が北林孝市上小阿仁村村長(当時)からヒアリングしたところによると、県は地方交付税の三割削減を前提に計画を立てるよう求めたという(二〇〇五年八月二日訪問)。そのような権限が、どうして県にあるというのだろうか。その後、小林宏晨村長は高レベル放射性廃棄物最終処分場の誘致に動いたが、断念した(〇七年七月二八日)。
(35)「企画振興部長コメント―三位一体改革の市町村財政への影響と市町村合併について―」(二〇〇四年五月三一日付け、高知県ホームページより)。そのため、「合併しない市町村は、こういう財政状況のもとでは、現在の負担のままでサービスを維持していることは困難ですので、住民の負担とサービスの抜本的な見直しについて、住民の皆様に具体的に説明し、理解と納得を得ておいて頂きたいと考えています」という。ようするに、だから合併せよ、ということである。高知県は、〇四年四月には五三市町村であったが、〇七年一月には三四市町村となった。

第6章

これからの分権改革

これまで見てきたように、第一次分権改革は確実に新たな地平を切り開いたといえるだろう。その後、市町村合併や税源移譲も実施された。ただし、第一次分権改革以降の地方自治をめぐる動きは、必ずしも自治体側が望む姿ではなく、地方分権の方向をめぐって多少の困惑が広がっているといえるであろう。

今後の地方分権は、現実には、国と地方の税源配分を歳出割合にあわせて改めること(つまり、国税の地方税へのさらなる移譲)を主要な軸として進むだろう。[1] その際、再び三位一体改革のときのように、実質的に自治体へのツケ回しが行われる可能性は十分にある。そうした危惧から、自治体側にこれ以上の分権改革を進めることへの懸念がある、といえるであろう。ここで改革を止めるか、それとも、なお進めるか、岐路に来ているとも考えられる。その懸念はもっともであるが、筆者は、長期的に見ればなお地方分権を進めるべきだという立場に立っている。

「それ(地方分権の目的・理念:筆者注)は、究極のところ、身のまわりの課題に関する地域住民の自己決定権の拡充、すなわち性別・年齢・職業の違いを越えた、あらゆる階層の住民の共同参画による民主主義の実現を意味する」

これは、分権委員会の中間報告(一九九六年三月)の一節である。地方分権が実現したときの地域社会の姿は、地域の施策についての、住民による共同参画と決定、そして責任の共有化を基盤としたものになるであろう。こうした地域社会があって、初めて国政を含め社会全体の民主主義が確立すると考える。これらを実現するためには、まだ改革そのものを止めるわけにはいかない。

1　次期分権改革の視点

次の分権改革に踏み出すにあたり、基本的な視点を考えてみたい。

第一は、基礎自治体である市町村を重視するという視点である。市町村の企画立案機能を保障し、拡大する必要がある。今後、地方分権を進めるにあたって、もっとも重要な視点だと考える。

第一次分権改革では、改革のおもな対象は都道府県であった。主要な改革が機関委任事務制度の廃止であり、都道府県に機関委任事務が多かったことから、こうした結果になった。しかし、本当は基礎自治体である市町村に分権改革の効果が現れなければならない。そうでなければ、住民に分権の効果は見えない。

これまでも、シャウプ勧告や神戸勧告をはじめ市町村優先の原則が唱えられ、近年では補完性の原理がいわれている。しかし、こうした原理・原則は事務配分の原理としてだけはたらき、その結果、基礎自治体の規模拡大、市町村合併促進の口実となった。そして、合併が終わっても、国が企画立案し、都道府県が媒介して、市町村が実施している姿に、変わりはない。都道府県が実施する場合もあるが、要するに、自治体側には企画立案機能がないままである。ここで重要なのは、個別自治体の企画立案機能だけでなく、自治体同士の調整を重視することである。単に、市町村の区域を越える課題というだけで、都道府県の仕事とすべきではない。同じように都道府県域を越える課題も、都道府県同士の調整で解決するなら、国が出るべきではない。今後の分権改革では、こうした自治体間の調整機能を保障する方向で進めるべきである。

第二は、自治体責任を明確化するという視点である。企画立案機能があれば、当然、責任も生じるから、第一の視点とつながっている。企画立案だけでなく、ある事務について、財政上の責任か、執行上の責任か、それとも特定分野をまとめるか、いずれにしても自治体責任を明確にするという意味である。あくまで住民からの目線で、責任が明確になるように、制度を仕組む必要がある。

国の仕事と自治体の仕事が融合していた機関委任事務制度が廃止され、理論上は多少、責任が明確になったはずであった。しかし、改革後も、同じ行政分野ですら課題によって責任の所在がバラバラである。補助金をめぐる不正が発生しても、責任が国にあるのか、自治体にあるのかさえ明確にならない[2]。この点では、やはり、国の役割を限定化していく必要がある。市町村の役割を強化するという意味では、都道府県の役割もまた限定すべきであろう。事務配分を行ううえで、関連事務を一括して、一元的に市町村、あるいは都道府県に与えるのが望ましい。ただし、そのような権限移譲は、財政が悪い状況では困難を伴うであろう。せめて一定分野について、自治体における条例制定権とその内容を明確にすべきであろう。

第三は、自治体が自己決定する仕組みを確立するという視点である。単に、事務を自治体で処理するのではなく、市民参加や議会議決をもって決定する仕組みが大切である。自治体の仕事は、その量も質も、住民たちが自ら決める。福祉や公共事業などサービス供給分野については、受益と負担が明確になるだろう。規制分野については当面、差異はないかもしれないが、やがて地域による差が出てくるだろう。いずれにしても、地域住民が、利害や立場によって、侃侃諤々の議論を繰り広げることになるにちがいない。住民投票によって決する場面も増えるであろう。しかし、地域で一度決定できれば、住民はその内容を受け入れるであろう。もし変更の必要が生ずれば、また議論すればよい。

こうした制度は、国が全国制度として導入することも必要だが、自治体が独自に推進することも必要となる。時間や多少の費用が必要かもしれない。だが、これを避けていれば、地域住民はいつまでも国に頼るにちがいない。それは補助金であったり、条例準則であったり、詳細な政省令であったり、かたちはさまざまであるかもしれない。しかし、いずれにせよ集権的決定構造は維持され、この国に民主主義は定着しないであろう。

以上の視点に立った改革を具体的に考えるために、生活保護と義務教育を例に考えてみることにしよう。

2　改革の具体例1――生活保護を考える

生活保護は、ナショナルミニマムの典型例とされ、長年、国の厳しい統制の中で自治体が実施してきた。これを分権型に改革することによって、地域にセーフティネットを張り巡らせたいというのが、以下の筆者の提案である。改革内容は多岐に渡り、もちろん一朝一夕に実現できるとは考えていない。集権型でない、分権型のセーフティネットという意味の一つの提案である。

生活保護制度そのものが現在、議論の対象となっている。年金よりも給付額が多いという非難があり、その後、格差社会の焦点となり、むしろ生活保護基準に満たない最低賃金が問題とされるようになっていった。ここでは国と地方の役割分担の議論に焦点を当てることにする。

生活保護を国の役割とする論者は、「生活保護はナショナルミニマムだから、中央政府の責任において運営されるべきだ」と考える。生活保護を地方の役割とする論者は、「生活保護は住民のセーフティネットであり、多くの自治体施策と関わっているので、自治体の責任において運営されるべきだ」という。費用についても、国の責任で運営すべきという考えに立てば、国が出すということになるだろうし、自治体責任なら自治体が出すということになるだろう。しかし、この点、国はこれまでも地元負担があれば自ら適正化を進める要因になることから、自治体にも一定の負担を求めてきた。自治体側は、国家赤字の付け回しのもとになりかねないことから、たとえ自治体の責任を強調しても、費用は国負担とすべきだと言ってきた。

さらに、生活保護には、受給者に対する地域住民からの怨嗟の声があり、国の責任を前面に出すことで制度維持が可能になるという考え方が（とくに自治体側に）ある。逆に、制度が硬直的すぎて本来の対象者を救えていない、制度そのものに矛盾がある、という批判もある。地域住民の怨嗟を重視する立場に立てば、制度を手厚くすることは好ましくないことになり、自治体の責任にはしないほうが良いということになる。一方、制度に問題があるとしても、制度や運営を緩和して自治体裁量を広げていけば、国の責任は問えなくなっていく。

ややこしいのは、時間の経過の中で、主張する主体が逆転していることである。第一次分権改革のとき、分権委員会や地方六団体は生活保護の（当初は全体を、後に一部）自治事務化を主張し、厚生省は国の責任を盾に機関委任事務制度の維持、もしくは法定受託事務化を主張した[3]。ところが、先の三位一体改革では、地方側は厚労省の権限移譲案に真っ向から反対したのである。

（1）生活保護をめぐる国と地方の議論経過と内容

そもそも生活保護制度が議論されるようになった原因は、急激な受給者の増加であった。一九九五年の被保護世帯数六〇万世帯が、二〇〇五年には一〇〇万世帯を超えている（一カ月平均＝生活保護は月ごとに世帯数が変わるため、一年分を集計して一二で割る）。当然、費用も膨れ上がっており、国予算ベースで九五年度に約一兆円であったものが、〇五年度に約一・九兆円、〇六年度には二兆円を超えた（国の負担割合は四分の三、したがって総額は三分の四倍）。

こうした財政状況を背景として、三位一体改革の中、厚労省は〇三年、生活保護の国負担率の削減を提案したが、決着はつかなかった。〇四年も引き続いて、国負担を四分の三から三分の二または二分の一に引き下げる案が提案されるが、これも見送られる。そして、〇五年に厚労省と自治体関係者によって生活保護費及び児童扶養手当に関する関係者協議会[4]（以下「関係者協議会」という）が設置され、この場で協議が行われることになった。協議の最終場面の〇五年秋、厚労省から驚くべき改革提案がなされる[5]。

その内容は、生活保護八扶助（生活扶助、住宅扶助、教育扶助、医療扶助、出産扶助、葬祭扶助、生業扶助、介護扶助）のうち、生活扶助と医療扶助の負担をそれまでの国四分の三、実施自治体四分の一から、国二分の一・都道府県四分の一・実施自治体四分の一に変更し、住宅扶助は基準設定を実施自治体に委ねるとともに、補助金を廃止するという大胆なものであった。地方への権限移譲と平行して、国の負担一・九兆円のうち九〇〇〇億円（〇五年度予算ベース）を地方に転嫁しようというのである。当然、地方側は猛反発し、提案は葬られた。しかし、国と地方はともに制度改革の必要を認めて「適正化」について合意し[6]、厚労省は「基本方針二〇〇六」において生活保護制度の抜本的改革を約束した[7]。改革内容に対し、全国知事会が〇七年三月、具体的提言を行っており、議論が本格化する方向にある[8]。

この議論内容は、分権改革と深く関わっている。関係者協議会における厚労省の主張は、二〇〇〇年四月施行の分権一括法によって機関委任事務制度が廃止され、自治体の裁量権が拡大し、あわせてケースワーカー配置規制が緩和されたため、ワーカーの配置に地域差が生じ、配置基準より少ない地域ほど保護率が上昇し、大きな格差が生じているというものであった。これを前提に、さらなる権限移譲を進め、負担増も地方に要請するという筋立てである[9]。

一方、地方側の意見は、生活保護の責任は国にあり、地域によって制度上の差があってはならない、というものであった。生活保護の責任を地方に委ねるという厚労省の主張に「憲法上、疑義がある」とまで言った。また、第一次分権改革との関係についても、分権一括法によって「実質的に地方の裁量は拡大していない」と主張している[10]。ここまで言うと、分権委員会における地方側の主張とは相容れない。仮に、分権委員会当時の地方六団体の主張どおりに自治事務化したら、憲法上、疑義ある事態になったというのであろうか。さらに、地方側は、地域間格差についは、実施体制によるものではなく、失業率、高齢化率、離婚率などによって説明できるとした。

この議論は、三位一体改革における廃止すべき補助金探しの中で行われたものであった。改革によって地方の裁量を拡大させることが目的であったにもかかわらず、義務教育費などに加えて生活保護費が俎上にあげられたのである。本来なら、廃止すべき補助金は、分権によって受益と負担が明確になって効率化が期待される分野であり、当然、真っ先に廃止すべきは公共事業関係でなければならなかった。そのことからすれば、まったく的はずれな改革であったことは確かである(第5章参照)。

地方側が厚労省提案を全面的に拒否したために、受給者に対する「適正化」だけが実施されることになった。これまで、〇四年度から老齢加算、〇五年度から母子加算が順次減額、廃止され、同じく〇五年度から自立支援プログラムが実施されてきた。加えて国は、〇六年三月末に新たな「手引」[11]を作成し、暴力団排除、不正受給摘発の徹底を求め、〇六年五月に国が開催した全国福祉事務所長会議では、福祉事務所ごとに保護率を提示し、全国平均との差異を縮めるよう要請している。高齢者を対象としたリバースモーゲージ(資産担保貸付)も〇七年度から実施され、資産を有する受給者の保護廃止が進みかねない。

(2) 過去十数年の状況変化——増加傾向の中身

議論を先に進める前に、生活保護の実態を把握し、これに分権一括法による改革がどのような影響を与えたかを考えてみたい。

図6-1と図6-2は、生活保護の保護率と、これと因果関係が深いと思われる完全失業率、離婚率、高齢化率を示したものである(高齢化率は伸びが大きすぎるので、別の図にした、なお、保護率と離婚率はパーミル(‰)=左目盛、完全失業率と高齢化率は%=右目盛)。保護率は九五年の七・〇‰を底に上昇を続けており、完全失業率、離婚率、高齢化率についても、九〇→〇五年の間、それぞれ二・一%→四・四%、一・三‰→二・一‰、一二・一%→二〇・〇%

図 6-1　生活保護の保護率と完全失業率、離婚率の推移

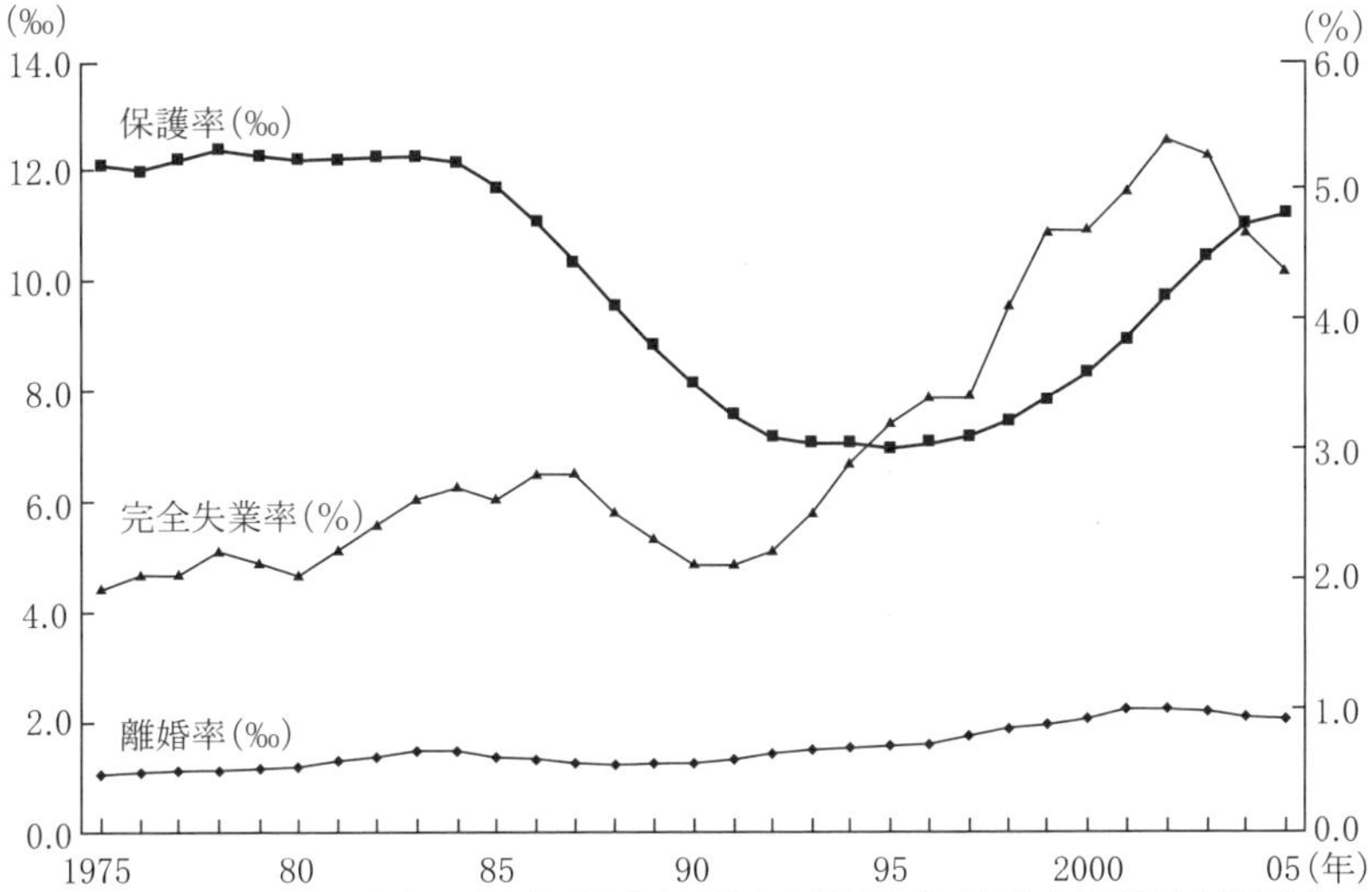

(出典) 保護率は厚生労働省大臣官房統計情報部「社会福祉行政業務報告」(福祉行政報告例)、完全失業率は総務省「労働力調査」、離婚率は厚生労働省「人口動態統計」。それぞれの数値を集め、一つのグラフにした。

図 6-2　生活保護の保護率と高齢化率

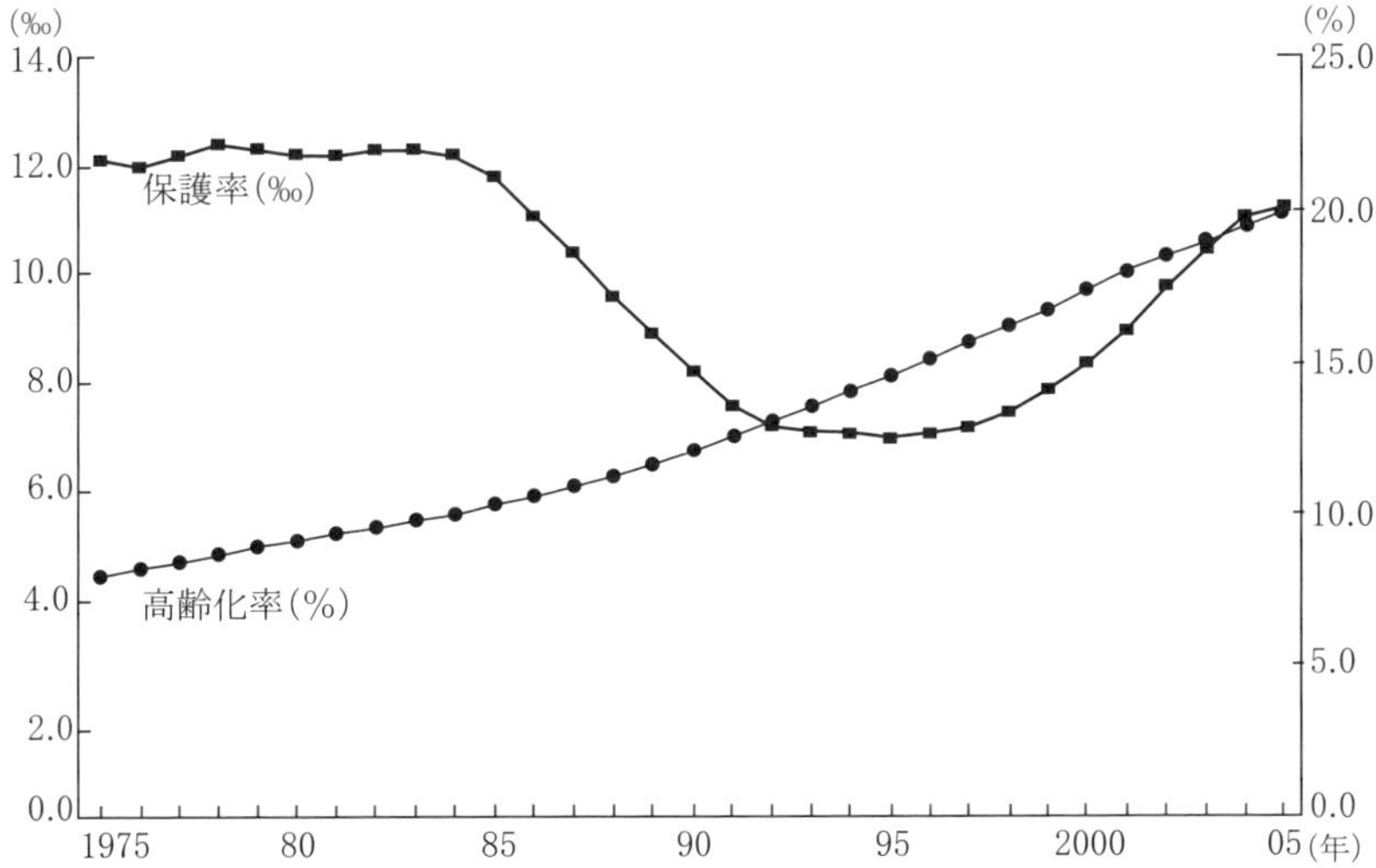

(出典) 保護率は厚生労働省大臣官房統計情報部「社会福祉行政業務報告」(福祉行政報告例)、高齢化率は総務省「人口推計」。それぞれの数値を集め、一つのグラフにした。

図 6-3　生活保護世帯・類型別数の推移

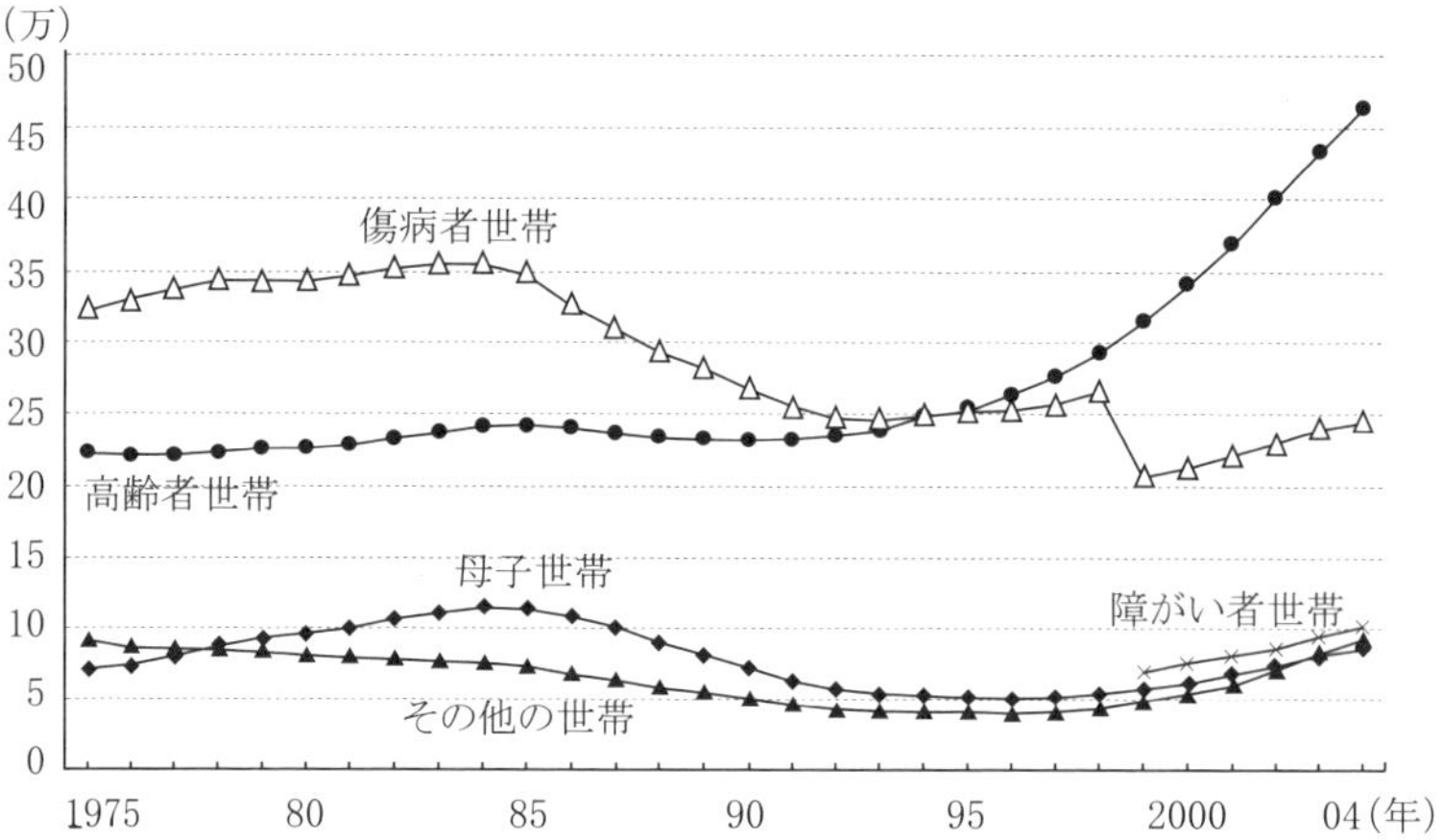

(出典)厚生労働省大臣官房統計情報部「社会福祉行政業務報告」(福祉行政報告例)。障がい者世帯と傷病者世帯は、98 年まで統計上は同一。

図 6-4　90〜97 年の生活保護の保護率の推移

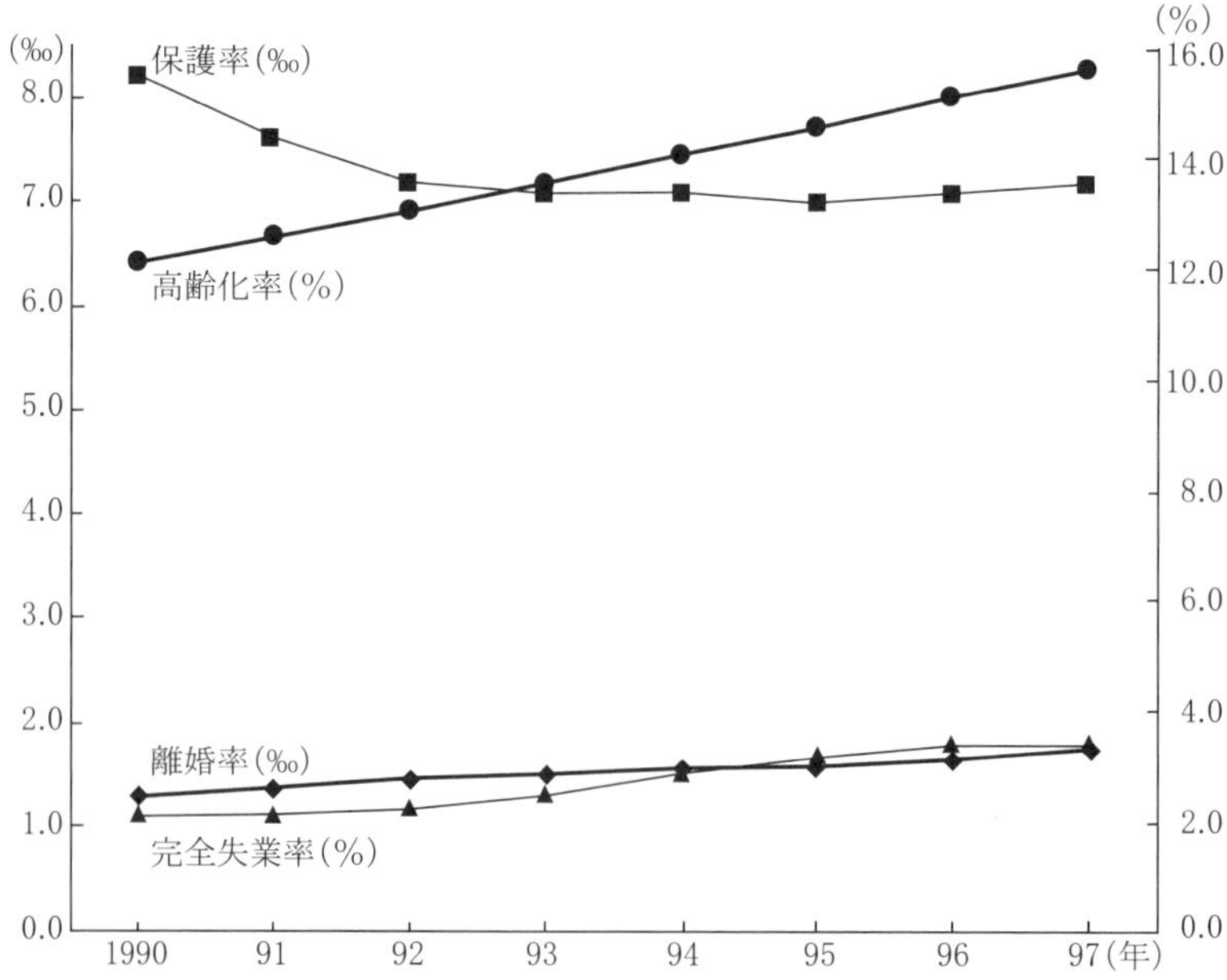

(出典)図 6-1、図 6-2 と同じ。

と、高い上昇を示している。

図6-3によって生活保護世帯の類型別の数の推移を見ると、実際にそれぞれの率の上昇にあわせ、高齢者世帯、母子世帯が増えており、関連性をうかがわせる（ちなみに、保護世帯全体に占める割合で見ると、〇四年は高齢者四六・七％、傷病者・障がい者三五・一％、その他九・四％、母子八・八％）。前述の関係者協議会の議論の際、地方側が統計学上の数値を駆使して主張したように、この間の保護率の上昇は、たしかにこれら完全失業率、離婚率、高齢化率の上昇で説明できると言えるだろう。とくに、高齢化の進展が保護率上昇の最大の要因であろう。

しかし、重要なのは保護率がほとんど上昇しなかった期間（九〇～九七年）である（図6-4）。九七年には、完全失業率三・四％、高齢化率一五・七％、離婚率一・八‰と、それぞれ九〇年に比べて相当に上昇していたが、保護率は七・二‰とほとんど変化していない。九〇年代前半は、むしろ減少さえしている。保護世帯の類型別数の推移（図6-3）を見ると、明確に上昇しているのは高齢者世帯だけである。他の世帯は、ほとんど新たな保護を認めていなかったと推察できる。

当時は、機関委任事務の時代である。生活保護制度は、保護の決定、実施、被保護者に対する指導などすべてが機関委任事務であり、数百頁におよぶ生活保護手帳に基づいて事務を実施しなければならない。さらに、それでもさまざまな解釈が生じるため、問答集が作成されてきた。国による監査は数年に一度だが、他の年は都道府県によって監査が行われ、生活保護手帳や問答集など国が出す通達や解釈と異なる運用は徹底して正される仕組みである。

機関委任事務時代の象徴が、八一年に出されたいわゆる「一二三号通知」である[12]。暴力団による不正受給キャンペーンの中、資産調査・収入調査のために申請者・受給者から署名捺印した白紙委任の同意書を取り付け、徹底した調査と告発を自治体に要請した。この通知に基づく監査と指導も行われた。これらが可能であったのも、機関委任事務制度により国や都道府県に包括的な指導監督権限が与えられていたからこそ、である[13]。

分権一括法によって、生活保護制度にも一定の改革が行われる。機関委任事務制度が廃止され、生活保護の決定・実施にかかる一連の事務はすべて法定受託事務となった。自治事務になったのは、わずかに新たに創設された「相談及び助言」事務だけである。しかし、包括的な指導監督権限（生活保護法第二〇条および自治法第一五〇条）は廃止され、上部機関の命令と考えられてきた「通達」も廃止された。法定受託事務について国が「処理基準」（自治法第二四五条の九）を出すことは許されるが、法的効果はないし、必要最小限のものでなければならない（同第5項）。法令解釈にすぎない問答集は、当然、処理基準ではないし（国の問答集は現在出されてない）、膨大な生活保護手帳も処理基準とするのは疑わしい[14]。

また、このとき必置規制の緩和によって社会福祉法の改正が行われた。現業員（ケースワーカー）の定数は、法定数から標準数に変更となり、同時に大臣による指定から首長による指定へと変えられる。厳しいことで知られていた監査についても、法令上の監査規定以外に厚生省補助金「生活保護指導監査委託費」の補助要綱によって、生活保護指導職員についての資格経験年数の指定基準が定められ、職員異動についても自治体から大臣へ報告する義務が課せられていたが、こうした詳細な規定が廃止された。

それでも、第一次分権改革によって生活保護手帳が廃止されたわけでも、保護基準が変わったわけでもないため、改革は現場にとっては劇的なものではなかったようである。一一三号通知も処理基準として残ってしまった。とはいえ、通達や問答集による国の厳格な解釈と指示、さらに、それを監査でチェックし指導するという徹底した態勢（それが包括的な指揮監督）に比べれば、かなり違ったものになったはずである。少なくとも、状況の変化にあわせて逐一通達を出し、監査で締めることは許されない（まだ監査は厳しいようであるが）。三位一体改革をめぐる動きの中で、八都県市協議会などが福祉行政報告例（「生活保護統計月報」）の厚労省への提出を拒否したように、かつて義務と考えられた報告も、現在は任意となっている。そうしたことが、失業率や高齢化などの大きな社会状況変化の中で保護率を抑えきれない原因となったと、少なくとも厚労省は見ていたのである。[15]

（3）生活保護制度が抱える根本的課題

生活保護制度を揺るがしている根本的な社会課題は、「高齢化」と「雇用の非正規化」、さらに人びとの「孤立化」であろう。

九五年に二五・四万世帯であった高齢者の保護世帯は、〇四年には四六・五万世帯となっている（図6-3参照）。高齢者の保護世帯は、これからも増えるにちがいない。しかも、この層に就労による自立を期待することはまずできない。また、年金制度との矛盾もある。年金金額が低すぎるために、生活保護の支給額がこれを上回っていることが批判されており、さらに、年金保険料を長年納付しても保護費の支給額から年金分を減額されるので、年金保険料そのものの納付意欲を削いでいる。補足性の原理を緩めて年金分をいくらか加算する方法も提案されているが、弥縫策であろう。全額増額とはいかないので計算が複雑し、高齢者世帯が多数占めることも勘案すると、事務の煩雑化を免れない。

非正規雇用の拡大も深刻である。厚労省の資料によれば、非正規雇用者の数は九三年から〇四年までの一一年間に、九八六万人から一五五五万人へと五六九万人も増加した。〇四年の数値で、非正規雇用者の割合は全雇用者の三一・五%に達している。しかも、他の年齢層に比べて若年層（一五〜二四歳）の上昇率（在学者を除く非正規雇用者の割合一〇・六%→三三・三%）がもっとも高い。

そして、パート・アルバイトの平均年収は一三一・一万円であり、正社員の四割程度だという。[16]いわゆるワーキング・プアである。生活保護の支給額より収入の低いこうした人びとは、本来、差額給付の対象とすべきではないか。現状を放置すれば、この層が高齢化したとき、確実に保護世帯となる。いま就労支援の対象とすることで、将来的に正規雇用への道を開くほうが、現状を放置するよりはるかに生産的である(三二〇頁注(17)、全国知事会・全国市長会の提案にある有期保護制度、参照)。

さらに、高齢者に限らずすべての階層の問題として、孤立化がある。単身世帯の増加は広く指摘されるところであるが、高齢者はまだ地域に人間関係があることが多い。むしろ、若年層が病気などで完全に孤立する傾向にある。彼らの老後はもっと孤立化が進むだろう。児童虐待も、地域内における孤立と密接に関係していると思われる。犯罪の発生とも関連しているだろう。孤立化への対応は、コミュニティ・NPO施策をはじめさまざまな自治体施策と関連している。自治体が低所得者層に対する施策を広範に行うことで、関連対策の強化に取り組む契機となる可能性もある。

これらの課題に加えて、現行の生活保護制度が貧困の再生産に応えられていないという制度上の問題がある。補足性の原理が厳格に運用されているために、受給中の貯蓄は限定され、稼動収入は一定基準で保護費から差し引かれる。働くことへのインセンティブが欠如した仕組みなのである。もっと重要なのは、子ども世代への教育の問題である。現実の社会では、学歴が収入を決定している。保護世帯では、塾の費用や高等教育の学費を捻出することが困難であるため、貧困が世代を超えて継続してしまうことが多い(〇五年度から高校の教育費は扶助され、一方で母子加算が段階的に廃止になった)。

(4) 自治体セーフティネットをつくる

第一次分権改革を経た現在、たとえ保護率の上昇が問題になろうと、いまさら国の指導を強め、「適正化」を進めるような改革はすべきでない。国の指導の強化や適正化によって排除された要保護者は、どこへ行ったらよいのか。それら住民を自治体が切り捨ててよいのであろうか。保護率上昇の原因である高齢化、雇用の非正規化、孤立化などは、たしかに国の課題であるが、生活保護施策以外の自治体の課題でもある。

もちろん、国の施策の失敗によって、生活保護対象者が増える可能性は十分にあり、その担保が必要である。たとえば、失業者の増大は被保護者増に密接に関係しており、所得再分配機能という意味でも、国による大半の費用負担を継続すべきである。さらに、高齢者については、地方からの提案のように別制度にしないと、年金制度との不整合もあって、やがて制度が破綻するだろう[17]。

その一方で、自治体責任は、強化する方向で改革すべきである。ただ、そのためには精度の高い条件整備の必要がある。一定の権限移譲を行って自治体責任を明確にしなければならない。そのうえで、地域住民が納得するよう保護の内容と決定手続きを明確にすることである。要となるのは、生活保護についての判定会議の設置である。介護保険のように、自治体ごとに判定会議を設置するべきである。住民に理解できるように、住民代表によって保護決定を行えば、実際に生活に苦しむ人びとを住民が蹴落とすような判断をするとは思えない。

それでも受給者に対する怨嗟の声は続くだろうが、制度や基準などの改革を行えば、妥協点は見つかるはずである。結果として、保護基準が下がる一方で、対象者が増加することもあるかもしれない。だが、おカミによる善政か、住民自らによる共治か、と問われれば、後者を選択すべきである。

具体的には、生活保護八扶助のうち、基本となる生活扶助だけを、所得保障などという形で、国が直接執行するか国の関与の強い事務とし、残りを自治体にすでにある制度に組み込むことで、施策を展開できないだろうか。当然、それらは自治事務として構成する。保険制度があるもの(医療、出産、介護)は、その中に組み込むのも選択肢である。たとえば医療保険については、これまで被保護者に対しては現物給付され、保険証がなかった。社会では保険証は身分証明書の代わりとして通用しているため、被保護者は大きなハンディを抱えていたが、これも解消できる。住宅扶助についても、都道府県・政令市・中核市ごとに四〇八もの基準額を国が決めているのは異様である。

都道府県レベルで決定してよいのではないか。

さらに、自治体ごとに改革を進め、若い世代の保護世帯には自治体やNPOによる基金から資金を貸与して、家を持たすことができないだろうか。持ち家のローンを返済することによって自立を促すのである。こうすれば、保護世帯はスティグマ（負の烙印）を感じることなく、目標をもって自立できる。あまりに不動産が高く、夢物語かもしれない。また、現在の補足性の原理を大幅に緩和しなければ実現できない。しかし、自治体の創意工夫があれば、低所得者への施策は、はるかに豊かなものになると思う。

繰り返すが、所得再分配の観点から費用は国が負担すべきである。だが、所得保障的な生活扶助を除き、事務そのものは自治体の諸施策に組み込んで、自治体責任で運用できるように仕組みを変えられないだろうか。

3　改革の具体例2——義務教育における市町村責任

加速度を増す中央集権化

次は、義務教育である。まず、教育分野についての最近の動向について触れておこう。

第一次分権改革における教育分野の改革内容は第1章で触れた。その後、第5章でも少し触れたように、三位一体改革において、地方六団体から税源移譲に対応する廃止補助金の一つとして義務教育費国庫負担金（総額約二兆四〇〇〇億円のうち、中学校教職員分、八五〇〇億円の廃止＝二〇〇四年度予算ベース）が提案され（〇四年八月）、大きな議論となっていく。義務教育費国庫負担金そのものは、〇五年度に四二五〇億円、〇六年度に八五〇〇億円が暫定的に削減され、税源移譲の対象とされたものの、その後のあり方については、文部科学省（以下「文科省」という）の主宰する中央教育審議会(以下「中教審」という)義務教育特別部会の審議に委ねられてしまう。審議には地方六団体代表も加わったが、最終的な中教審答申では、少数意見としてしりぞけられ、義務教育費国庫負担金制度は堅持するという結論になる(〇五年一〇月)。政府内における最終決着でも、国庫負担金制度はそのまま維持が決まり、負担割合のみ国二分の一から三分の一に引き下げられた(第5章2(2)参照)。特筆すべきことは、この間、文科省をはじめ、教育長会、学校長会、PTA、教員組合など教育関係者が一体となって、全国で国庫負担金廃止反対のキャンペーンを展開したことである。[18] 義務教育はナショナルミニマムだというのである。自治体の中も、議会を含めて分権を求める声はかき消されたかのようであった。

このあと安倍晋三内閣が登場し、次々と教育改革に手をつけていく。まず、教育再生会議を設置し(〇六年一〇月)、教育基本法を改正し(〇六年一二月)、さらに教育三法を改正し(〇七年六月)、小・中学校における全国学力テストも実施された(〇七年四月)。改正教育基本法には、新たに国が策定する教育振興基本計画が定められ、各自治体もこれを「参酌」して計画をつくる努力義務が規定されている。教育三法の改正では、免許の更新制を導入し(教育職員免許法)、新たに副校長・主幹・指導教諭の職を置くこととし(学校教育法)、さらに、新たに文科大臣に地方教育委員会への指示権を導入した(地方教育行政法)。そして、義務教育における四三年ぶりの全国一斉テストの復活である。これらは総じて、教員の人事管理と教育現場への文科省の権限を強化するものであり、教育は分権化するどころか、中央集権化が加速度を増している。

義務教育行政における集権の弊害

しかし、本来、義務教育は市町村のもっとも中心的な課題である。市町村の存立基盤と言ってもいいだろう。「明治の大合併」で、全国の集落が合併して町村となったのは、各地域においては小学校の設置が直接の目的とされたからである。「昭和の大合併」が進んだのも、地元町村にとって中学校の設置が切実な課題であったからだろう。戦後、GHQの支配下で、全国町村会が教育委員会の設置に対し、「本会過去の歴史中最大の苦闘」(全国町村会、一九五八：四九七頁)というほど反対したのも、学校の施設設置に苦労させられながら(当時は建設費用の捻出が大変だった)、教育そのものは別の執行機関が執行する仕組みに耐えられなかったからと考えると、納得がいく。そして、いまなお、大半の市町村選挙では、首長選であろうと議員選挙であろうと、教育問題は大きな課題として扱われている(提言・実践首長会、二〇〇七)。

教育行政における集権制の弊害が問題とされないのは、その実態が住民に明らかにされていないからだろう。教員は、県費負担教職員制度によって実質的に都道府県の職員であって、市町村に人事権はない。市町村教育委員会に人事について内申する権限があるとされているが、実際はトレードであって、指導力の低い教員を出す代わりに同様の教員を受け取ることになるという(穂坂、二〇〇七)。教育内容は、文科省から都道府県教育委員会を通じて指導が行われる。直接携わるのは、指導主事という名の教員である。指導主事は、都道府県教育委員会にも市町村教育委員会にも置かれ、教育長の命を受けて事務をこなす。

こうして、文科省初等中等教育局―都道府県教育長―指導主事(県費負担教員)―市町村教育長―指導主事―学校現場というタテ系列の指導体制ができあがっている(新藤、二〇〇五)。文科省の「指導・助言」は、法律上は拘束力のないものと考えられるが、現場にいる都道府県教育長や市町村教育長は、大半が「裁量を制約する」と考えている(小川、二〇〇六：三七頁)。この結果、自治体の裁量拡大とされた学校選択制や学校運営協議会についてすら、文科省からの通知に沿ったものとなる(新藤、二〇〇五：五四～五六頁)。安倍内閣による、教員免許の更新制や学校への新たな職の設置など一連の教育改革は、上から教員を締め付けるものであり、こうした体制をより強化することになるだろう。

では、市町村教育委員会の実態はどうなっているのか（以下の数値は、小川、二〇〇六より）。教育委員は、普通は五人で構成される。ただし、都道府県や市では六人、町村では三人とすることができる。教育委員は首長が議会の同意を得て任命し、教育長は教育委員の中から選ばれる仕組みである。委員の平均年齢は、都道府県が六三・一歳、市町村が六二・〇歳と相当に高い（〇一年度）。生徒の保護者代表が入ることになっているが、全国調査で都道府県が一〇・三％、市町村も一二・一％にすぎない。

教育行政の長である教育長は、どんな人間か。都道府県教育長は六六％が行政経験者であり、平均在職年数は、たった一・六年にすぎない。「役所の定期的人事異動における一ポスト」（小川、二〇〇六）といえるだろう。一方、市町村教育長は教職経験者が六六・七％であり、「退職校長」（小川、同）のポストとなっている。会議の開催は、都道府県が年平均二二・七回で、市町村はなんと年平均一二・五回にすぎない（〇二年度）。市町村の場合、月一回程度の会議で、いったい何を協議できるのか。

教育行政の実権は、教育長を長とする事務局が掌握しているといってよいであろう。市町村教育委員会がやっているのは施設整備だけというのも、あながちウソではなさそうである。

地域の資源——人づくりとしての義務教育

そうした実態とは裏腹に、子どもたちの生活においては、学校がすべてである。そういっても、決して過言ではない。だからこそ、学校におけるいじめを苦にして自殺する子どもがいるのである。また、小・中学校の思い出が、地域そのものの思い出となる。小・中学校時代に嫌なことしかなければ、二度とその地域に帰りたくないだろう。逆に、そのとき地域への誇りと生きていく力を得られれば、おとなになってから、地域に貢献しようと思うであろう。集権型社会では、優秀な人材を中央に供給するのが地方の役目であったが、分権型社会では、リーダーや地域の活力となる人材を地域で育てなければならない。多くの首長がいうように、地域の最大の資源は「人」であり、人を育てることこそ、地域の活性化、活力の源泉である。

にもかかわらず、いまの市町村には、自分たちの力でそれができない。市町村の行政組織、つまり教育委員会は、権限も組織の自由もない。教育内容は、実質的に都道府県職員である教員が仕切っている。

まずは、教育委員会を変えなければならない。住民が多数参加できるようにして、地域における教育の問題点を明らかにしていくべきである。教育委員会を廃止するのも一つの方法であるが、実質的に国支配となっている問題点を浮き彫りにさせることのほうが重要である。

いま、各地で民衆の歴史が消えている。地域の子どもは、昔の地域のことを知らない。たとえばオカミに逆ったことであろうと、人びとの息遣いの分かる歴史のなんと感動的なことか。それを教えられるのは、地元市町村である。その点でやはり重要なのは、教員を市町村職員とすることである。地域に住み続けて、地域の子どもたちを地域の財産として育むには、その土地の職員であることが絶対ではないが、必要である。この提案は、すぐに人事異動に支障が起きるという話になる。しかし、本当にそれが学校運営に致命的なら、教員の少ない私立学校はとっくにつぶれている。まず、教員人事権を市町村に移管し、どうしても支障があるなら市町村同士の協議によって広域連合による人事をすればよいだろう。

じつは、市町村で教職員を雇用すること自体は、〇六年四月から可能となった。しかし、この制度では、給与など費用はすべて市町村負担となるため、裕福な自治体など一部が実施するだけであるし、実施できても教員の一部にとどまる。住民から見れば、誰が市町村任用なのかも分からない。人事権そのものを都道府県から市町村に移譲しなければ、根本的な解決にはならない[19]。

思うに、問題は教員の給与費である。市町村がその補助を国に求めてきた長い歴史があることから、それを逆手に取られている。[20] しかし、これも高校教員のように地方交付税で措置されれば、さほど大きな問題ではない。実際この間の義務教育費国庫負担金の廃止論議では、そのように措置されることになっていた。小規模県が不利になることから議論が混乱したが、地方交付税制度の段階補正を厚くするなど解決方法はあったはずである。ところが、この間、段階補正も縮小され、さらに地方交付税自体も大幅に削減されていた。総務省を含め、国に対する不信が制度改革を止めたということであろう。

市町村としても、義務教育の人件費をまったく負担しないと考えているわけではないはずである。実際、教員給与以外は多額の支出をしている。義務教育は教員人事を含め、市町村が第一義的責任を負うしかないとなれば、多少の負担増は住民の間で合意できるはずである。また、市町村が第一義的責任を負うことさえ明確になれば、多少の都道府県や国の支援があってよいであろう。

全国で少子化が進んでいる。改革を待つ時間的余裕はそうない。地域が子どもを育てるという基本に返るために、一刻も早い改革に着手したい。

4　国の役割を限定する

(1) 国の出先機関の廃止

出先機関の抜本的見直し

国民にとって、国の出先機関(以下「地方支分部局」という)の存在感は薄い。ところが、国の地方支分部局には、国家公務員三三万人のうち二一万人と六割強が働いている。

二〇〇一年の省庁再編に伴う地方支分部局の統合や食糧庁の廃止、国の「国の行政機関の定員の純減について」(〇六年六月三〇日閣議決定)、さらにこれに基づく総務省行政管理局策定「国の行政組織等の減量・効率化の推進について(平成一九年度減量・効率化方針)」(〇六年一二月二二日)(以下「減量化方針」という)によって、国家公務員全体の人員削減に伴って、定員削減が行われることになった。[21] 〇六年六月の閣議決定によれば、地方支分部局の整理合理化については、「地方分権推進の状況等を踏まえる」ことになっているが、減量化方針には、地方分権によるものは、三位一体改革によるものを除いて見られない。

その三位一体改革による削減も惨憺たる状況である。[22] 地方支分部局の整理合理化については、これまでも地方分権を理由とした定員削減が行われたことは実質的になかった。分権委員会の第五次勧告でも、その後の地方分権改革推進会議の「事務・事業の在り方に関する意見」(〇二年一〇月三〇日)でも、国の直轄事業を問題として取り上げたが、成果をあげることができていない。[23]

こうした中、経済財政諮問会議で再び抜本的見直しが課題に挙がっている。[24] これと並行して、今後、分権改革の中で議論が進むかもしれない。ただし、国の地方支分部局の廃止といっても、当然、その事務の対応策が必要となる。具体的には、これまで地方支分部局が行ってきた国の事務を、①都道府県等が国の事務として実施する、②国から都道府県等へと事務・権限を移譲する、③廃止もしくは民間に委ねる、のいずれかを選択することになる。①の場合はさらに、①―1都道府県等が国の事務として実施する方法と、新たに①―2実施担当として地方事務官を置く方法が考えられる。

関係省庁は当然、現状維持を主張するであろうが、地方移譲が前提となれば、①を主張するだろう。だが、機関委任事務制度を廃止し、地方事務官制度を廃止した現在、①を選択することは考えられない。③も、競争の導入による公共サービスの改革に関する法律(市場化テスト法)の対象として挙がったものを除けば、おそらくない。というわけで、②の「国から都道府県や政令市、中核市などへの事務・権限移譲」が課題となる。今回は、法務省の登記事務や厚労省の補助金事務なども移譲の対象として挙げられているが、やはり主要な議論は、国の直轄事業、すなわち国が直接行う公共事業である。これこそまさに、分権委員会が第五次勧告で扱った課題である。

国の直轄事業の主要な論点

国の直轄事業のうち、道路、河川、港湾、土地改良の四分野を取り上げてみよう[25]。以下、順に論点を振り返る。

まず、道路である。国道は、一般道路一一七万キロのうち、五・四万キロ(四・六%)である。このうち、二・二万キロを国が指定区間として直轄で管理し、残り三・二万キロを都道府県と政令市が管理している。六四年までは、一級国道、二級国道の区別があったが、道路法の改正によって以後は区別がなくなった。国道には、一般国道と高速自動車国道(以下「高速道路」という)があり、あわせて全国的な幹線道路網を構成して、広域的な機能を発揮するという建前がある。一般国道には、指定区間国道と指定区間外国道がある。指定区間を国が管理し、区間外を都府県が管理している。指定区間国道(国の直轄国道)は、とくに重要な都市を連絡し、これと重要な空港・港湾等の拠点を連絡しているという[26]。都道府県道から、いわゆる「昇格」によって国道となったものも多い。

現在、一般国道を走っている車は、ほとんどが同一都道府県ナンバーである。時代を経て、かつての幹線としての一般国道は、高速道路に取って代わられた。一般国道は国全体の利害というより、地域利害に密着している。たとえば地元自治体が渋滞緩和対策を行おうとすると、ほぼ必ず一般国道の改築が必要となる。ところが、その多くは国の直轄区間である。多くの地域住民が一般国道のあり方に影響を受けているのである。したがって、国が直轄管理する指定区間の管理と、国が直轄事業としている新設と改築事業の大半を都道府県に移譲できるかどうかが課題である。

これに対して国は、国の直轄区間は道路網全体のごくわずかな区間にすぎず、しかも自治体からの要望によって国道に昇格させているほど地域のニーズも高いと主張する。しかし、国が管理している指定区間の割合は、一般国道の五分の二であり、そこに国の道路特定財源（揮発油税等約三兆四〇〇〇億円、地方税は約二兆二〇〇〇億円）[27]が集中的に投下されている。国の直轄事業は、都道府県管理部分（つまり指定区間外）でも行うのが法律上の規定だが、実際はほとんどが指定区間内で行われている。つまり、多額の国財源が国道の指定区間に配分されているため、県道から国道に昇格し、かつ指定区間になると早期の整備が可能となる、というわけである。

さらに、都道府県道や市町村道についても、補助金を通じて国から統制、誘導がある。驚くべきことに、自治体の単独事業にすら、国が実質的に箇所付けし、補助事業と変わらない実態があるという。

また、国道の管理者は住民からは分からないため、たとえば放置自転車対策など、道路管理について地元で問題となることもあった。こうした不都合は、第一次分権改革（とくに第五次勧告）における指摘によって、直轄管理区間管理への自治体参加や国道・都道府県道への歩道等の設置など一定の改善が進められた。[28]とはいえ、地域の自己決定という根本問題は解決されておらず、ごく一部の彌縫策というべきである。

高速道路については、第一次分権改革後に民営化が行われ、改革後のあり方に問題を残したものの、整備計画（九三四二キロ）以上は造られることはなくなった（はずである）。空港の整備も、もはや限界である。国道は、これら高速道路や空港との接続が問題になるわけだが、そのような箇所はほとんど判明しているはずである。少なくとも、未来永劫、接続問題が起こり続けることはない。国の直轄事業の必要性は、その意味でも少なくなっている。道路特定財源の一般財源化が課題となっており、この際、道路に関わる補助事業も原則的に廃止したらどうか。国道を極端に減らして都道府県道に変え、さらに都道府県道を市町村道か、もしくは市町村の広域連合の管理に移管してはどうか。

次に、河川について述べよう。河川管理も道路と似ている。河川は、一級河川と二級河川に分かれる。一級河川は国直轄管理区間(国道とは逆に「指定区間外」)と都道府県管理区間(指定区間)(二〇〇〇年より政令市も管理できるようになり、一部は政令市が管理している)にさらに分かれ、二級河川は都道府県が管理している。[29]

一級河川は全国で一〇九水系あり、一級河川と二級河川を合わせた約一二・三万キロのうち、国の直轄管理区間は一万キロ(九%)程度である。河川法が六四年に改正され、一級河川の管理を国が直接行うこととなった。それ以前は都道府県が管理しており、法改正の際に全国知事会が強く反対した経緯がある。[30]

国は、洪水時や渇水時の緊急対応、相互に利害関係が対立しやすい上下流、本支川、左右岸などの利害調整、河川管理上の高度な技術などを理由として、一級河川は国の管理が必要であると主張する。[31] しかし、一〇九水系のうち、都道府県の区域を越えない水系が六一もある。洪水時の緊急対応はたしかに重要であるが、都道府県管理なら国は支援しないというのは論外であろう。河川整備についても、九%の国の直轄区間に半分近い予算が投じられているという。ようするに、国の直轄管理区間に集中して資金が投入されているから立派な堤防ができるのである。その分が都道府県の財源に交付されれば、地方が実施することも可能であろう。

じつは、河川行政は、第一次分権改革と並行して行われた九七年の河川法改正によって住民参加が進むようになった。河川管理者が策定する「河川整備計画」に、地域住民の意見を反映するというものである。おそらく、河川に造られる堰やダム建設に対し、自然保護運動からの批判が全国を席巻したことも、一因だったのだろう。この結果、淀川水系流域委員会のように、住民の意見を反映し、ダムを原則的に造らないと提言するところも現れた。ところが、現在、国は再び住民の意見を拒否する動きを見せているといわれている。[32] いっそのこと、国から都道府県へ権限移譲してしまえば、河川行政への住民参加は相当にスピードアップするにちがいない。

無駄遣いの典型といわれてきたのが、港湾事業である。もともと戦後制定された港湾法は、戦後改革の申し子ともいわれ、港湾管理者の自治権を基軸としている。しかし、国(かつては運輸省、現在は国土交通省)は、積極的に直轄事業を展開してきており、「一〇〇億円の釣り堀」と揶揄される大深度の港湾を造り続けた。その結果、せいぜい一国に一ないし二程度しかない大深度の重要港湾と特定重要港湾が、日本には一二八も出現した。(33) 国から都道府県に権限移譲すれば、財政効率化が相当に進むであろう。

土地改良事業は、農地の改良や開発などを行う。農地の造成、区画整理、埋立て・干拓・灌漑など、多岐にわたる事業が行われている。国(農林水産省地方農政局)が行うのは、このうち、たとえば三〇〇〇ヘクタール以上の農業用用排水事業などきわめて大規模なものである。規模が大きいこともあり、農家や市町村の負担が大きい。農家の高齢化が進展し、市町村財政が悪化する中、施工を希望する地域は相当減っているはずである。事業の小規模化は必至で、その意味から権限移譲の時期が来ている可能性は十分にある。(34)

こうした認識はすでに国にもあり、〇六年六月に施行された行政改革推進法において、国営土地改良事業特別会計は〇八年度までに一般会計に統合されることになった。そのため、国と地方との役割分担を検討することになったのだが、農林水産省は〇七年三月、更新施設の増加(施設の老朽化ということか)や畑地域の整備遅れなどを理由に、事業の継続を決めてしまった。(35) 当該省庁自身による分権化は、やはり不可能なのであろう。

地方支分部局廃止の効果と課題

地方支分部局の廃止には、職員の移管問題も生じる。第一次分権改革の際、機関委任事務制度とは比較にならない省庁の抵抗があったのも、このためである。

権限移譲に伴う職員の身分移管は、自治体間ではすでに行われた例がある。政令市や中核市の発足時のほか、東京都でも保健所が市や区に移管され、その際に都道府県職員から市や区の職員へ移管された。仕事が地元密着型となり、異動は比較的狭い地域の範囲内になるというメリットもある。少なくとも保健所については、その後問題が起こったという話は聞かない。国家公務員から地方公務員になることをどう捉えるかは、本人たちの問題だが、国と地方が上下関係という意識が強いのであれば、意識改革は必要だろう。

受け入れる自治体側にとっても、問題はある。当該職場には技術職が多く、職場異動が当たり前の地方公務員と違って、異動が困難になるかもしれない。人員は全国で何万人という規模である。しかも、都道府県は現在、職員定数を一〇年までに九・六%(一般行政部門)も削減するという行革の真っ最中である。[36] 国の地方支分部局の管轄区域が省庁によって異なることも、都道府県間での調整を余儀なくする。

だが、国の地方支分部局を廃止することの効果は、財政効率化にとどまらないであろう。国の直轄事業がなくなれば、都道府県の関連事務を自治事務として構成できる可能性が高くなる。国道の管理は都道府県と政令市の法定受託事務であるが、もし大半の国道が県道になるなら、もちろんその管理は自治事務である。さらに、補助事業がなくなり、言葉どおりの単独事業として道路事業が行われるようになれば、都道府県の道路に関する裁量は格段に増えるはずである。同様のことが他の分野でも起こるであろう。

国から都道府県への大幅な権限移譲が起これば、今度は、都道府県事業をできるかぎり市町村へ移譲すべきであろう。その際、問題になるのは技術と財源である。近接する市町村が受け皿となる広域連合を形成し、そこで事務を実施するのはどうか。技術上は当面、都道府県職員の出向もしくは身分移管が必要となるだろう。また、財政上も当然、都道府県の財政措置がないと実施できない。しかし、たとえば新規事業については、一定の地元負担をもたせることで、受益と負担の関係は明確になる。近隣市町村間の調整は、本格的なものになるだろう。[37]

（2）「国の役割限定」否定論を克服する

以上、国の役割を限定し、国と地方の役割分担を明確にしていくことについて縷々述べてきた。

戦後、国と地方の役割のあり方については、神戸勧告によって国の役割を限定化する方針が出されたものの実現せず、高度成長期以降は機能分担論が支配していた。第一次分権改革のとき、国会が自ら自己規制し、国と自治体の行政を截然と分ければ問題ないという考え方（塩野、一九九五）が出される。九四年に地方六団体が国に提出した「地方分権推進要綱」も、国の役割を一六項目に限定するという内容であった[38]。第一次分権改革以降、限定化という方向性そのものは定着しつつある感がある（第1章参照）。

けれども、国の役割は限定できないという考え方は、なお根強く存在している（成田、一九九九：六頁）（佐藤文俊、二〇〇〇a：五七頁）（山崎、二〇〇四：四六～四七頁）。内閣法制局が抵抗する中、ようやく分権一括法で置かれた国と地方の役割を規定した条文（自治法第一条の二第2項）も、じつは曖昧な内容である。国は、国の役割を「重点的に担い」、「できる限り」地方公共団体にゆだねることを「基本として」と、幅広く解釈可能な用語が並んでいる[39]。極端な話、国が地域における枝葉末節の事務を担うこともありうる規定ぶりなのである。

憲法は、地方自治の章を置き（第八章）、地方自治の保障を定めたものの、その具体的内容は示さず、一方で国会に国権の最高機関として唯一の立法機関とした地位を与えた（第四一条）。また、行政権についても、「行政権は、内閣に属する」（第六五条）としたため、地方の行政権も内閣に属するかのような印象を与えている。

もっとも、行政権が国に専属するものかどうかの問題については、いっとき内閣法制局長官によって、憲法第六五条の「行政権」には第九二条の地方自治を含まないという趣旨の国会答弁によって、クリアされたかに見えたこともあった（菅、一九九八）[40]。しかし、その答弁もその後に修正され[41]、現在なお、中央官庁における主流は、国の役割は限定できないという立場のようである。

こうした考えに立つと、憲法を改正し、国の役割と自治体の役割を截然と分かつ規定を入れないかぎり、本格的な分権はできないことになってしまう。やはり、憲法を改正する以外にないのであろうか。しかし、憲法の改正は、第九条をはじめ、あまりに多くの課題を抱えており、慎重な議論とならざるを得ない。デッドロックである。

一つの方法論は、憲法の規定する「地方自治の本旨」を具体化する基本法の策定である。地方自治法が本来、その機能を果たすべきだという意見もあるが、あまりに詳細に自治体を規制し、かえって自治体の自由な活動を阻害している。[42]この際、新たに「地方自治基本法」を制定して国の役割を限定する規定を置き、国会自身が自己規制することを決めるべきではないだろうか[43]。

国会が地方分権についての意思を明確にすることの効果は、九三年六月の衆参両院の国会決議を見ても明らかである。当時、分権の課題はほぼ出尽くしていたが、政府部内の合意ができず、それ以上進むことができなかった。ただし、国会決議で国会自身が分権推進の立場に立つことを明確にしたことが、「エポック・メーキング」となったという証言がある(松本、一九九六)。もし、国と地方の役割を截然と分ける規定の入った「地方自治基本法」を制定できたなら、これを契機に事態は大きく転換していくだろう。

5　都道府県の役割を考える――道州制論議と市町村との関係

目論見が透けて見える道州制論議

分権一括法施行以降、都道府県のあり方が改めて問われることが増えた。とくに、平成の大合併によって、大半の予想を上回って市町村が半数近くになることが明らかになるにつれ、道州制議論が活発化している。道州制については、北海道が小泉純一郎内閣から道州特区となるよう要請され（二〇〇三年八月）、その後、道州制特区推進法という形で法制化が行われている（〇六年一二月）。一方、第二八次地制調が道州制のあり方に関する答申（〇六年二月）を行い、加えて安倍内閣のもとで道州制担当大臣が置かれ、議論のきっかけづくりとしての「道州制ビジョン」策定の検討が始まった（〇七年一月）。並行して、自民党では道州制調査会が検討を行っており、随時報告を発表している（第二次中間報告、〇七年六月一四日）。

これらに先立ち、都道府県の自主的合併については、第二七次地制調最終答申（〇四年一一月一三日）によって道が開かれた。都道府県の発意によって、内閣が国会の承認を経て合併を決定する仕組みができたのである（自治法第六条の二、〇五年四月施行(44)）。

道州制の内容は、大きく分けて連邦制、国の出先機関、自治体の三つがあり、その中間的なものや、都道府県を存置させるものまで、多岐にわたる。このうち、第二八次地制調の提起したものは、都道府県を廃止して道州と市町村とする二層制であり、道州を自治体と位置付け、首長も議員も公選としている。また、国（とくに地方支分部局）が行っていた事務の大半を道州で行うというもので、全国一斉に移行する方式を採用した。道州の自治を重んじてはいるが、自治体であるはずの都道府県の自主的合併によって進めるというのでもない。国による道州設置をなかば認める折衷的内容である。

これに対して、自民党の案は二層制で、地方支分部局の廃止と国からの権限・財源の移譲には不透明ながら触れているものの、肝心の首長の公選や道州を自治体とするかどうかは、明言していない。さらに、区域については、既存の都道府県区域にこだわらないとし、州都についても、大都市ではなく中都市とする可能性をほのめかすなど、自らの決定権限を誇示し、関係者を利益誘導しようとする態度が透けて見える。

全国知事会は、〇七年一月に基本的考え方を公表した。それによると、二層制、広域自治体を採用し、国の事務の道州移譲に関連して、地方支分部局だけでなく中央省庁の解体再編も求めている。実際の検討の進め方については、地方六団体と閣僚による共同の検討機関の設置を要求しているところがミソであろうか(45)。

問題の核心は、道州制導入という名目で、中央省庁や政治家が、都道府県を国の下部機関とすることを目論んでいることである。それが言いすぎであれば、地方自治体への影響力の強化、残存を図ろうとしていると言おう。いずれの道州制案も「地方分権の推進」を標榜してはいる。だが、そうであるなら、現在の都道府県や市町村に本気で分権すればいい。国税を地方に移譲し、地方支分部局を廃止して、さらに補助金も廃止すれば、地方分権は進む。そのうえで、道州制を議論しても問題ないはずである。

実際、道州制への移行には、税源の不均衡(財政力格差)、大都市圏の扱い(南関東四都県の人口約三五〇〇万人で日本の全人口の四分の一を超え、四国は約四〇〇万人)の扱い、道州における条例制定権と法令との調整、国から道州への権限移譲、人員の移管など、難問が山積みされている。いずれも、現行の都道府県体制であっても、本気で地方分権を進めるなら難問である。それを承知で、強引に中央主導で議論を進めようというのは、権力者の延命行為の一つ、つまり、分権改革による権限剥奪を恐れるあまりに、改革の主導で権力温存を目論んでいるとしか思えない。

地方分権の目標は、地域住民の主体的な自治の強化だったはずである。そうであるならば、地方分権の進め方そのものも、地域住民の主体的な自治に依拠すべきである。本当に、県を超える広域課題など時代が要請しているものが道州制にあるなら、都道府県ごとに住民を納得させて自主的に合併を進め、道州制に到達すべきであろう。

都道府県の改革—天下りと市町村への関与

しかしながら、都道府県がこのままでよいとは、とうてい思えない。

第一次分権改革は、都道府県の完全自治体化の完成を目標としていた[46]。機関委任事務制度が廃止され、国との関係が法律上の建前どおり対等関係となったとされている。改革以降、都道府県には、これまでなかった産業廃棄物税などの新税の新設やまちづくりなどで独自施策が少しずつではあるが展開されつつある[47]。だが、都道府県の一般の事務処理そのものには大きな変化が現れてこない。都道府県は、機関委任事務と同じように中央省庁の意のままに動いていると思えてならない。

その原因は、いくつか考えられる。都道府県職員の意識改革ができていないことも大きいと思われる。しかし、そのほかにも制度上の問題がある。

その一つが、都道府県と中央省庁との間の強固な人的つながりである。分権計画(九八年五月)によって、国から自治体への、いわゆる「天下り」が公表されるようになった[48]。〇一年八月と〇六年八月のデータを比べてみると、国から地方への出向者数は一六〇六人から一五九〇人で、ほとんど変化がない。しかも、部長以上の出向ポストを見ると、副知事一五→一九、総務部長二〇→二一、健康福祉部長九→七、商工労働部長一一→八、土木部長二五→一八などで、総数は二八一→二九八と、決して減少傾向にない。四七都道府県のうち、三分の一の県の副知事が中央官僚であり、総務部長と土木部長は半数近くが中央官僚のポストとして独占されている。たしかに、省庁には優秀な人材がいるだろう。国の官僚に地方の仕事を知ってもらう必要もある。けれども、いつまでも組織の統括ポストを国に渡し続けているとしたら、それは上下・主従の関係にほかならない(ちなみに、地方から国への出向者の室長以上のポストは、二二→二五とわずかで、しかも減っている)。

分権委員会のとき、中央省庁は分権委員会の意見に対し、たびたび「それは本当の地方の意見と違う、現場の意見を聞いてほしい」と反論した(西尾、二〇〇七：五六頁)。自治体現場の意見を封じる自信があったのだろう。露骨な干渉もあった。分権を要望する自治体名が分かると、省庁から電話や呼び出しがあり、圧力が掛かるのである。

こうした場面で、省庁からの出向者が生きる。第五次勧告では、全国知事会がまとめる要望内容を変えさせるのに省庁からの出向部長が一役買う事態が露見した（九八年）[49]。さらに、三位一体改革において、補助金廃止項目が具体的に組上にのぼった際、省庁からの圧力は頂点に達する。地方六団体はついに、こうした事例を収集してホームページ上で公開した（〇四年）[50]。

人事交流については、一方で地方から国への出向者が一六八〇人から一八七三人（〇一年〜〇六年）と増加している。自治体の大幅な定数削減状況を考えると、奇妙な現象である。この原因は、分からない。地方が一時的に国への出向者を増やして、将来自立へと向かうつもりなのか。それとも、国で始まった定数純減の穴埋めとして使われているのか。いずれ、本当の意味の対等な人事交流にしていかなければ、国と地方の対等な関係は確立しないであろう。

もう一つの問題は、都道府県と市町村の関係である。国と地方が対等であるように、都道府県と市町村も対等である。全国知事会は、地方六団体として、国に対等の関係を要求し、共同の会議設置を要求している[51]。ところが、市町村との対等関係を築こうとしていない[52]。都道府県は、市町村との関係を対等関係にするという意識に欠けている。国と地方六団体と同じように、都道府県条例で県と市町村の共同設置による会議を置いて、対市町村への施策を実施する際、必ずそこで議論すべきであろう。国には要求するのに、なぜ自分の組織ではできないのだろう[53]。

問題は、第一次分権改革によってもなお、市町村の事務に都道府県が法的拘束力のある強い関与ができるように、制度が仕組まれていることである[54]。対等な関係にあって、そのような強い関与が一方的にできること自体、奇異である。ほとんどすべての事務に法令がある。いざとなれば、強い関与ができるという制度になっていることが、都道府県と市町村を上下・主従関係にとどめている、と考える。もしそうでなければ、これまで縷々述べてきた都道府県の市町村への強圧的対応は説明できない。

分権一括法施行時には、市町村に決して十分な対応したとは思えない（第3章第1節）。中核市になろうとする自治体に県が厳しい対応を取るのは、なぜだろう(同第2節)。平成の大合併の際、合併への音頭を取り、小規模町村につらく当たったのは、県であった(長野、福島、宮崎など例外もある。第5章第1節)。都道府県の現場は、職務をしっかりこなしているつもりなのであろう。だが、市町村からは、国の威光を笠にきながら対応しているとみえるのではないか。

都道府県は第一次分権改革の主要な担い手であった。三位一体改革における奮闘も都道府県が中心であり、それがなければもっと厳しい結果になったかもしれない。そして、今後も、自治体連合が国と対応する際の中心的存在となるだろう。政治的・社会的には、都道府県にものを申しにくい状況にある。しかし、このままでは、皮肉なことに、都道府県が分権効果を止める防波堤になりかねない。

単なる通知・事務連絡と権力的関与を分離し、都道府県の市町村に対する監督権限を個別法も含めて原則として廃止すべきであろう。[55] 都道府県と市町村が本当に対等関係になれば、市町村の自由度も相当に増し、分権改革の効果も現れやすくなるはずである。

6 市町村の改革課題

最後に、市町村の改革課題に触れよう。さまざまな改革が進み、市町村が自己決定し、自己責任を負う状況になれば、市町村はおのずと改革を進めざるを得なくなるだろう。その際の課題は、政治・行政・財政三分野のすべての分野に及ぶ。

たとえば、財政を考えてみよう。北海道夕張市の財政破綻で明らかになったように、無謀な借金は最終的に住民生活を破壊する。一定規模以上の地方債発行には、住民投票を必要とすべきであろう。住民も自覚をもって自治体経営に参加する必要がある。基本計画も、最近は市民参加による策定が増えてきた。今後は、地区ごとの計画が必要であり、住民自らが各地区計画を策定することになっていくだろう。そうした場面では、住民たちによる徹底した討議が必要となるにちがいない（篠原、二〇〇四）。

市町村における市民参加、議会のあり方を検証し、分権型社会における市町村の姿を考えてみよう。

市民参加を進める

市民主権がいわれ、市民参加が行われるようになって久しい。地方分権の動きがそれを後押ししている。これまで、市町村にとっては、国の意向がはっきりしていればよかった。多くの事務は国が法令で規定し、補助金も多く、国が施策決定の基軸であった。極端にいえば、国の言うとおりに事務をすればよかったのである。ところが、地方分権によって法令は緩和され、補助金は廃止される。国の意向は施策決定の基軸とならない。当然、地域の住民の意向が重要となる。

しかも、社会の課題がしだいに市民の力を必要とするものとなってきたことも大きい。これまでの社会課題といえば、幹線道路やダムといった社会資本の整備であった。福祉の分野でも、年金や生活保護など金銭給付が中心である。だが、そうした施設や制度が整うにつれ、たとえば福祉では市民への直接サービス、社会資本整備では緑や自然の保護が重要とされた。それらには住民たちの力が必要である。実際、一九九五年一月の阪神・淡路大震災におけるボランティア活動以降、市民活動は社会的認知が得られた。特定非営利活動促進法が制定され、九八年から法人格の取得も可能となり、増加の一途をたどっている[56]。

市町村における市民参加もかなり進んだといえるだろう。八〇年代後半、福祉分野において高齢者介護が地域の大きな課題となり、計画策定にあたって市民参加が進められていく(八九年の福祉八法改正によって、市町村に老人保健・福祉計画の策定が義務づけられ、国は市民参加を推奨した)。その後、都市計画において九二年に市町村マスタープラン制度が導入され、徐々に市民参加によるマスタープランが策定された。さらに九〇年代末になると、公共事業分野でも市民参加が議論されるようになる。九七年には河川法が改正され、河川計画に市民意見を反映する制度を取り入れ、二〇〇〇年には国土交通省がパブリック・インボルブメントという市民参加の一手法の導入を宣言する。

行政改革によって関係法令が整備されたことも、影響している。九九年に、国民の権利義務に関わる命令制定にあたって、事前に国民の声を聞くパブリックコメント制度が始まる(〇六年度に行政手続法が改正され、制度施行)。〇一年には、長い議論を経て情報公開法がついに施行された。市町村ではこれに先立って、個人情報保護条例や情報公開条例を制定して、住民の権利を保障していたことも忘れてはならない。

市町村審議会への委員の公募は、ようやく常識になりつつある。都市計画審議会の委員は長く職員や議員、学識者で構成されていた。分権一括法による都市計画法改正の際、政令改正によって公募住民も参加できることになり、公募する自治体が増えつつある。最近では、市民税の使途について直接住民の意向を反映させる一%条例(〇五年度から千葉県市川市)、自治体予算の事前公開(〇六度予算から千葉県我孫子市)、市民の意見を入れて河川改修にあたり道を曲げた例(九九年から京都市右京区梅津地区の有栖川)[57]など、住民の意見を市町村政に直接反映させる自治体も出てきている。

しかし、全国的にみると、市民参加が広がっているのは、市町村基本計画のような抽象度の高いもの、福祉計画のような受益と負担が密接なものが中心である。自治体の利害と住民の利害が対立する公共事業、予算策定や事業実施そのものへの市民参加は、まだ少ない。さらに、一応住民の意見も聞いたという形式の範疇を出ていない自治体や、争点になる政策情報を提供しない自治体もある。もっと問題なのは、自治体当局が巧妙に議論を誘導している場合である。名目だけの審議会と変わらず、市民参加といえるのであろうか。ただ逆に、首長が市民の意見どおりに施策を実現すると約束することにも問題はある。その場合は、議会の存在意義が完全に飛んでしまう。

他方で、住民の側にも問題はある。徹底した議論の中で、自分たちで結論をまとめることに慣れていない。住民同士の意見を導き出す経験に乏しく、(議論の場を仕切る議長ではなく)ファシリテーターのように参加者の意見を出しやすい環境を用意する役割の訓練ができていない。こうした問題は、市民参加が進めば解消されるだろうが、もう少し根底的な問題も起こっている。同じ人物がいくつもの審議会に登場し、場合によっては自治体議員より行政に意見していることがあるという。

こうしたことから、市民参加を進めると、議会が必ずといっていいほど反発する。自治体住民を代表するのは自分たちであって、議員の意見を聞かずに施策を決定するのは、代議制度という自治体制度の基本をないがしろにするものだというのである。だが、自治体議会は、後で述べるように、その機能に問題がある。そうである以上、執行機関は市民参加を徹底し、あらゆる施策の計画段階からの意見聴取を行うべきである。徹底した市民参加が行われれば、議会も自らの改革を余儀なくされるであろう。

自治体議会を変える

今後も市民参加を促進する必要がある。とはいえ、市民参加には限界がある。審議に参加する住民の意見が本当に地域を代表するといえるか、という問題である。多数の住民との間で意見調整が行われればよいが、そうした保障はない。また、自治体職員が審議をひそかに誘導したような場合、かえって民主制を阻害する原因ともなりかねない。住民投票でも行わないかぎり、住民参加だけで自治体としての決定を行うことには問題がある。

そこで、選挙で正当に選ばれた議員と議会の登場となる。自治体としての決定には、原則として議会の議決が必要である。しかも、分権改革によって議会の役割は格段に高まっている。第一次分権改革の際の条例制定を見てもわかるように、条例制定権が拡大し、地域行政の姿は徐々に議会の決定に委ねられるようになっている(大森、二〇〇二)。今後さらに、議会の役割は拡大するだろう。

しかし、いまの自治体議会には大きな問題がある。以下、三点挙げる。

第一は、首長との関係である。二元代表制とされ、首長とともに住民から直接選挙される存在でありながら、首長権限のほうが強く、議会権限が弱い。たとえば、議会を召集する権限は首長に委ねられ、議会の条例立案機能・政策機能が重要だとされながら、議会を支える事務局は、首長部局に採用されて人事異動でやってくる少数の自治体職員にすぎない。議会招集権を議長に与え、事務局人員を増強するなど、議会の権能を強化する方向で制度改革を行うべきであろう。

第二は、自治体職員が、議員ではなく、もう一方の住民代表である首長に統制されているという問題である。首長権限が強いという意味では、一点目と関わる。ただ、ここで問題にしたいのは、職員がこなす自治体の仕事への統制である。職員は首長に服するが、かといって首長がすべての職員の仕事を統制できるわけではない。どうしても個々の職員の仕事は慣例が支配し、都道府県や国の意向が優先してしまう。議員がもっと職員の仕事への統制を強められれば、自治体の仕事に地域住民の意向が反映するだろう。たとえば、一年中議会を開いて、住民がたくさん傍聴する委員会で頻繁に職員の仕事内容をチェックすれば、それも不可能ではない。

もっとも、実際には、通年議会など職員にとって過重労働以外の何ものでもなく、論外であろう。職員としては別途、市民参加を進める機会をつくり、地域の意向を仕事に反映すれば十分のはずだということになる。だが、たとえ市民参加が行われたとしても、施策の最終決定権限は自治体(職員)側にあり、本当の意味の住民の決定ではない。

第三の問題は深刻である。議会が住民から遊離しており、住民の意向を代表するものとなっていない、といわれることである。そんな議会の権限を強化していいのか、ということでもあって、前述した二つの問題を根底から覆しかねない。

まず、カネに関わる問題である。すでに首長部局では当たり前の、費用の情報公開ができていない。政務調査費、議会などの会議出席にあたっての交通費などの費用弁償、視察の実態やその費用など問題だらけである。議員にかかる諸費用は、その積算根拠が明確でなければならない。そのうえで、使途については一円から領収書添付の義務づけが当然である[58]。また、視察などの関係書類は詳細に公開すべきである。そうしなければ、住民の信頼は得られない。議員による自治体職員へのいわゆる「口利き」も、職員が文書化して情報公開の対象とすべきである。これらについて議員は、議員活動への妨害だとして、反対もしくは抵抗するのが常であるが、それがいわゆるドブ板のような活動であっても、公明正大であるなら、そのように主張すればよい。公人の活動や税金の使い道を住民に非公開とする理由は、もはやない。

議会の慣習にも疑問を感じる。新人議員に一般質問をさせない、議案への賛否を議員名で公表しない[59]などは論外である。そして、三〇人程度の本会議で（市議会議員の平均定数二七人）、ミニ国会のような議場に発言者がいちいち登壇し、横にいる首長に質問し、しかもその回数まで限定されているのは異様である（都道府県二回、市町村三回）。どうして、普通の会議（たとえば審議会や会社の役員会）のように、円形の机に向かい合って座り、普通に議論できないのだろう。

さらに、まとめて質問してまとめて答える方式（一括質問・一括答弁）なので、議論がなかなか深まらない。人数の少ない委員会審議も、議員同士が討論する場ではなく、自治体役職員に質疑をする場となっている（これは、予算や大半の条例を職員がつくるせいでもある）。しかも、本会議は法律によって公開だが、委員会は委員長の許可がないと住民は傍聴すらできない。実質審議は委員会で行われているのに、これはどうしたことか。しかも、議員同士の本音が出る全員協議会は密室で行われ、議事録も公開されない。

議員同士が本会議や委員会という公開の場で討論し、議会としての意見を調整してまとめるべきだとか、議会として参考人を積極的に活用し、住民の意見を聞く公聴会を頻繁に開くべきだという提言は、数多く行われてきた（たとえば、（佐藤・八木編著、一九九八）、（全国町村議会議長会第二次地方（町村）議会活性化研究会、二〇〇六）など）。そのためか、少しずつではあるが、議会が自ら改革する動きも出てきてはいる（江藤、二〇〇四）（橋場・神原、二〇〇六）。

筆者はこれまで、自治体議会の改革は議会自身に任せるしかないと考えてきた。しかし、議会を改革する先進的な動きが全国すべての自治体に波及するまで、いったいどれぐらいの時間が必要であろう。問題は、意思ある議員が一人や二人出てきたところで多勢に無勢だということである。かといって、議会改革の必要性を選挙民である住民が理解するまでには、まだ相当の時間を要すると思えてならない。

憲法が自治体議会の設置を義務づけ、議員と首長の直接選挙も規定しているため（第九三条）、改革の選択肢は多くない。また、憲法は、国会が定める法律によってしか自治制度を定められないような規定（第九二条）になっていて、事実、自治法は自治体ごとの制度選択を許していない。だが、この際、地方自治制度を抜本的に変更し、いくつかの制度の中から市町村がそれぞれ選択することを真剣に考えるべきではないだろうか。焦点は、自治体の事務に住民の意向をいかに反映しやすくするか、である。

議員を選挙する代わりに、自治体幹部を選挙する方式はどうだろう。住民の代表が職員の上司になる、ということである。人口が多ければ、条例や予算を決めるために議会を残す必要があるかもしれない。しかし、少なければ住民総会で決めてもよいだろう。選挙された自治体幹部と首長との権限の整理が必要だが、国や都道府県の意向を断ち切る幹部が登場する可能性が出てくる。あるいは、首長制度をやめ、議会が議決機関と執行機関を兼ねる委員会制にして、その下に職員を配置する方法はどうか。これが欧米で比較的広く取り入れられているのは、自治体に適した制度だからではないか。少なくとも、大統領制のような首長偏重の現行制度よりは、国―地方を貫くタテ系列は弱くなるはずである。いずれにしてもこれらの方式なら、職員も、国や都道府県の意向や慣例より、住民の意向を重視して仕事をせざるを得なくなるだろう。

これらを選択肢として、住民が住民投票によって決めるという制度を導入してはどうだろうか。多少譲歩して、現行制度を選択肢に入れてもいい。それでも一定期間内に決めなければならないとすれば、効果は絶大だろう[60]。現行制度が廃止されるかもしれないとなれば、議員や首長は必死にこれまでの制度の重要性を訴えるにちがいない。それに納得できなければ、制度は全面的に変更となる。

もちろん、この方法論には危険性もある。強制的な制度選択は、相当なリアクションを呼ぶであろう。また、分権が進まない中で議会がなくなると、行政のタテ系列がかえって強まる可能性を否定できない。あるいは、制度論議を進めるうちに、首長の間接選挙も選択肢に入ってくるかもしれない。憲法改正の必要が生じる可能性もあり、慎重な議論が必要なのはわかる。しかし、自治体を根本から分権型に変えるには、これくらいの大きな改革が必要なのではないだろうか。

市民が地域のことを熟知し、市民の代表である議会が市民の手本となるような活発な議論をして決定し、さらに決定内容が的確に職員の仕事に反映される。それができなければ、分権型社会は成立しない。

第一次分権改革の到達点は、ベースキャンプ（分権委員会最終報告）にすぎなかった。頂上までには、まだ長い行程があり、しかも神経を使って正確な道のりを歩んでいかねばならない。

この章の冒頭で、分権委員会の中間報告（九六年三月）の一文を引用した。地方分権とは、「あらゆる階層の住民の共同参画による民主主義の実現を意味する」という一文である。じつは、この「民主主義の実現」の部分は、第一次勧告（九六年一二月）では、「民主主義の活性化」（いずれも傍点、筆者）に書き換えられている。「実現」とすると、日本にはまだ民主主義がないかのように受け取られかねないと危惧した人がいたのかもしれない。

しかし、やはり、地方分権の目的は、日本における民主主義の「実現」のほうがふさわしい。地方分権の達成は、「活性化」などという途中行程の言葉では言い表せない。目的地や頂上のニュアンスに匹敵する、「民主主義の実現」だろう。しかも、それは、相当に多数の強い意思がないと到達できない課題である。

（1）地方六団体の神野委員会中間報告（二〇〇六年五月一一日）は、国と地方の税源配分を「まずは五：五、将来的には四：六」、菅義偉総務大臣は、当面「一：一」と主張する（経済財政諮問会議（〇七年五月二五日開催）菅大臣提出資料）。金額上は約六兆円の税源移譲となるという（全国知事会「『第二期地方分権改革』への提言」（地方分権改革推進委員会第一六回会議（〇七年九月四日開催）提出資料）。

（2）安倍晋三改造内閣の遠藤武彦農水大臣が二〇〇七年九月三日に辞任した。その原因は、組合長を務めていた農業共済組合が加入者数を水増しして、国庫補助金を騙し取ったとされる事件である。事実は会計検査院が〇四年に指摘しながら、その後、三年間放置された。会計検査院は問題を指摘するだけだといい、補助金を出した農水省は監督権限がないといい、監督権限のある山形県は国からの具体的指導がなかったと主張したという（『朝日新聞』〇七年九月四日）。

（3）生活保護についての地方六団体の当初の意見は「要保護者の需要及び給付金額等の決定を行うことは……自治事務とすべきであり、まさに自治事務に馴染むものと考えております」（分権委員会第三一回（一九九六年一月一三日開催）全国知事会発言要旨より）。その後、「地方公共団体としても、地域によって生活保護の基準に違いがあってよいとはかんがえておらず」としたうえで、「こうした業務（要保護者の自立助長：筆者注）は地方公共団体が地域の実情を踏まえ、創意工夫のうえ実施すべきものであり……その意味でまさに……自治事務になじむ」（分権委員会第六一回（九六年七月二九日開催）地方六団体ヒアリング提出資料「中間報告に対する意見等について」二〇頁）と変化する。厚生省の主張は、第二九回委員会（九六年二月五日開催）、第四五回委員会（九六年五月二〇日）のそれぞれの議事概要による。

(4) 二〇〇五年四月二〇日から一一月二五日まで九回開催。以下、会議についての記述は、厚労省HPの「検討会、研究会等」コーナーの議事録などによる。

(5) 第七回関係者協議会(二〇〇五年一一月四日開催)。

(6) 「三位一体の改革について」の政府・与党合意(二〇〇五年一一月三〇日)に、「生活保護の適正化について、国は関係者協議会において地方から提案があり、両者が一致した適正化方策について速やかに実施するとともに、地方は生活保護の適正化について真摯に取り組む。その上で、適正化の効果が上がらない場合には、国(政府・与党)と地方は必要な改革について早急に検討し、実施する」とある。

(7) 「以下の内容について、早急に見直しに着手し、可能な限り二〇〇七年度に、間に合わないものについても二〇〇八年度には確実に実施する」とあり、生活扶助基準の見直し、母子加算の廃止、級地(現在、物価差などを反映して全国を六区分に分類し、保護基準を決めている)見直し、自宅保有者へのリバースモーゲージ(資産担保)貸付、とある。さらに、抜本的改革のための「総合的な検討に着手」するとしている(経済財政諮問会議「基本方針二〇〇六」三七頁)。

(8) 全国知事会の改革提言は、①高齢者のための新たな生活保障の仕組みの創設、②就労自立を促進するための体制強化と有期保護制度の検討、③ボーダーライン層に対する支援策の三点である(「生活保護制度の見直しに関する提言」二〇〇七年三月二三日)。

(9) 第三回関係者協議会(二〇〇五年七月六日開催)、厚労省提出資料参照。

(10) 第四回関係者協議会(二〇〇五年九月一五日開催)、谷本正憲石川県知事意見書参照。

(11) この通知には、技術的助言か処理基準かの記述がない。同意書が個人情報保護法に違反するかどうかの見解があるように、法律に対する国の解釈を示した単なる通知と考えるべきであろう。「生活保護行政を適正に運営するための手引について」(二〇〇六年三月三〇日社援保発〇三三〇〇〇一号厚生労働省社会・援護局保護課長)。

(12) 「生活保護の適正実施の推進について」(昭和五六年一一月一七日社保第一二三号厚生省社会局保護課長・監査指導課長通知)。

(13) 第一次分権改革後なお、一二三号通知は処理基準とされている(「『生活保護の適正実施の推進について』の取扱いについて」厚生労働省社会・援護局保護課長・監査指導課長通知、社援保発第二〇号、平成一三年三月二七日付)。現在なお、これに基づいて監査が行われ、一件ごとに指導が行われているという。

(14) あまりに詳細な処理基準(たとえば「就労可能な被保護者の就労及び求職状況の把握について」平成一四年三月二九日とその一部改正通知平成一七年三月三一日は、会社名、仕事内容、接触方法などを記入する様式を指定する)は、国地方係争処理委員会において争うべきであろう。

(15) 前掲(9)。

(16) 労働政策審議会職業能力開発分科会・第四回若年労働者部会資料「勤労青少年を取り巻く現状に関する資料」(二〇〇六年九月二〇日開催)。非正規雇用者の雇用者全体に対する割合のみ、「労働力調査詳細結果(〇六年七~九月期平均)の概要(速報)」より。

(17) 生活保護について、二〇〇六年に地方の立場から二つの重要な提案が行われている。一つは、全国知事会・全国市長会におかれた「新たなセーフティネット研究会(木村陽子座長)」が一〇月に出した「新たなセーフティネットの提案—『保護する制度』から『再チャレンジする人に手を差し伸べる制度』へ—」。もう一つは、分権型政策制度研究センター(新藤宗幸センター長)の「ナショナルミニマム研究会」が八月に出した「分権型の生活保護行政にむけて—選別型サービスからユニバーサルサービスへ—」。それぞれ、インターネットから報告文書を取得できる。なお、この拙文は両報告書の内容を参照させていただいている。

(18) キャンペーンで新聞全面広告を二度出している。一度目は、有馬朗人氏(元東大総長)をはじめとする「科学者」「文化人」による「今、日本が危ない!」と題するメッセージ(『読売新聞』二〇〇四年一〇月二八日、一一面)。二度目は、義務教育費国庫負担制度廃止反対の署名数(六三三万人分)の報告と一般財源化した場合の都道府県ごとの増減額の一覧表を掲載した(『読売新聞』〇五年一一月一三日、五面)。

(19) 二〇〇三年から、構造改革特区で市町村費負担教職員任用事業が行われてきた。〇六年四月には市町村立学校職員給与負担法が改正され、都道府県による定数配置と別に、市区町村が全額費用負担すれば市区町村での独自の採用が可能となった。なお、小中学校教職員人事権の市町村への移譲については、中教審が答申(「新しい時代の義務教育を創造する」〇五年一〇月二六日)において、さまざまな条件をつけながらも「教職員の人事権については、市区町村に移譲する方向で見直すことが適当である」とし、また、教育再生会議も第一次報告(「社会総がかりで教育再生を～公教育再生への第一歩～」〇七年一月二四日)において「学校教職員の人事について、広域人事を担保する制度と合わせて、市町村教育委員会に人事権を極力、委譲する」としたが、実現していない。主要な反対勢力は、都道府県教育委員会であるという(文科省前川喜平審議官の発言、新分権委員会『第一四回委員会(〇七年七月三一日開催)議事録』二〇頁)。

(20) ただし、これまでも義務教育は国の補助金だけで成り立ってきたわけではなく、交付税を含む自治体からの多くの支出に支えられている(平嶋、二〇〇五)。義務教育費と公立高校費の負担割合は、国一五%、都道府県六一%、市町村二四%である(神野編著、二〇〇六：六九頁)。

(21) 二〇〇六年一二月に策定された総務省の効率化方針によれば、国の地方支分部局は〇七年度以降、法務省地方法務局や労働基準監督署などが統廃合される予定となっている。しかし、国土交通省の地方支分部局である地方整備局(旧地方建設局と旧地方港湾局が省庁再編で合体)は、「一〇年度末までに一七六一人以上の削減が行われる」とされているだけである。その根拠も民間委託と再任用の活用であって、自治体への権限移譲は予定されていない。

(22) 地方六団体によれば、三位一体改革による、国家公務員の定員削減は、本庁を含め、わずか四七名だった(前掲(1)、全国知事会「『第二期地方分権改革』への提言」四頁)。

(23) 分権計画(一九九八年五月)には、一般的な行革推進の記述があるだけである。地方分権改革推進会議の事務・事業の在り方についての検討でも、「事業主体としての国と地方の役割分担の明確化」が課題として挙げられていたが、地方支分部局に触れることはできなかった。

(24) 民間議員により、国の出先機関の大胆な見直しが提案されている。それによると、二一・五万人の定員を約半分にすることになる(経済財政諮問会議第一四回会議(二〇〇七年五月二五日開催)提出資料)。

(25) 担当部局は、国土交通省地方整備局(約二・二万人)と農林水産省地方農政局(約一・八万人)(前掲(22))。

(26) 新委員会第一三回会議(二〇〇七年七月一九日開催)国土交通省提出資料。

(27) 二〇〇七年度地方財政計画。

(28) 河川と道路の国の直轄管理区間については、分権委員会の第五次勧告（一九九八年一一月）で明確化が求められ、第二次分権計画（九九年三月閣議決定）でも「客観的な基準などにより、明確化を図るとともに……スリム化の観点からも、その範囲の見直しを行う」とされたが、無視される。さらに、地方分権改革推進会議が直轄管理区間の基準の法定化を求め（〇二年一〇月）、国土交通省は〇四年三月一五日、ようやく河川法施行規則と道路法施行規則を改正した。こうした流れの中で並行して若干の改革が進められ、国道直轄管理区間の歩道の植樹や照明管理を市町村ができるようになっている（二〇〇〇年三月三一日通知）。また、国道・都道府県道については、市町村が国や県と協議のうえ同意を得れば、その歩道の新設・改築・修繕することができるという（〇七年三月道路法改正、前掲（26）、一七～一八頁）。ただし、これらは枝葉末節部分を市町村に下請けしたということである。

(29) 一級河川、二級河川以外に、市町村が管理する準用河川と普通河川（法定外公共物、いわゆる小川）がある。

(30) 反対理由として「総合的な都道府県行政を混乱させる」「河川行政は後退し、住民は甚だしく迷惑する」「行政の官僚化を招き民主化に反する」とある（「河川法改正基本方針についての要望」全国知事会議、一九六三年三月一九日）。

(31) 第一八四回分権委員会（一九九八年七月三〇日開催）建設省提出資料。以下、河川に関する数値はこれより引用。

(32) 淀川水系流域委員会は二〇〇六年一〇月にいったん休止され（『朝日新聞（徳島版）』〇六年一〇月三一日）、委員を外部組織が選ぶ方式から、国土交通省地方整備局が選ぶ方法に変更して、〇七年八月九日に再開された（『朝日新聞（大阪本社版）』〇七年八月九日）。

(33) 重要港湾が一二八港、うち特定重要港湾が二三港（国土交通省発表、二〇〇七年四月一日現在）。元運輸官僚の住田正二氏は、国がこのように港湾整備を続けた結果、「外国船が一隻も入っていない大洗港なども重要港湾になっている」と証言している（住田、一九九八）。

(34) 農家の借金返済の重さを報道するものとして、「塩那台地土地改良区から　荒れ地・借金重いツケ　組合員に残る後悔／栃木県」（『朝日新聞（栃木版）』二〇〇七年二月三日）。中山間地において行われる農地開発事業の負担から合併が行き詰まった事例として、「藤沢町・一関との合併不透明　県も含めて三すくみ　国営事業ネック「国頼み」／岩手県」（『朝日新聞（岩手版）』〇七年一月二四日）。

(35) 「土地改良事業における国と地方との適切な役割分担」(食料・農業・農村政策審議会農業農村整備部会企画小委員会報告、二〇〇七年三月)。

(36) 総務省「集中改革プランの取組状況」(二〇〇六年八月三一日公表)。なかには北海道のように、〇五年～一四年の一〇年間で、知事部局の職員数を三〇％削減する目標を掲げているところもある(北海道「新たな行財政改革の取組み」〇六年二月)。

(37) こうした公共事業を担う新しい広域連合の事務のあり方を提案したものとして(島田、二〇〇七)。

(38) 地方六団体「地方分権の推進に関する意見書」(一九九四年九月二六日)。なお塩野宏氏は、「一般的にこの趣旨(国の立法自体の範囲の限定)のことを定めるのは適当でない」としつつ、「地方分権推進政策の一つとして国家的立法の自己制限を何らかの形で確認することは法律上問題にならないであろう」(塩野、一九九五)とする。これに対して成田頼明氏は、「法律上国の事務を限定列挙することは憲法上の問題がある」との立場を表明している(座談会、一九九五：一五頁)。

(39) 自治法における国の役割規定については、その立案過程が(佐藤、二〇〇〇a)に詳しい。ここでも、山崎論文同様、「立法権を含め国と地方公共団体の役割を截然と区分し、特に国の役割を厳格に限定することは……法律のなし得るところではなく、憲法事項と考えられること」という。

(40) 大森政輔内閣法制局長官答弁「憲法六十五条の『行政権は、内閣に属する。』というその意味は、行政権は原則として内閣に属するんだ。逆に言いますと、地方公共団体に属する地方行政執行権を除いた意味における行政の主体は、最高行政機関としては内閣である、それが三権分立の一翼を担うんだという意味に解されております」(質問者・菅直人衆議院議員『衆議院予算委員会(一九九六年一二月六日)会議録一号』四三頁)。

(41) 地方分権一括法案の国会審議において、国の行政権についての過去の国会答弁を修正する答弁が行われている(前掲(40)参照)。大森内閣法制局長官答弁「地方公共団体の行政権能……は……いわゆる立法裁量の問題として国会の判断にゆだねられ、その制定する法律の定めるところによって定まる」(質問者・本岡昭次参議院議員『参議院行財政改革・税制等に関する特別委員会(一九九九年六月一五日)会議録三号』一七頁)。

(42) 成田頼明氏は、「画一的規律を緩めて弾力化し、ゆくゆくは基本的枠組みを定める基本法ないし枠組法とすべき」とし、

「地方自治法が自壊作用を引きおこす前に先手をうって地方自治法の体系そのものを見直すことがこれからの新総務省の課題である」という(成田、二〇〇一a)。また西尾勝氏も、「確かに現行の地方自治法による制度規制はいささか画一的にすぎ、細かすぎるのかもしれない」とし、地方自治基本法の制定か憲法の改正か、いずれかの改革が必要であると述べている(西尾、二〇〇一)。

(43) その意味でも、自治基本法研究会(代表・篠原一)が提唱した「地方自治基本法構想」(一九九八年五月)は貴重な価値があると考える。同構想は、国と地方の役割分担規定のほか、自治基本条例の法的根拠を置くなど、市民自治を基本にすえた地方自治制度とする内容となっている(第3章参照)。なお、同様の主張として(西尾、二〇〇一)。

(44) かつて一九六六年、都道府県の自主的合併を可能とする都道府県特例法案が国会に提案されたが、二度の継続審議の末、廃案となっている。この法案では、都道府県議会議決が三分の二に達しない場合、住民投票を実施し、過半数の同意を得るものとされていた。今回の制度は市町村合併と同じであって、住民投票の仕組みはない。また、自治法第六条第1項の規定は都道府県の合併は法律で定めることになっており、その法律は憲法第九五条の特別法であって、住民投票で過半数の同意が必要と解されている(松本、二〇〇七:七九頁)。

(45) 全国知事会「道州制に関する基本的考え方」(二〇〇七年一月一八日)。

(46) 第一次分権改革による都道府県の役割変化について書かれた論稿は多い。ここでは、(辻山、二〇〇一)、(今村、二〇〇一)、(礒崎、二〇〇〇b)を挙げる。

(47) 福島県は福島県商業まちづくりの推進に関する条例をつくって、郊外の大店舗規制を国に先駆けて行った。千葉県は千葉県廃棄物処理適正化条例を制定して、県内の懸案であった産業廃棄物の不法投棄に対応した。このほか、東京都(環境確保条例)など四都県が行ったディーゼル車規制もそうした施策の一つであろう。

(48) 「国と地方公共団体との間の人事交流状況」(総務省人事・恩給局担当)。

(49) 全国知事会がまとめようとしていた公共事業見直しの緊急要望書に対し、東京都などの幹部に「表現が強すぎる」と出向部長が電話で修正を求めたという(『朝日新聞(夕刊)』一九九八年七月一五日)。

(50) 地方六団体の設置した地方分権推進本部のホームページに「地方分権苦情情報センター」を開設し、補助金廃止に反対する省庁や関係団体が配布した文書や署名、議会議決の雛形などが掲載されている(二〇〇四年一〇月現在のもの)。

(51) 地方六団体が自治法に基づく意見提出権(第二六三条の三第2項)を使って、二〇〇六年六月七日に国に提出した「地方分権の推進に関する意見書」には、法律による「(仮)地方行財政会議」の設置が提言されている。

(52) 第一次分権改革を経て都道府県の役割がどう変わるかが課題となり、全国知事会は内部に研究会を設置した。しかし、自治制度研究会報告書「地方分権下の都道府県の役割」(二〇〇一年七月)、都道府県のあり方研究会「都道府県のあり方研究会報告書」(〇三年三月)のいずれも、都道府県と市町村の関係についてまったく触れていない。

(53) 神奈川県においては、県市町村課と市長会事務局、町村会事務局が共同で事務局となる「県・市町村間行財政システム改革推進協議会」が一九九六年六月から設置され、県と市町村間の調整が行われている。

(54) 人見剛氏はそれに疑問を示し、「それぞれ国が直接関与し、都道府県・市町村間に関与がない(第二号法定受託事務と条例による事務処理の特例を除く)という体制は、関与法制の原理論としてもクリアーなものと思われる」(人見、二〇〇五：一二六頁)という。

(55) 西尾勝氏はこの問題について、次のように地制調で発言している。「非常に重要なことがまだ行われていないわけです。……市町村を指導監督することが府県の仕事になっている。……これが本当にいい姿なのかどうかというのは大問題だというふうに思います」(「第二七次地制調第一六回専門小委員会(二〇〇三年二月一四日開催)議事録」参照)(西尾、一九九九：一一五頁にも同様の指摘がある)。なお、国の指示に基づいて、都道府県が市町村に関与し、市町村がこれを問題にして争った場合、実態は国と市町村の争いにもかかわらず、市町村は国地方係争処理委員会に申し出ることができない。これも、国が都道府県を通じて関与するという関与制度の矛盾から起こる問題である。権力的関与は国から行うという形で整理すれば、この問題も解決する(第4章参照)。

(56) 全国でNPOは三万二〇八九法人(一九九八年一二月一日～二〇〇七年七月三一日の累計)ある。しかし、最近は、企業的NPOや行政肝いりのNPOも増えており、NPOの質が問題である。

(57) 京都市の有栖川における河川改修で、徹底した市民参加を行った結果、梅津地区で親水化するために市道を廃止したという(沢井勝「道を曲げる」『自治日報』二〇〇七年八月一〇日号)。

（58）領収書添付の義務づけがあっても、五万円以上という自治体が多い。たとえば東京二三区では、領収書添付を義務づけているのは八区だが、五万円以上が五区である（『都政新報』二〇〇六年一二月一五日号。ただし、〇七年四月の統一地方選直前に見直した区もある）。

（59）辻山幸宣「さあ、自治体議会の改革だ」（『自治日報』二〇〇七年八月三日号）。

（60）イギリスではブレア政権のもと二〇〇〇年の地方自治法改正で、①直接公選首長と首長が議員から選任する内閣、②議会で選任されるリーダーと議会またはリーダーが議会から選任する内閣、③直接公選首長とカウンシルマネージャー（議会に任命された執行機関）、さらに国会の修正で加えられた④その他執行機関制度、の四制度からいずれかを選択することとされた。①と③の直接公選首長制度を選択する場合は、住民投票で過半数の賛成が必要である。結果は二八自治体が住民投票を行い、賛成多数が一一、そのうち③を選択したのは一自治体だけであった。大半の自治体は②の現行制度に近い制度を選択したのである（安藤、二〇〇二）。なお、憲法を改正して地方自治の規定を改めるのであれば、こうした自治体による自治制度選択を可能にすることも射程に入れるべきであろう（西尾、二〇〇一、参照）。

〈初出一覧〉

本書のうち、書き下ろし以外の初出論文の出典は以下のとおりである。ただし、第1章と第4章が原型をとどめている程度で、ほかの論文については全面的に加筆・修正を行った。

第1章第1節　「国と自治体の役割分担」森田朗編『分権改革と自治体』東京法令出版、二〇〇〇年。

　第2～5節　「分権改革の手法―第一次改革の教訓―」『自治総研』三四四号、二〇〇七年。

第2章第1節　『地方分権推進委員会勧告を読む(自治総研ブックレット19)』地方自治総合研究所、一九九八年。

　第2節(4)　「駐留軍用地特別措置法と第三次勧告」『自治労通信』六四三号、一九九七年。

　第3節　「事務振り分けと条例制定権―分権委員会審議経過を中心に―」『自治総研』二五四号、一九九九年。

第3章第1節　「分権一括法施行に対する自治体の対応」『とうきょうの自治』三七号、二〇〇〇年。

　第2節　「分権一括法、その後」『連』五・六号、二〇〇〇年。

　第3節(2)　「予算からみた機関委任事務制度の廃止」北村喜宣編著『ポスト分権改革の条例法務』ぎょうせい、二〇〇三年。

第4章第1節　「第三者機関誕生の経過と機能―問われる都道府県の姿勢―」今村都南雄編著『自治・分権システムの可能性』敬文堂、二〇〇〇年。

　第3節　「横浜市・勝馬投票券発売税に関する国地方係争の経過と勧告―自治事務への関与の視点から―」『自治総研』二七六号、二〇〇一年。

第5章第1節　「広域連合の担う事務―平成の大合併と広域事務～長野県広域連合プロジェクト調査から―」『北海道自治研究』四四八号、二〇〇六年。「『西尾私案』はどこが問題なのか」小原隆治編著『これでいいのか平成の大合併』コモンズ、二〇〇三年。

第6章第2節　「生活保護制度改革と自治体の課題―地方分権を進めるしかない―」『市政研究』一五四号、二〇〇七年。

あとがき

私が総理府に設置された地方分権推進委員会に上席調査員として赴任したのは、一九九五年九月のことであった。同じように出向してきた経済界の方といっしょに辞令交付を受けたことを記憶している。これから分権改革の実務作業に携わるという高揚感と、初めて国の職員となる不安感とがあって、複雑な心境であった。それから第四次勧告までの二年間余、委員会にお世話になる。

委員会事務局としての作業は、正直言って過酷であった。事務局は省庁からの出向者の利害が入り乱れ、思うようには作業ができない。当初は予算も乏しく、作業の必需品すらそろわない。まだパソコンはなく、外部との連絡は電話かファックスで、使われていたワープロが親指シフトのOASYS（富士通）だったのにも閉口した。つまらないことだが、専用の会議室がなく、週に二度以上開かれる委員会は他省庁からそのつど部屋を借りて、マイクや膨大な資料、ときには椅子まで車で運んだ。仕事はふだんから深夜に及ぶことが多く、勧告間際は、朝まで作業があるのが通常であった。そして、翌日がちょうど委員会の日にあたるとそのまま準備に入り、委員会中も記者会見用のメモづくりをする。それも重要な仕事のひとつだった。

そんな仕事を続けられたのは、やはり分権を実現したいという使命感があったからだろう。それでも、ときどき不安に駆られた。とくにこたえたのは、当初、国民の関心が低かったことである。九五年一二月に委員会が機関委任事務制度を廃止する検討試案を発表したときも、一面トップで報道したのは一紙だけで、黙殺した新聞すらあった。いまから考えると歴史的事件だったわけだが、当時のマスコミはそれを理解していなかったのである。それから考えると、いまは隔世の感がある。地方分権は人口に膾炙し、政治課題として定着した。しかし、それだけに、脈絡の違う分権改革が行われ、政治の手段と化している。共存よりも、自治体が生き残りをかけて競争することが目的とする分権改革を、人びとは果たして望むのだろうか。

それはともかく、私の人生は、あの事務局経験を経て変わった。地方分権がライフワークとなった。研究者となってからも、シングルイシュー研究と揶揄されながら、フォローを続けた。そうして書いたものをまとめたのが本書である。もっとも、かつて書いたものは道しるべ程度の意味であって、今回ほぼ全面的に書き改めた。書き直しながら感じたのは、当時の自分の無知さ加減である。逆に言うと、地方分権の勉強には際限がなく、今回も自分の無知をさらけ出しているかもしれない。多くの皆さんにご批判いただきたい。これからも勉強を続けたいと思う。

本書ができあがったのは、関わりをもつことのできた多くの人びととの熱き想いの賜物である。不本意かもしれないが、地方分権推進委員会の委員、参事の皆さんの意見、委員会事務局の皆さんとした作業や議論が、本書の問題意識の土台となっている。また、その後、研究員時代に研究会でごいっしょした諸先生との刺激的な議論がなければ、この本はできなかった。とくに、自治労や(財)地方自治総合研究所の皆さんには心から感謝したい。全国の自治体で働く仲間、研究所における先輩や同僚との意見交換がなければ、いまの自分はない。さらに、大東文化大学の諸先生にも、感謝しなければならない。執筆にあたり助言をいただき、またいろいろと御無理を申し上げた。ありがとうございます。

最後に、旧友である編集者・大江正章君に御礼を言いたい。彼が出版する本には多くの著者が、あとがきで名前をあげて感謝の意を表すので、かつて冷やかしたことがあった。ごめん、御礼を言いたくなる理由が分かりました。

二〇〇七年一〇月　暑かった夏を思い出しつつ

島田　恵司

法務省訟務局内行政事件訴訟実務研究会編『行政事件訴訟の実務』三協法規出版、1997年
法令用語研究会編『有斐閣 法律用語辞典』有斐閣、1999年
穂坂邦夫「教育行政の分権改革」森民夫＋提言・実践首長会『元気な子どもに育てる』地域交流出版、2007年
牧原出「府・省・庁間の調整」『ジュリスト』1161号、1999年
松下圭一『自治体は変わるか』岩波新書、1999年
松下圭一「自治体財政の構造は変わったー国依存を超える戦略思考〈自治体財務〉を中心に—」『年報自治体学』第15号、2002年
松本英昭「地方分権論議のターニング・ポイント」『地方自治』578号、1996年
松本英昭「地方分権推進の『十の論点』」『地方自治』602号、1998年
松本英昭『新版 逐条地方自治法 第4次改訂版』学陽書房、2007年
森民夫＋提言・実践首長会『元気な子どもに育てる』地域交流出版、2007年
山口英樹「地方分権推進計画について」『地方自治』608号、1998年
山口道昭「地方自治法の一般原則と個別法規定—自治事務を中心に—」今村都南雄編著『自治・分権システムの可能性』敬文堂、2000年
山口道昭「条例制定の実践」北村喜宣編著『ポスト分権改革の条例法務』ぎょうせい、2003年
山口道昭「『現場』から考える生活保護と政策法務」『ガバナンス』66号、2006年
山崎重孝「基礎自治体のあり方」『自治研究』79巻10号、2003年
山崎重孝「新しい『基礎自治体』像について」（上・下）『自治研究』80巻12号、2004年、81巻1号、2005年
山下憲一「疾走する馬券新税」神野直彦＆自治・分権ジャーナリストの会編『課税分権』日本評論社、2001年
臨調・行革審OB会監修『日本を変えた10年—臨調と行革審—』行政管理研究センター、1991年

年
辻山幸宣・加藤芳太郎「自治体事務の分類方法に関する試論」『自治研究』52巻2号、1978年
中里実「最近の地方団体の新税案について」『税』56巻6号、2001年
長野士郎『第12次改訂版 逐条地方自治法』学陽書房、1995年
成田頼明「行政における機能分担（上）」『自治研究』51巻9号、1975年
成田頼明『地方分権への道程』良書普及会、1997年
成田頼明「機関委任事務制度の廃止と新たな事務区分」西尾勝編著『地方分権と地方自治』ぎょうせい、1998年
成田頼明「改正地方自治法の争点をめぐって－批判にこたえる―」『自治研究』75巻9号、1999年
成田頼明「新世紀の地方自治展望―制度面を中心として―」『自治フォーラム』496号、2001年a
成田頼明「地方分権下の都道府県の役割―全国知事会･自治制度研究会報告書の紹介と論評―」『自治研究』77巻12号、2001年b
西尾勝『権力と参加』東京大学出版会、1975年
西尾勝『行政学の基礎概念』東京大学出版会、1990年
西尾勝『行政学』有斐閣、1993年
西尾勝『未完の分権改革』岩波書店、1999年
西尾勝「地方分権」『ジュリスト』1192号、2001年
西尾勝『地方分権改革』東京大学出版会、2007年
西尾勝編著『地方分権と地方自治』ぎょうせい、1998年
西尾勝・小川正人編著『分権改革と教育行政』ぎょうせい、2000年
西尾勝・大森彌・小早川光郎編著『分権型社会を創る―その歴史と理念と制度―』ぎょうせい、2001年
西村清司ほか著「『分権型社会の創造』のために―地方分権推進委員会勧告解説―」『地方自治』582号（1996年）～606号（1998年）まで連載（＊「西村ほか、号（年月）」と示す）
橋場利勝・神原勝『栗山町発・議会基本条例』公人の友社　2006年
パネルディスカッション「特集 シンポジウム 地方に財源を」『JICHI–KEN横浜』2001年春号、2001年
久元喜造・井上源三「市町村合併新法、地方自治法の一部改正などについて（上・下）『自治研究』80巻7号、8号、2004年
人見剛「国地方係争処理委員会の始動―横浜市勝馬投票券発売税不同意事件に関する勧告を素材に」『ジュリスト』1214号、2001年
人見剛『分権改革と自治体法理』敬文堂、2005年
平嶋彰英「義務教育の政府間関係―その沿革を中心として」『都市問題』96巻4号、2005年
平松博「『臨時特例企業税』の創設について」『地方税』52巻9号、2001年
藤田宙靖「行政主体相互間の法関係について－覚え書き―」西谷剛・藤田宙靖ほか編、成田頼明先生古稀記念『政策実現と行政法』有斐閣、1998年
古田孝夫「地方分権一括法の施行に伴う条例等の整備に関する一考察」『地方自治』625号、1999年

塩野宏・石原信雄・松本英昭『21世紀の地方自治を語る』ぎょうせい、2000年
自治基本法研究会「分権型社会の基本設計のために－『地方自治基本法』を提案する—」『世界』651号、1998年
自治基本法研究会「地方自治基本法構想－住民が自治体を設立する－」自治労・地方自治総合研究所、1998年
篠原一『市民の政治学』岩波新書、2004年
島田恵司「『西尾私案』はどこが問題なのか」『これでいいのか平成の大合併』コモンズ、2003年a
島田恵司「自治体再編と新たな自治制度」日本地方自治学会編『自治制度の再編戦略』敬文堂、2003年b
島田恵司「『国の関与』は減ったのか」『地域政策—あすの三重』10号、2003年c
島田恵司「国と自治体の係争処理」政策法務研究会編集『自治体法務サポート 政策法務の理論と実践』第一法規、2003年d
島田恵司「行政の区域」今村都南雄編著『現代日本の地方自治』敬文堂、2006年
島田恵司「広域連合の事務—平成の大合併の影響と残された広域行政課題—」小原隆治・長野県地方自治研究センター編『平成大合併と広域連合』公人社、2007年
新藤宗幸『講義 現代日本の行政』東京大学出版会、2001年
新藤宗幸「教育行政に問われる『タテ系列』の解体」『都市問題』96巻4号、2005年
神野直彦『システム改革の政治経済学』岩波書店、1998年
神野直彦『財政学 改訂版』有斐閣、2007年
神野直彦・金子勝・池上岳彦編著『地方に税源を』東洋経済新報社、1998年
神野直彦編著『三位一体改革と地方税財政』学陽書房、2006年
末宗徹郎「『機関委任事務制度の廃止後における地方公共団体の事務のあり方及び一連の関連する制度のあり方についての大綱』について—」『地方自治』604号、1998年
住田正二『お役人の無駄遣い』読売新聞社、1998年
全国町村会『全国町村会史』全国町村会、1958年
全国町村議会議長会第二次地方(町村)議会活性化研究会(佐藤竺委員長)『分権時代に対応した新たな町村議会の活性化方策』2006年
曽和俊文「地方公共団体の訴訟」杉村敏正編『行政救済法2』有斐閣、1991年
高木健二『分権改革の到達点』敬文堂、1999年
高木健二『三位一体改革の検証』公人社、2005年
竹中平蔵『構造改革の真実』日本経済新聞社、2006年
地方自治制度研究会編『Q&A改正地方自治法のポイント』ぎょうせい、1999年
地方自治総合研究所監、古川卓萬・沢井勝編著『逐条研究 地方自治法Ⅳ』敬文堂、2000年
地方自治総合研究所監、今村都南雄・辻山幸宣編著『逐条研究 地方自治法Ⅲ』敬文堂、2004年
地方分権・自治立法研究会編著『分権対応 条例・規則の手引』ぎょうせい、1999年
辻山幸宣「八〇年代の政府間関係—『統制のとれた分権』体制の構築—」『年報行政研究』28号、1993年
辻山幸宣『地方分権と自治体連合』敬文堂、1994年
辻山幸宣「問われる都道府県の役割—都道府県とは何か—」『自治体学研究』83号、2001

岡田彰『現代日本官僚制の成立』法政大学出版局、1994年
岡本全勝『地方財政改革論議』ぎょうせい、2002年
小川正人『市町村の教育改革が学校を変える』岩波書店、2006年
加藤剛一・兵藤廣治『新訂 補助金制度 その仕組と運用』日本電算企画、1988年
金井利之『自治制度』東京大学出版会、2007年
兼子仁『新 地方自治法』岩波新書、1999年
上村章文・佐藤文俊・辻山幸宣・平林宣広「緊急座談会・改正地方自治法を読む」『地方分権』5号、1999年
菅直人『大臣』岩波新書、1998年
菊地健太郎「地方分権推進委員会における最近の審議状況—第5次勧告に向けての動き」『自治実務セミナー』37巻9号、1998年
木佐茂男『分権改革の法制度設計—二つの勧告の法制度設計とそれに対する評価—』自治総研ブックレット、1997年
北村喜宣『分権改革と条例』弘文堂、2004年
北村喜宣『自治体環境行政法 第4版』第一法規、2006年
北村喜宣「法令の規律密度をいかにして緩和するか」『都市問題』98巻2号、2007年
北村喜宣編著『ポスト分権改革の条例法務』ぎょうせい、2003年
月刊『地方自治職員研修』編集部編『自治基本条例・参加条例の考え方・作り方(地方自治職員研修・臨時増刊71号)』2002年
肥沼位昌「予算編成をめぐる動向と今後の課題」『地方財務』579号、2002年a
肥沼位昌「市民が税率を決める自治体財政へのパラダイム転換－政策財務の構想－」梅田次郎・福田志乃編著『現場宣言！ 自治体実行主義』ぎょうせい、2002年b
小林重敬編著『条例による総合的まちづくり』学芸出版社、2002年
小原隆治編著『これでいいのか平成の大合併』コモンズ、2003年
座談会：石弘光・磯部力・成田頼明・西尾勝「地方分権と分権推進法」『ジュリスト』1074号、1995年
座談会：小早川光郎・新藤宗幸・辻山幸宣・成田頼明「機関委任事務廃止と地方分権」『ジュリスト』1090号、1996年
座談会：小早川光郎・高橋和之・西尾勝・増島俊之「分権改革の現段階—地方分権推進委員会第1次～第4次勧告をめぐって—」『ジュリスト』1127号、1998年
佐藤竺・八木欣之介編著『地方議会活性化ハンドブック』ぎょうせい、1998年
佐藤文俊「地方分権一括法の成立と地方自治法の改正(2)」『自治研究』76巻1号、2000年a
佐藤文俊「地方分権一括法の成立と地方自治法の改正(3)」『自治研究』76巻2号、2000年b
佐藤文俊「三位一体改革の経緯」神野直彦編著『三位一体改革と地方税財政』学陽書房、2006年
佐藤文俊・小暮純也・江畑賢治『地方分権の推進』ぎょうせい、1995年
塩野宏『国と地方公共団体』有斐閣、1990年
塩野宏「国と地方公共団体との関係のあり方」『ジュリスト』1074号、1995年
塩野宏「国と地方公共団体のあり方再論」『ジュリスト』1118号、1997年
塩野宏『行政法Ⅲ 第2版』有斐閣、2001年
塩野宏『行政法Ⅱ』有斐閣、2004年

参考文献

天川晃「変革の構想—道州制論の文脈」大森彌・佐藤誠三郎編『日本の地方政府』東京大学出版会、1986 年

安藤明「イギリスの地方自治の特徴と近年の二つの大改革の潮流(下)」『地方自治』659 号、2002 年

飯田憲司「中核市制度の光と影」『KNIGNT CLUB 25 周年記念号』8 号(横須賀市役所自主研究グループ発行)、2001 年 11 月

出石稔「地方分権時代の条例づくりに向けて－横須賀市の取り組みから－」『自治総研』260 号、2000 年

出石稔編著『条例によるまちづくり・土地利用政策』第一法規、2006 年

礒崎初仁「土地利用規制と分権改革」今村都南雄編著『自治・分権システムの可能性』敬文堂、2000 年 a

礒崎初仁「分権改革の焦点は都道府県にあり」西尾勝編著『都道府県を変える』ぎょうせい、2000 年 b

磯部力「国と自治体の新たな役割分担の原則」西尾勝編著『地方分権と地方自治』ぎょうせい、1998 年

磯部哲「主務大臣の指示と情報公開」『別冊ジュリスト地方自治判例百選(第 3 版)』2003 年

井田正夫「成功と挫折の五年間」松本克夫／自治・分権ジャーナリストの会編『第三の改革を目指して』ぎょうせい、2000 年

稲葉馨「国と自治体の関係—国の関与を中心として—」佐藤英善編著『新地方自治の思想』敬文堂、2002 年

今井勝人『現代日本の政府間財政関係』東京大学出版会、1993 年

今村都南雄『行政の理法』三嶺書房、1988 年

今村都南雄「問われる都道府県の役割」『都市問題』92 巻 3 号、2001 年

今村都南雄「総務省の設置と地方自治」新藤宗幸編著『自治体の構想 2 制度』岩波書店、2002 年

入江容子「自治体の予算編成をめぐる改革と財政担当部門の行動基準及び役割の変容－三重県の予算編成システム改革を事例として－」『年報自治体学』第 15 号、2002 年

岩崎美紀子「地方分権改革と政官関係」『行政改革と政官関係—年報行政研究 42』ぎょうせい、2007 年

宇賀克也編著『地方分権 条例制定の要点』新日本法規、2000 年

碓井光明「国庫支出金・地方交付税等に関する法律関係」『自治研究』76 巻 1 号、2000 年

碓井光明「法定外税をめぐる諸問題」(上、下)『自治研究』77 巻 1 号、2 号、2001 年 a

碓井光明「不均一課税に関する若干の考察」『税』56 巻 2 号、2001 年 b

碓井光明「地方財政に関する地方分権改革の検証－地方税を中心として」『ジュリスト』1203 号、2001 年 c

内海麻利「都市計画法改正と委任条例」小林重敬編著『条例による総合的まちづくり』学芸出版社、2002 年

江藤俊昭『協議型議会の構想』信山社、2004 年

大田昌秀『沖縄の決断』朝日新聞社、2000 年

大森彌『新版 分権改革と地方議会』ぎょうせい、2002 年

大森彌『官のシステム』東京大学出版会、2006 年

〈著者紹介〉

島田恵司（しまだ　けいじ）

1955年　東京都生まれ。
生活クラブ生協（東京）職員、自治労中央本部書記、総理府地方分権推進委員会上席調査員、地方自治総合研究所研究員などを務める。

現　在　大東文化大学環境創造学部専任講師。

共　著　『これでいいのか平成の大合併』（コモンズ、2003年）、『ポスト分権改革の条例法務―自治体現場は変わったか―』（ぎょうせい、2003年）、『現代日本の地方自治』（敬文堂、2006年）、『平成大合併と広域連合―長野県広域行政の実証分析―』（公人社、2007年）など。

分権改革の地平

二〇〇七年一〇月三〇日　初版発行

著　者　島田恵司

発行者　大江正章
発行所　コモンズ
東京都新宿区下落合一-五-一〇-一〇〇二
TEL〇三（五三八六）六九七二
FAX〇三（五三八六）六九四五
振替　〇〇一一〇-五-四〇〇一二〇
info@commonsonline.co.jp
http://www.commonsonline.co.jp/

印刷／東京創文社・製本／東京美術紙工

乱丁・落丁はお取り替えいたします。

ISBN 978-4-86187-042-2 C 3031

＊好評の既刊書

公共を支える民　市民主権の地方自治
●寄本勝美編著　本体2200円＋税

実学民際学のすすめ
●森住明弘　本体1900円＋税

米国議会の対日立法活動　1980〜90年代対日政策の検証
●佐藤学　本体2500円＋税

脱・道路の時代
●上岡直見　本体1900円＋税

自動車にいくらかかっているか
●上岡直見　本体1900円＋税

コモンズとしての地域空間　共用の住まいづくりをめざして
●平竹耕三　本体2500円＋税

利潤か人間か　グローバル化の実態と新しい社会運動
●北沢洋子　本体2000円＋税

グローバリゼーションと発展途上国
●吾郷健二　本体3500円＋税

地域の自立　シマの力（上）
●新崎盛暉・比嘉政夫・家中茂編　本体3200円＋税

地域の自立　シマの力（下）　沖縄から何を見るか沖縄に何を見るか
●新崎盛暉・比嘉政夫・家中茂編　本体3500円＋税

＊好評の既刊書

目覚めたら、戦争。 過去《いま》を忘れないための現在《かこ》
●鈴木耕　本体1600円＋税

徹底解剖100円ショップ 日常化するグローバリゼーション
●アジア太平洋資料センター編　本体1600円＋税

地球買いモノ白書
●どこからどこへ研究会　本体1300円＋税

安ければ、それでいいのか!?
●山下惣一編著　本体1500円＋税

儲かれば、それでいいのか グローバリズムの本質と地域の力
●本山美彦・山下惣一・三浦展ほか　本体1500円＋税

グリーン電力 市民発の自然エネルギー政策
●北海道グリーンファンド監修　本体1800円＋税

お先に自由に働いています 家族・自分・仕事を大切に
●ワーカーズ・コレクティブ近畿連絡会著　本体700円＋税

歩く学問　ナマコの思想
●鶴見俊輔・池澤夏樹・村井吉敬・内海愛子ほか　本体1400円＋税

カツオとかつお節の同時代史 ヒトは南へ、モノは北へ
●藤林泰・宮内泰介編著　本体2200円＋税

食卓に毒菜がやってきた
●瀧井宏臣　本体1500円＋税

＊好評の既刊書

北朝鮮の日常風景
●石任生撮影・安海龍文・韓興鉄訳　本体2200円＋税

『マンガ嫌韓流』のここがデタラメ
●太田修・綛谷智雄・姜誠・朴一ほか　本体1500円＋税

ヤシの実のアジア学
●鶴見良行・宮内泰介編著　本体3200円＋税

徹底検証ニッポンのODA
●村井吉敬編著　本体2300円＋税

ODAをどう変えればいいのか
●藤林泰・長瀬理英編著　本体2000円＋税

日本人の暮らしのためだったODA
●福家洋介・藤林泰編著　本体1700円＋税

開発援助か社会運動か　現場から問い直すNGOの存在意義
●定松栄一　本体2400円＋税

開発NGOとパートナーシップ　南の自立と北の役割
●下澤嶽　本体1900円＋税

アチェの声　戦争・日常・津波
●佐伯奈津子　本体1800円＋税

いつかロロサエの森で　東ティモール・ゼロからの出発
●南風島渉　本体2500円＋税